新时代高校
"三全育人"理论研究
与实践创新丛书

**XIN SHIDAI
GAOXIAO**
SAN-QUAN YUREN
LILUN YANJIU
YU SHIJIAN CHUANGXIN
CONGSHU

新时代高校组织育人

理论与实践

主　编　马志强　周国华

副主编　陈　伟　李　冬　孙月娟

江苏大学出版社
JIANGSU UNIVERSITY PRESS

镇　江

图书在版编目(CIP)数据

新时代高校组织育人理论与实践 / 马志强,周国华
主编. — 镇江 : 江苏大学出版社,2021.4
(新时代高校"三全育人"理论研究与实践创新 /
李洪波主编)
ISBN 978-7-5684-1606-1

Ⅰ. ①新… Ⅱ. ①马… ②周… Ⅲ. ①高等学校—组
织管理学—研究—中国 Ⅳ. ①G647

中国版本图书馆 CIP 数据核字(2021)第 061590 号

新时代高校组织育人理论与实践
Xin Shidai Gaoxiao Zuzhi Yuren Lilun yu Shijian

主　　编/马志强　周国华
责任编辑/张　平
出版发行/江苏大学出版社
地　　址/江苏省镇江市梦溪园巷 30 号(邮编:212003)
电　　话/0511-84446464(传真)
网　　址/http://press.ujs.edu.cn
排　　版/镇江市江东印刷有限责任公司
印　　刷/江苏凤凰数码印务有限公司
开　　本/710 mm×1 000 mm　1/16
印　　张/13.5
字　　数/232 千字
版　　次/2021 年 4 月第 1 版
印　　次/2021 年 4 月第 1 次印刷
书　　号/ISBN 978-7-5684-1606-1
定　　价/58.00 元

如有印装质量问题请与本社营销部联系(电话:0511-84440882)

总　序

习近平总书记强调，高校立身之本在于立德树人。党的十八大以来，习近平总书记对教育事业特别是培养社会主义建设者和接班人工作高度重视，多次强调"要坚持把立德树人作为中心环节，把思想政治工作贯穿教育教学全过程，实现全程育人、全方位育人，努力开创我国高等教育事业发展新局面""要把立德树人的成效作为检验学校一切工作的根本标准""要把立德树人内化到大学建设和管理各领域、各方面、各环节，做到以树人为核心，以立德为根本"等等。习近平总书记的重要论述为进一步开创新时代高校思想政治工作新局面指明了方向。2017 年 12 月，教育部印发《高校思想政治工作质量提升工程实施纲要》，强调要充分发挥课程、科研、实践、文化、网络、心理、管理、服务、资助、组织方面工作的育人能力，构建"十大"育人体系，大力提升高校思想政治工作质量。2020 年 4 月，教育部等八部门联合印发《关于加快构建高校思想政治工作体系的意见》，强调要健全立德树人体制机制，加快构建目标明确、内容完善、标准健全、运行科学、保障有力、成效显著的高校思想政治工作体系。

江苏大学历来重视思想政治工作，紧扣立德树人根本任务，按照"贴近实际、贴近学生、贴近生活"的要求，逐步构建形成了"全员化参与、全过程教育、全方位引导、全媒体跟进"的"四全"学生成长成才服务引导体系。学校多次荣获"江苏省高校思想政治工作先进集体"，学校思想政治工作经验入选教育部《高校德育成果文库》，教育部《加强和改进大学生思想政治教育工作简报》6 次刊发学校经验做法，2016 年 12 月 8 日全国高校思政工作会议结束当天，专题刊发《江苏大学以实施思想政治教育质量提升工程为抓手加强大学生思想政治教育》。2019 年 1 月，学校获批为教育部"三全育人"综合改革试点高校。

以试点建设为契机，江苏大学认真贯彻落实党中央的决策部署和江苏省委、教育部的工作要求，以立德树人为根本，以强农兴农为己任，积极推进"三全育人"综合改革，健全"三全育人"体制机制。以"十大"育人体系为载体和依托，充分整合全校育人力量，着力构建育人机制"大协同"、思政教育"全贯通"、育人要素"强融合"的"大思政"格局，一体化构建内容完善、标准先进、运行科学、保障有力、成效显著的"三全育人"工作体系，打造"知农爱农、工中有农、以工支农、强农兴农"育人特色，形成了育人的江苏大学模式和经验。

为总结"三全育人"综合改革的经验，江苏大学组织编写了"新时代高校'三全育人'理论研究与实践创新"系列丛书。本套丛书共 11 本，包括 1 本"三全育人"总论和 10 本"十大"育人专题论著，主要介绍了"三全育人"及课程育人、科研育人、实践育人、文化育人、网络育人、心理育人、管理育人、服务育人、资助育人、组织育人的基本理论和江苏大学的具体实践。总论以高校"三全育人"及其实践探索为对象，围绕如何在新时代开展"三全育人"工作，践行立德树人的根本使命展开论述，从理论和实践两个层面全面阐述了"三全育人"的理论逻辑与实践路径。10 本专题论著分别围绕"十大"育人体系的理论与实践展开论述，力图呈现江苏大学在习近平新时代中国特色社会主义思想指导下，大力推进"三全育人"工作，全面落实立德树人根本任务方面的理论依据、实践探索和方案启示。

沐浴新的阳光，播种新的希望。随着中国特色社会主义进入新时代，我国高等教育也进入新的发展阶段。新时代高等教育面临着新形势、新任务，那就是要适应建设高等教育强国需要，适应高校思想政治工作质量提升需要，着力健全和完善全员全过程全方位育人格局，大力培养能够担当民族复兴大任的时代新人。发展没有终点，改革永无止境，实践不会终结。站在新的起点上，我们要始终坚持以习近平新时代中国特色社会主义思想为指导，增强"四个意识"，坚定"四个自信"，做到"两个维护"，坚定不移地全面贯彻党的教育方针，始终坚持社会主义办学方向，坚守为党育人、为国育才的初心，改革创新，奋发进取，以坚如磐石的信心、只争朝夕的干劲、坚忍不拔的毅力，立足新发展阶段，贯彻新发展理念，服务构建新发展格局，推动"三全育人"综合改革不断走向深入，在育人工作中创造出无愧于新时代的新业绩，努力创造"三全育人"的江苏大学实践、江苏大学经验。

期望本套丛书能为我国高等教育深化"三全育人"改革、落实立德树人根本任务、推进高质量发展贡献绵薄之力，为兄弟院校提供些许借鉴，不胜欣慰。

2021.4.19

前　言

习近平总书记强调：党的力量来自组织，组织能使力量增强。我们党历来重视以自身组织建设带动各方面群众组织建设，坚持把思想政治工作作为贯穿组织活动的生命线，从而把组织建设与教育引领、与人的全面发展结合起来。2017 年，教育部党组颁发的《高校思想政治工作质量提升工程实施纲要》（简称《纲要》）把组织育人质量提升体系纳入了"十大"育人体系中，对高校各类组织的发展做了顶层设计，指出要"把组织建设和教育引领相结合""发挥高校党委领导核心作用，院（系）党组织政治核心作用和基层党支部战斗堡垒作用"，建设各类组织相互作用、协同发展的育人体系。《纲要》明确了新时代"大思政"格局下高校各类组织的地位和作用，强调以政治功能为重点，建立起关系清晰、整合联动的机制，贯彻"三全育人"思想，发挥组织育人的合力，以落实高校立德树人的根本任务。

本书是从历史和现实的双重发展逻辑中，基于时代发展的视角，通过理论与实践的双重维度展开研究：既深入挖掘马克思主义理论关于实现组织育人目标的深刻阐述，深刻总结习近平总书记关于组织育人的创新理论，又通过总结江苏大学组织育人的实践经验，深入探讨和研究新时代高校组织育人理论研究与实践创新的内涵和要求，以期为破解高校组织育人困境，深入贯彻新时代"三全育人"思想，开创高校思想政治工作新局面提供有价值的理论参考和实际借鉴。

本书由马志强、周国华担任主编，陈伟、李冬、孙月娟担任副主编。第一章由李冬、王利丹执笔，张红审定；第二章由骆剑峰、杜康执笔，周国华审定；第三章由关雪飞、张博执笔，王飞审定；第四、五章由孙月娟、汤静霞、许湘琴、丁一娟执笔，陈伟、石祥审定；第六章由王飞执笔、审定。本书编撰得到了李洪波教授的关心指导，并由马志强、周国华统筹策划并进行多次审阅校对，最终定稿。本书在编撰过程中参考和引用了一些专家、学者的研究成果和文献资料，同时也参考引用了有关媒体内容和学校相关案例素材，在此一并致谢。鉴于编者水平有限，书中难免有疏漏或不足之处，敬请专家、同行和读者批评指正，以便我们日臻完善。

编　者

2021 年 3 月

目　录

第一章　组织育人的理论基础

2017 年 12 月，教育部党组印发了《高校思想政治工作质量提升工程实施纲要》，明确提出要构建"十大"育人体系，其中规定"组织育人质量提升体系"的基本任务是：要把组织建设与教育引领结合起来，强化高校各类组织的育人职责，增强工作活力、促进工作创新、扩大工作覆盖、提高辐射能力，发挥高校党委领导核心作用、院（系）党组织政治核心作用和基层党支部战斗堡垒作用，发挥工会、共青团、学生会、学生社团等组织的联系服务、团结凝聚师生的桥梁纽带作用，把思想政治教育贯穿各项工作和活动，促进师生全面发展①。组织育人是新时代高校"三全育人"的重要内容，是落实高校立德树人根本任务的重要途径。

立德树人是高等学校的根本任务，要实现立德树人的目标，就需要一定的载体去开展大量的工作，这就是高校中各级各类型的组织。其中，既有党的组织——从校党委、校党委下属各二级单位党组织（以下简称"二级党组织"）到基层党支部，也有其他群众性组织，如工会，还有各级学生组织，如学生社团，以及很多其他组织，包括关工委组织、妇联组织等。这些组织在高校立德树人根本任务的实施中发挥着不同的作用，是高校"三全育人"育人系统中"组织育人"体系的主体部分。

第一节　组织育人的内涵

一、　组织育人的源起

在追溯组织育人的源起之前，有必要先对"组织"和"高校组织"的概

---

① 教育部　中共教育部党组关于印发《高校思想政治工作质量提升工程实施纲要》的通知[A/OL]．http：//www.moe.gov.cn/srcsite/A12/s7060/201712/t20171206_320698.html．

念进行一定的诠释，这样才能更好地理解中央提出构建"组织育人"体系的深层次原因。

所谓"组织"，广义上是指由诸多要素按照一定方式相互联系起来的系统；狭义上是指人们为了一定的目标，相互结合起来的集体或团体，如党组织、团组织、工会组织等。狭义的组织专指人群，遍布人类社会实践之中。从管理学上来看，组织既有明确的目标导向、精心设计的结构和有意识地协调的活动系统，同时又和外界保持密切的联系。简单来说，组织就是人们为了达到某些特定的目标而结成的群体。

"高校"是高等学校的简称，指的是"根据国家有关规定批准设立、实施高等学历教育的全日制普通本科高等学校、高等职业学校和高等专科学校"①，也泛指对公民进行高等教育的学校。建立在"组织"概念的基础上，"高校组织"就是指高校中为了达到立德树人根本任务设立、结合而成的群体。这些群体围绕学校人才培养目标，从不同角度发挥着不可替代的作用，从功能和作用上来看，可以包括但不限于党组织、团组织、学生社团、关工委组织等。

习近平总书记在第十七次全国高校党的建设工作会议上提出："培养德智体美全面发展的中国特色社会主义合格建设者和可靠接班人，是高校的根本任务，也是高校党的建设的根本任务。各级党委和高校党组织要紧紧围绕这个根本任务，全面贯彻党的教育方针，坚持以人才培养为根本办学理念，继续解放思想，坚持改革创新，在新的历史起点上努力开创高校党建工作新局面，为推进高等教育又好又快发展提供坚强的思想、政治和组织保证。"② 2016 年 12月，习近平总书记在全国高校思想政治工作会议上强调："我们的高校是党领导下的高校，是中国特色社会主义高校。办好我们的高校，必须坚持以马克思主义为指导，全面贯彻党的教育方针。要坚持不懈传播马克思主义科学理论，抓好马克思主义理论教育，为学生一生成长奠定科学的思想基础。要坚持不懈培育和弘扬社会主义核心价值观，引导广大师生做社会主义核心价值观的坚定信仰者、积极传播者、模范践行者。要坚持不懈促进高校和谐稳定，培育理性

---

① 财政部 教育部关于印发《普通本科高校、高等职业学校国家助学金管理暂行办法》的通知. http://old. moe. gov. cn/publicfiles/business/htmlfiles/moe/moe – 1581/200708/25302. html.

② 习近平：在新起点上努力开创高校党建工作新局面 [C/OL]. 中华人民共和国中央人民政府网站. http://www. gov. cn/ldhd/2008 – 12/20/content_1183147. htm.

平和的健康心态，加强人文关怀和心理疏导，把高校建设成为安定团结的模范之地。要坚持不懈培育优良校风和学风，使高校发展做到治理有方、管理到位、风清气正。"① 这是高校加强立德树人工作的理论遵循。

党中央还明确了高等学校各级党的组织在立德树人中的地位与作用。2017年2月，中共中央、国务院印发了《关于加强和改进新形势下高校思想政治工作的意见》（以下简称《意见》）。《意见》强调指出：高校"党委班子成员履行一岗双责，结合业务分工抓好思想政治工作和党的建设工作。要强化院（系）党的领导，发挥院（系）党委（党总支）的政治核心作用，履行政治责任，保证监督党的路线方针政策及上级党组织决定的贯彻执行。认真执行民主集中制原则，通过院（系）党政联席会议讨论和决定本单位重要事项，健全院（系）集体领导、党政分工合作、协调运行的工作机制，提升班子整体功能和议事决策水平。要加强高校基层党建工作，建立健全高校基层党组织加强教师党支部、学生党支部特别是研究生党支部建设，充分发挥党支部战斗堡垒作用。坚持党的组织生活各项制度，组织党员深入开展'两学一做'学习教育，认真做好在高校优秀青年教师、高校学生中发展党员工作，加强党员日常管理监督"②。

教育部党组为认真学习贯彻党的十九大精神，进一步把贯彻落实全国高校思想政治工作会议和中共中央国务院《关于加强和改进新形势下高校思想政治工作的意见》精神引向深入，大力提升高校思想政治工作质量，颁布实施了《高校思想政治工作质量提升工程实施纲要》（以下简称《实施纲要》）。《实施纲要》提出，要"坚持以习近平新时代中国特色社会主义思想为指导，紧紧围绕统筹推进'五位一体'总体布局和协调推进'四个全面'战略布局，坚持和加强党的全面领导，充分发挥中国特色社会主义教育的育人优势，以立德树人为根本，以理想信念教育为核心，以社会主义核心价值观为引领，以全面提高人才培养能力为关键，强化基础、突出重点、建立规范、落实责任，一体化构建内容完善、标准健全、运行科学、保障有力、成效显著的高校思想政治工

---

① 习近平出席全国高校思想政治工作会议并发表重要讲话 [C/OL]. 中华人民共和国国防部网站，http://www.mod.gov.cn/leaders/2016 – 12/08/content_4766073.htm.

② 中共中央 国务院印发《关于加强和改进新形势下高校思想政治工作的意见》[A/OL]. 中华人民共和国中央人民政府网站. http://www.gov.cn/xinwen/2017 – 02/27/content_5182502.htm.

作质量体系，形成全员全过程全方位育人格局，切实提高工作亲和力和针对性，着力培养德智体美全面发展的社会主义建设者和接班人，着力培养担当民族复兴大任的时代新人，不断开创新时代高校思想政治工作新局面"①。《实施纲要》进一步把高等学校的思想政治工作和国家发展大局紧密结合起来，明确提出要构建包括"组织育人质量提升体系"在内的"十大"育人体系。

《实施纲要》对"组织育人"育人体系的主要内容进行了详细阐述："发挥各级党组织的育人保障功能，进一步理顺高校党委的领导体制机制，明确高校党委职责和决策机制，健全和完善高校党委领导下的校长负责制，推动学校各级党组织自觉担负起管党治党、办学治校、育人育才的主体责任。启动实施高校党建工作评估，全面推开校、院（系）党组织书记抓基层党建述职评议。实施教师党支部书记'双带头人'培育工程，分中央和地方两级开展示范培训。实施'高校基层党建对标争先计划'，开展'不忘初心、牢记使命'主题教育，遴选培育全国百个院（系）党建工作标杆，培育建设一批先进基层党组织，培养选树一批优秀共产党员、优秀党务工作者，创建示范性网上党建园地，推选展示一批党的建设优秀工作案例。发挥各类群团组织的育人纽带功能，推动工会、共青团、学生会等群团组织创新组织动员、引领教育的载体与形式，更好地代表师生、团结师生、服务师生，支持各类师生社团开展主题鲜明、健康有益、丰富多彩的活动，充分发挥教研室、学术梯队、班级、宿舍在师生成长中的凝聚、引导、服务作用。培育建设一批文明社团、文明班级、文明宿舍。"②"组织育人"的主要内容把高校"组织育人"的实施主体与实施对象规定得具体、到位，至此，"组织育人"的提法正式诞生。

2018 年 9 月 10 日，习近平总书记在全国教育大会上进一步指出："培养什么人，是教育的首要问题。我国是中国共产党领导的社会主义国家，这就决定了我们的教育必须把培养社会主义建设者和接班人作为根本任务，培养一代又一代拥护中国共产党领导和我国社会主义制度、立志为中国特色社会主义奋斗

---

① 中共教育部党组关于印发《高校思想政治工作质量提升工程实施纲要》的通知［A/OL］. 新华网教育. http://education. news. cn/2017 - 12/06/c_129758619. htm.

② 中共教育部党组关于印发《高校思想政治工作质量提升工程实施纲要》的通知［A/OL］. 新华网教育. http://education. news. cn/2017 - 12/06/c_129758619. htm.

终身的有用人才。这是教育工作的根本任务，也是教育现代化的方向目标。"①
2019 年 3 月 18 日，习近平总书记在主持召开学校思想政治理论课教师座谈会时更是从中华民族千秋伟业的高度提出了学校培养人才的问题。他强调："我们党立于中华民族千秋伟业，必须培养一代又一代拥护中国共产党领导和我国社会主义制度、立志为中国特色社会主义事业奋斗终身的有用人才。"② 处在中华民族千秋伟业的历史大格局中，高校"组织育人"责无旁贷，使命光荣。

二、 组织育人的含义

研究新时代高校组织育人必须准确把握其深刻的内涵，同时也要将其放在"十大"育人体系中，注意区分高校组织育人与高校其他育人体系的区别。

1. 组织育人的含义

关于高校组织的含义，有专家认为，"如何构建一定的组织体系，包括如何进行合理的组织活动分工、如何形成有效的组织权力机构、如何建立完善的组织活动规范等"③。这一概念包括三个内容：一是如何构建组织活动分工体系，二是组织权利结构体系，三是组织活动规范体系。分工是以功能或作用为基础的。构建组织活动分工体系，实际上就是根据负责事务的不同构成不同的育人体系。高校组织包括党组织、团组织、学生社团、关工委组织等各类组织。

据此，我们认为，"高校组织育人"是指坚持立德树人根本任务，以党的组织为统领，发挥工会组织、团组织和大学生自治组织等各级各类组织的育人功能，并将主流思想政治观念和核心价值观贯彻融入其中，因势利导，从思想政治素质、核心价值观、综合素质等方面对学生进行全方位教育，形成合力，培养德智体美劳全面发展的社会主义建设者和接班人。

2. 组织育人与其他育人体系的关系

《关于加强和改进新形势下高校思想政治工作的意见》把"坚持全员全过

① 习近平在全国教育大会上强调 坚持中国特色社会主义教育发展道路培养德智体美劳全面发展的社会主义建设者和接班人. http://edu. people. com/n1/2018/0911/cl053 – 30286253. htm
② 习近平：用新时代中国特色社会主义思想铸魂育人贯彻党的教育方针落实立德树人根本任务 [C/OL]. 中共中央党校网站. https://www. ccps. gov. cn/xtt/201903/t20190319_130454. shtml.
③ 冒荣，刘义恒. 高等学校管理学 [M]. 南京：南京大学出版社，1997：105.

程全方位育人"作为加强和改进高校思想政治工作的五项基本原则之一，要求"把思想价值引领贯穿教育教学全过程和各环节，形成教书育人、科研育人、实践育人、管理育人、服务育人、文化育人、组织育人长效机制"①。组织育人是一项系统性、综合性的育人模式，与其他育人形式相辅相成。

教育部党组印发的《高校思想政治工作质量提升工程实施纲要》进一步贯彻《关于加强和改进新形势下高校思想政治工作的意见》，进一步细化"全员全过程全方位育人"要求，提出要构建"十大"育人体系，即课程育人、科研育人、实践育人、文化育人、网络育人、心理育人、管理育人、服务育人、资助育人和组织育人质量提升体系。

（1）课程育人。要"大力推动以'课程思政'为目标的课堂教学改革"②。这就是要求学校要紧紧抓住课程教学这一基础性的中心环节，以课堂教学为重点，深化课堂教学改革，全面提升"课程思政"能力和水平，构建全课程体系的育人模式，使学生只要身处课堂，就能接受思想政治教育，起到"润物细无声"的作用。

（2）科研育人。要"发挥科研育人功能培养师生至诚报国的理想追求、敢为人先的科学精神、开拓创新的进取意识和严谨求实的科研作风"③。这就是要求高校要发挥科学研究的作用，将科学研究作为一个有效的育人载体，在指导学生开展相关研究的过程中来教育学生，从而达到育人育德的目标。

（3）实践育人。要"坚持理论教育与实践养成相结合，整合各类实践资源……教育引导师生在亲身参与中增强实践能力、树立家国情怀"④。实践育人是课堂教育的延伸，以培养学生的实践能力及创新精神为目标，促进学生综合素质提升，是提高高校教育质量的必然选择，在高校教育中具有不可替代的地位和作用。

（4）文化育人。要"注重以文化人以文育人……优化校风学风，繁荣校园

---

① 中共中央 国务院印发《关于加强和改进新形势下高校思想政治工作的意见》［A/OL］．中华人民共和国中央人民政府网站．http://www.gov.cn/xinwen/2017 –02/27/content/ –5182502.htm

② 教育部 中共教育部党组关于印发《高校思想政治工作质量提升工程实施纲要》的通知［A/OL］．http://www.moe.gov.cn/srcsite/A12/s7060/201712/t20171206 –320698.html.

③ 教育部 中共教育部党组关于印发《高校思想政治工作质量提升工程实施纲要》的通知［A/OL］．http://www.moe.gov.cn/srcsite/A12/s7060/201712/t20171206 –320698.html.

④ 教育部 中共教育部党组关于印发《高校思想政治工作质量提升工程实施纲要》的通知［A/OL］．http://www.moe.gov.cn/srcsite/A12/s7060/201712/t20171206 –320698.html.

文化，培育大学精神，建设优美环境，滋养师生心灵、涵育师生品行、引领社会风尚"①。文化育人主要指校园文化，包括校风学风、校园人文环境、社团活动等各种文化活动等，目的在于树立和提升新时代大学生的文化自信，落脚点在于坚定"文化自信"，这是提升学生"四个自信"的重要环节，要发挥文化潜移默化的作用。

（5）网络育人。要"大力推进网络教育，加强校园网络文化建设与管理……推动思想政治工作传统优势同信息技术高度融合，引导师生强化网络意识，树立网络思维，提升网络文明素养，创作网络文化产品，传播主旋律、弘扬正能量，守护好网络精神家园"②。网络育人是紧跟时代大势而提出的，目的在于坚持党对意识形态工作的领导权，建好用好管好校园网络媒体，发挥网络育人作用，积极营造风清气正的网络空间，是将互联网和思政工作有效结合的产物。

（6）心理育人。要"坚持育心与育德相结合，加强人文关怀和心理疏导……着力培育师生理性平和、积极向上的健康心态，促进师生心理健康素质与思想道德素质、科学文化素质协调发展"③。心理育人是积极贯彻全面健康理念的产物，也是培养学生健全人格的有效途径，要立足构建教育教学、实践活动、咨询指导、预防干预为主要内容的心理育人工作体系，加强专兼职心理育人队伍建设，让学生普遍享有专业、系统、精准、温情的心理健康指导，帮助学生拥有积极健康向上的心态。

（7）管理育人。要"把规范管理的严格要求和春风化雨、润物无声的教育方式结合起来，大力营造治理有方、管理到位、风清气正的育人环境"④。管理育人是高校管理者将学校日常管理与育人工作有机结合起来，在日常管理中体现育人功能，如辅导员管理、任课教师管理、班级管理、宿舍管理等。管理主要体现在制度上，即体现为制度育人。

① 教育部 中共教育部党组关于印发《高校思想政治工作质量提升工程实施纲要》的通知 [A/OL]. http://www.moe.gov.cn/srcsite/A12/s7060/201712/t20171206-320698.html.

② 教育部 中共教育部党组关于印发《高校思想政治工作质量提升工程实施纲要》的通知 [A/OL]. http://www.moe.gov.cn/srcsite/A12/s7060/201712/t20171206-320698.html.

③ 教育部 中共教育部党组关于印发《高校思想政治工作质量提升工程实施纲要》的通知 [A/OL]. http://www.gov.cn/srcsite/A12/S7060/201712/T20171206-3206698.html.

④ 教育部 中共教育部党组关于印发《高校思想政治工作质量提升工程实施纲要》的通知 [A/OL]. http://www.gov.cn/srcsite/A12/S7060/201712/T20171206-3206698.html.

（8）服务育人。要"把解决实际问题与解决思想问题结合起来，围绕师生、关照师生、服务师生。在关心人、帮助人、服务人中教育人、引导人"①。服务育人是现代服务业的新理念，起初是立足于为现代服务业的发展提供专业人才，是从教育管理中引申发展而来的教育理念。就高校而言，服务育人的概念更多是与高校后勤工作联系起来的，彰显后勤工作的职责与使命，学生在其中是作为主体"被服务"的。

（9）资助育人。要"把'扶困'与'扶智'，'扶困'与'扶志'结合起来……形成'解困—育人—成才—回馈'的良性循环，着力培养受助学生自立自强、诚实守信、知恩感恩、勇于担当的良好品质"②。资助育人是传统学生资助的升华，增强了资助的育人功能，秉承的是"经济上资助，成才上辅助"的理念，在做好经济资助的同时，当好学生成长路上的引路人，增强学生的感恩教育，深入研究经济困难学生的成长特点和发展需求，搭建全方位的辅助平台，实现全过程育人。

（10）组织育人。要"把组织建设与教育引领结合起来，强化高校各类组织的育人职责……把思想政治教育贯穿各项工作和活动，促进师生全面发展"③。组织育人是实现立德树人的重要载体和途径，体现了全员全过程全方位的育人格局，是与"课程育人"等其他育人体系相辅相成的。

新时代高校组织育人的功能是全方位的：一方面，组织育人遵循"认识—实践—认识"的规律，将理论知识的学习认知和社会实践有机结合起来，通过党组织、社团组织等组织的各类活动全面提高学生的政治素质、综合能力和行为规范等，体现了组织育人的主动性育人功能和特征。另一方面，高校组织育人工作以立德树人为中心环节，发挥各级各类组织的作用，实现"第一课堂"与"第二课堂"的有机结合，打通了理论与实践，更加突出学生的参与性和主体性，强调体验性，实现知行合一。组织育人使组织的职能更完整地得到发挥，显现、包容了德智体美劳等方面的育人内容。组织育人结合了组织自身的

---

① 教育部 中共教育部党组关于印发《高校思想政治工作质量提升工程实施纲要》的通知 [A/OL]. http://www.gov.cn/srcsite/A12/S7060/201712/T20171206－3206698.html.

② 教育部 中共教育部党组关于印发《高校思想政治工作质量提升工程实施纲要》的通知 [A/OL]. http://www.gov.cn/srcsite/A12/S7060/201712/T20171206－3206698.html.

③ 教育部 中共教育部党组关于印发《高校思想政治工作质量提升工程实施纲要》的通知 [A/OL]. http://www.gov.cn/srcsite/A12/S7060/201712/T20171206－3206698.html.

建设和组织的政治引领功能，强化了育人的职责，增强了工作活力，促进了工作创新，发挥了群团、学生、学术等组织在联系服务、团结凝聚师生上的桥梁纽带作用，把思政教育贯穿于各项工作和活动中，促进师生全面发展。

三、 组织育人理论基础

1. 马克思主义理论

马克思、恩格斯坚持从各种工人组织中发现培养先进分子，为组建工人组织的最高形式——共产党组织做准备。党组织建立后，再以各级党组织为媒介，借助各种工人群众组织教育引导广大群众。共产党执政后，苏俄和中国进一步探索了党的宣传机构和政治教育机构统一领导多种组织开展育人育才的问题。马克思、恩格斯并未明确提出组织育人的概念，但在加强组织建设达到育人育才目标方面有丰富的思想认识。马克思和恩格斯在《共产党宣言》《共产主义者同盟章程》《英国工人阶级状况》等著作中，深刻阐述了党如何把人民群众组织起来，以实现新社会育人的目标。

习近平总书记在全国组织工作会议上强调指出，党的力量来自组织。党的全面领导、党的全部工作要靠党的坚强组织体系去实现。马克思主义高度重视组织对开展无产阶级解放运动的重大意义，马克思、恩格斯亲自参加了组建无产阶级政党的活动。《共产党宣言》就是他们为第一个共产主义政党——共产主义者同盟起草的纲领。《共产党宣言》指出，无产阶级要组织起来，以指导无产阶级的革命运动，这样才能在与资产阶级的斗争中取得胜利。马克思、恩格斯指出："无产者组织成为阶级，从而组织成为政党这件事，不断地由于工人的自相竞争而受到破坏。但是，这种组织总是会重新产生，并且一次比一次更强大、更坚固更有力。它利用资产阶级内部的分裂，迫使他们用法律形式承认工人的个别利益。①"为了让无产阶级政党更加坚强有力，马克思、恩格斯对无产阶级政党的性质、作用提出了相应要求。马克思、恩格斯指出："共产党人同全体无产者的关系是怎样的呢？共产党人不是同其他工人政党相对立的特殊政党。他们没有任何同整个无产阶级的利益不同的利益。他们不提出任何特

---

① 马克思恩格斯选集：第一卷 [M]．北京：人民出版社，2012：409 – 410.

殊的原则，用以塑造无产阶级的运动。"① 必须代表工人阶级的绝大多数人的利益："过去的一切运动都是少数人的或者为少数人谋利益的运动。无产阶级的运动是绝大多数人的，为绝大多数人谋利益的独立的运动。"② 马克思、恩格斯还对共产党组织的先进性进行了论述："在实践方面，共产党人是各国工人政党中最坚决的、始终起推动作用的部分；在理论方面，他们胜过其余的无产阶级群众的地方在于他们了解无产阶级运动的条件、进程和一般结果。"③ 马克思在《国际工人协会共同章程》中指出："无产阶级在反对有产阶级联合力量的斗争中，只有把自身组织成为与有产阶级建立的一切旧政党不同的、相对立的政党，才能作为一个阶级来行动。为保证社会革命获得胜利和实现革命的最高目标——消灭阶级，无产阶级这样组织成为政党是必要的。"④ 巴黎公社的斗争失败后，马克思、恩格斯深入思考，总结认为最重要的原因就是巴黎公社缺乏共产党组织的集中统一领导，公社内部拥有布朗基派、蒲鲁东派、雅各宾派和无党派等众多派别，没有一个坚强有力、团结一致的领导核心，极大削弱了公社的战斗力。马克思在 1872 年国际工人协会海牙代表大会的决议中，用事实论证了必须把共产党组织建成工人阶级的最高组织形式。

马克思、恩格斯不仅强调了无产阶级组织政党的极端重要性，还提出要把共产党组织建设成为一个严密的、系统的、强有力的组织。马克思、恩格斯在《共产主义者同盟章程》中规定，"同盟的组织机构是：支部、区部、总区部、中央委员会和代表大会"，提出共产主义者同盟要建立从支部、区部、总区部到中央委员会、代表大会的自下而上的严密组织系统，同时规定了各级组织的组织形式和职责，用以保证共产党组织能够有效并且高效地组织领导无产阶级革命，从而推翻资产阶级政权，消灭旧的以阶级对立为基础的资产阶级社会，建立无产阶级统治，没有阶级、没有私有制的新社会。这为共产党组织的建立、发展和壮大提供了基本遵循。

马克思、恩格斯还特别强调要把工人阶级组织起来，只有把工人阶级组织起来，同时置于共产党的有力领导下，工人阶级才能发挥人数众多的优势，才

---

① 马克思恩格斯选集：第一卷 [M]. 北京：人民出版社，2012：413.
② 马克思恩格斯选集：第一卷 [M]. 北京：人民出版社，2012：411.
③ 马克思恩格斯选集：第一卷 [M]. 北京：人民出版社，2012：413.
④ 马克思恩格斯选集：第三卷 [M]. 北京：人民出版社，2012：173.

有可能取得斗争的胜利。马克思在《国际工人协会成立宣言》中强调："工人的一个成功因素就是他们的人数；但是，只有当工人通过组织而联合起来并获得知识的指导时，人数才能起举足轻重的作用。"① 马克思、恩格斯尤其注重在工人组织中发掘和培养先进分子，用以组织成工人阶级的最高组织形式——共产主义政党。党组织以各类工人群众组织为依托，教育引导广大人民群众，形成历史合力，推动社会进步，促进人的全面发展。每一个共产党人的最重要任务就是加强对工人群众的组织、教育和引导，"教育工人尽可能明确地意识到资产阶级和无产阶级的敌对的对立，以便德国工人能够立刻利用资产阶级统治所必然带来的社会的和政治的条件作为反对资产阶级的武器，以便在推翻德国的反动阶级之后立即开始反对资产阶级本身的斗争"②，这一论断明确了共产党组织和各种工人群众组织育人的最终目的，在于启发劳动者意识到自己所处的历史地位和肩负的历史使命。马克思和恩格斯还特别注重教育在组织育人中的关键作用，恩格斯在《共产主义原理》中指出："教育将使年轻人能够很快熟悉整个生产系统……使他们摆脱现在这种分工给每个人造成的片面性。"③ 马克思在《资本论》中则把教育视为"造就全面发展的人的唯一方法"④。马克思、恩格斯强调，把无产阶级组织起来，成立无产阶级的政党，是教育培养社会主义新人的重要手段和保证。这为我们通过加强高校党的组织建设，并以党的组织来领导、整合高校中各类群团组织，为培养造就社会主义事业合格建设者和可靠接班人提供了理论指引。

2. 习近平总书记教育重要论述

习近平总书记对教育事业高度重视，党的十八大以来，他多次到小学、中学、高等学校等各级各类学校考察并同师生们座谈，给一些学校师生回信，主持中央有关会议，审议通过一系列涉及教育改革发展的方案，对推进教育改革发展提出了一系列重要论述。习近平总书记教育重要论述的形成，有着深刻的时代背景，可以概括为"三个视野"：从全球发展的大视野来看，"习近平总书记教育重要论述是在深刻洞悉全球发展大势，着力把握世界教育发展格局的背

① 马克思恩格斯选集：第三卷 [M]. 北京：人民出版社，2012：10.
② 马克思恩格斯选集：第四卷 [M]. 北京：人民出版社，2012：2.
③ 马克思恩格斯选集：第一卷 [M]. 北京：人民出版社，2012：308.
④ 马克思恩格斯选集：第二卷 [M]. 北京：人民出版社，2012：230.

景下形成的"①；从中华民族伟大复兴的大视野来看，"习近平总书记教育重要论述是在中国特色社会主义进入新时代、中国教育发展面临新任务新要求的背景下形成的"②；从中国教育事业发展的大视野来看，"习近平总书记教育重要论述是在全面总结中国教育改革发展历史经验、着力破解现实问题的背景下形成的"③。

在"三个视野"的深刻背景下，习近平总书记高瞻远瞩，规划了我国教育事业发展的宏伟蓝图，形成了关于教育的重要论述。习近平总书记指出，教育要始终聚焦培养什么人、怎样培养人、为谁培养人这个根本问题，强调要坚持中国特色社会主义教育发展道路，培养德智体美劳全面发展的社会主义建设者和接班人。习近平总书记教育重要论述的科学内涵可以概括为以下9个方面：

一是坚持党对教育事业的全面领导。办好中国的事情，关键在党。加强党的领导是做好教育工作的根本保证，必须牢牢掌握党对教育工作的领导权，坚持马克思主义的指导地位，把思想政治工作贯穿学校教育管理全过程，不断加强教育系统党的建设，使教育领域成为坚持党的领导的坚强阵地。二是坚持把立德树人作为根本任务。立德树人关系党的事业后继有人，关系国家前途命运，必须把立德树人成效作为检验学校一切工作的根本标准，努力培养担当民族复兴大任的时代新人，培养德智体美劳全面发展的社会主义建设者和接班人。三是坚持优先发展教育事业。教育是国之大计、党之大计。教育兴则国家兴，教育强则国家强。要坚持把优先发展教育事业作为推动党和国家各项事业发展的重要先手棋，突出教育的基础性、先导性、全局性地位和作用。四是坚持社会主义办学方向。我国是中国共产党领导的社会主义国家，我们办的是社会主义教育，必须在事关办学方向的问题上站稳立场，坚持教育为人民服务，为中国共产党治国理政服务，为巩固和发展中国特色社会主义制度服务，为改革开放和社会主义现代化建设服务。五是坚持扎根中国大地办教育。中国的教育必须按中国的特点和中国的实际办。要扎根中国、融通中外，立足时代、面向未来，发展具有中国特色、世界水平的现代教育。六是坚持以人民为中心发展教育。教育公平是社会公平的重要基础。必须不断促进教育事业发展成果更

① 习近平总书记教育重要论述讲义 [M]. 北京：高等教育出版社，2020：3-5.
② 习近平总书记教育重要论述讲义 [M]. 北京：高等教育出版社，2020：3-5.
③ 习近平总书记教育重要论述讲义 [M]. 北京：高等教育出版社，2020：3-5.

多更公平惠及全体人民，以教育公平促进社会公平正义，努力让每个人享有受教育的机会，获得发展自身、奉献社会、造福人民的能力。七是坚持深化教育改革创新。改革是教育事业发展的根本动力。必须更加注重教育改革的系统性、整体性、协同性，及时研究解决教育改革发展的重大问题和群众关心的热点问题，以改革激活力、增动力。八是坚持把服务中华民族伟大复兴作为教育的重要使命。实现"两个一百年"奋斗目标、实现中华民族伟大复兴的中国梦，归根结底靠人、靠教育。必须围绕统筹推进"五位一体"总体布局、协调推进"四个全面"战略布局，推动教育高质量发展，提升教育服务经济社会发展能力。九是坚持把教师队伍建设作为基础工作。教师是立教之本、兴教之源。必须从战略高度认识加强教师队伍建设的重大意义，把师德师风作为评价教师队伍素质的第一标准，引导教师做有理想信念、有道德情操、有扎实学识、有仁爱之心的"四有"好老师，建设一支宏大的高素质专业化教师队伍①。

习近平总书记教育重要论述从根本上回答了中国特色社会主义教育发展的一系列方向性、根本性、全局性、战略性的重大问题，集中体现了对我国教育事业规律性认识的深化，来之不易，要始终坚持并不断丰富发展。习近平总书记教育重要论述9个方面的科学内涵为高等教育的改革发展指明了方向，这是高等学校开展立德树人工作的根本理论遵循。

3. 组织行为学理论

组织行为学是对一个环境中所有成员的行为、环境相互作用中成员的行为等进行研究的理论。在行政组织理论对学校的影响方面，阿波特认为："第一，学校组织确实受到专业化和任务要素分解的影响。学校分成了各种年级、学科……第二，学校组织发展成为一种界定清晰和严格的权力等级化的组织……第三，学校组织严重地依赖运用一般规则控制组织成员的行为，提出标准来确保完成任务的一致性。第四，除了经常关注学校的整体性和民主性外，学校组织已经广泛地采取了韦伯的非个体性的原则，这种原则是建立于理性的考虑而不是魅力品质或传统的强制性。"②

---

① 习近平总书记教育重要论述讲义 [M]. 北京：高等教育出版社，2020：8–10.

② From Max. Abbott. "Hierarchical Impediments in Educational organizations" in F. D. Carve and T. J. Sergionvanni（eds.）Organizations and Human Behavior. New York：McGraw—Hill，1969：44–45.

高校的根本任务是培养人，培养人离不开各类组织的力量，因此其组织管理与经济组织、行政组织等具有根本性的区别，归根结底是一项教育活动，育人育才是其根本目标。因此，高校组织育人是为了整合相关资源，协调各类组织间的关系，调动各类组织的积极性、主动性，发挥各自优势，将消极的、不利的因素控制到最低，通过增强育人效果，遵循学生发展规律与组织发展规律，以计划、协调、控制等手段整合各类资源，形成育人合力。育人政策的完善，总的方向是形成成熟、稳定的政策体系，推进制度化、体系化，形成"大思政"工作格局；就领导体制而言，要坚持党的全面领导。众所周知，思想政治教育是实现党委所领导的，以人民民主专政的根本利益为目的的政治社会化的教育形式和工作方式。

4. 协同理论

"协同"指的是协调一致、和谐共生。德国科学家赫尔曼·哈肯首次系统阐述了协同学思想，指出各个子系统间存在相互联系、相互合作的关系，由此形成开放复杂的系统，而系统能否发挥协同效应是由各组成部分共同决定的。如果一个系统内部各部分相互配合，同心协力围绕共同目标运行，就能产生$1+1>2$的效果；反之，如果一个系统内部各部分相互掣肘，就会形成内耗，使得整体陷于混乱无序中。这里的"协同"指的是系统中多个子系统之间相互协调、相互合作的或同步的联合作用，包含了竞争与合作，但更多强调的是合作，"我们发现，许多个体，无论是原子、分子、细胞，或是动物、人类，都是由其集体行为，一方面通过竞争，另一方面通过合作而间接地决定自身的命运"[①]。恩格斯在《反杜林论》中说："许多人协作，许多力量融合为一个总的力量，用马克思的话来说，就造成'新力量'，这种力量和它单个力量的总和有本质的差别。"协同理论的原理和方法可以为复杂的高校组织育人提供分析依据，帮助其找到实现合力的契合点。

高校组织育人系统具有显著的整体性特征。它虽然由诸多要素共同组成，而且各要素在目标、内容、教育者和教育对象等方面都具有自身的特点，但其最佳效果的实现并不是各要素功能简单相加就能达成的。只有在服从组织育人

---

① 牛东晓，白泉涌. 基于复杂组合网络的中国城市经济发展研究 [J]. 财政研究，2011，12 (59).

整体目标的前提下，最大限度调动各组成要素的积极作用，使其密切配合、协同运作，完成有序目标，才能达到最佳的育人效果。因此，要提升高校组织育人工作质量，就必须做到人在哪里思想政治工作就在那里，各守一段渠，种好责任田，履行好各自职责。

第二节　组织育人的特征

一、 政治性

政治性是组织育人的底色，习近平总书记在全国教育大会上强调，"教育部门和各级各类学校的党组织要增强'四个意识'、坚定'四个自信'，坚定不移维护党中央权威和集中统一领导，自觉在政治立场、政治方向、政治原则、政治道路上同党中央保持高度一致"。高校的宗旨是培养社会主义事业合格建设者和可靠接班人，要坚决贯彻落实政治性原则，主要体现在以党的指导思想为指导，以党的路线纲领为方向，坚持党的集中统一领导，贯彻党的意志。在中国特色社会主义新时代，组织育人要以习近平中国特色社会主义思想为指导，以各级各类组织为抓手，围绕立德树人根本任务，深入贯彻党的教育方针，培育学生德智体美劳全面发展。

政治性体现为以政治建设为统领，确保政治引领力。习近平总书记在全国高校思想政治工作会议上强调："我国高等教育发展方向要同我国发展的现实目标和未来方向紧密联系在一起，为人民服务，为中国共产党治国理政服务，为巩固和发展中国特色社会主义制度服务，为改革开放和社会主义现代化建设服务。"① 习近平总书记提出的"四个服务"思想，是高校落实立德树人根本任务的具体内容，也为新时代高校党建和思想政治工作提供了理论指导，指明了发展方向。新时代高校组织育人要切实承担起培养社会主义事业合格建设者和可靠接班人的重大任务，必须不断强化"四个服务"意识，必须坚持正确的政治方向，在新时代的实践中不断掌握党建育人规律，遵循育人的实践逻辑，

---

① 习近平在全国高校思想政治工作会议上强调：把思想政治工作贯穿教育教学全过程 开创我国高等教育事业发展新局面 [N]. 人民日报, 2016 - 12 - 09 (1).

提高育人实效。我们的高校是党领导下的高校，是中国特色社会主义高校。办好我国高等教育，必须坚持党的领导，牢牢掌握党对高校工作的领导权，使高校成为坚持党的领导的坚强阵地。办好我们的高校，必须坚持以马克思主义为指导，全面贯彻党的教育方针。高校党委要保证正确的办学方向，掌握思想政治工作主导权，始终保证高校成为培养社会主义事业建设者和接班人的坚强阵地。新时代高校组织育人，必须坚持和加强党对高校的全面领导，加强各级组织建设，不断完善党对高校党建和思想政治工作的领导，不断提升高校组织育人质量。新时代高校组织育人，要加强党的政治建设，形成鲜明的政治导向，增强政治引领力，夯实政治根基，涵养政治生态。通过不断增强高校各级党政组织的政治功能，发挥群团、学生组织的政治作用，提高高校组织育人共同体的政治引领力，确保正确的政治方向。

政治性体现为传播主导意识形态，树立威信。"统治阶级的思想在每一个时代都是占统治地位的思想。这就是说，一个阶级是社会上占统治地位的物质力量，同时也是社会上占统治地位的精神力量"①，高校承担着培养社会主义合格建设者和可靠接班人的使命，要回答"为谁培养人，培养什么样的人，怎样培养人"的关键问题，就要通过组织使全体师生在理想信念、价值理念、道德观念上紧密团结在一起。在传播主导意识形态的过程中，要凸显和强化组织的凝聚和引领功能，通过吸引有着同样认知的人加入，或因身份划分形成集体，构建相对稳定的组织架构。当前，随着改革开放和社会主义市场经济的深入推进，互联网等迅速发展，这在有力促进社会发展进步的同时，也给社会思想文化领域带来复杂影响。不同思想、文化交流，思潮多元多样，基层多种多样的声音与反馈，通过组织的集体性来解读和收集各类社会信息，能够最大可能消除信息壁垒和信息不对称的情况，便于思想政治教育的主客体形成通畅的互动机制，便于思想政治教育的主客体形成通畅的互动机制。高校组织是高校思想政治教育的重要组成，是高校意识形态的载体，在发挥育人作用的过程中需要遵循政治性、规律性、协同性、发展性等基本原则，坚持政治首位导向，把握组织规律，创新协同机制，保持持续发展。

---

① 马克思，恩格斯. 德意志意识形态 [M]. 北京：人民出版社，2016：178.

二、 协同性

当前，中国特色社会主义建设进入新时代，新时代建设离不开时代新人，高校在当前的人才教育与培养中担负着义不容辞的重要责任。习近平总书记强调"高校思想政治工作关系高校培养什么样的人、如何培养人以及为谁培养人这个根本问题"①。当前，在高度信息化的时代背景下，知识更新加快，信息复杂多变，价值观念多元并存，教育呈现更加开放的状态，要实现良好的思想政治教育效果和育人目标，更加需要高校各组织之间的团结和协同，在发挥各独立要素自身教育效力的基础上，进一步促进各自的优势联合，激发联动效应，推进生成更高效的组织育人效能。在共同目标、价值共识的激励和制度规范约束下，各育人组织需明确责任，加强组织建设和运行机制建设，强化共同体意识和责任感，实现资源与信息的共享，将组织的多样性、差异性、分散性的资源整合成教育目标统一、实施过程一致的新资源，加强合作与协调，形成育人合力，构成组织育人协同系统，形成组织育人的协同机制，共同开展理论学习、组织文化陶冶、社会实践等活动，实现共同体的全员、全过程、全方位育人。

构建高校组织育人协同体系，必须打破各组织育人各自为政的局面，处理好组织个体与共同体的关系，实现组织育人的协同效应和整体功能。在高校组织育人体系中，党组织处于重要地位。高校党委处于领导核心地位，发挥基层党组织战斗堡垒作用；工会、共青团、学生会、学生社团等组织发挥联系服务、团结凝聚师生的桥梁纽带作用；学术团体、专业教研室、班级、宿舍等组织发挥宣传、凝聚、服务作用。组织育人共同体要发挥动员号召力、组织协调力、引领凝聚力、政治感化力、情感感召力和工作亲和力，形成各级各类组织体系整体合力，齐心协力、步调一致开展育人工作，使其成为大学生思想政治教育的重要阵地，形成教书育人、科研育人、实践育人、管理育人、服务育人、文化育人的格局。

高校组织育人协同体系，可以从纵向和横向两个层面推进各级各类组织之

① 习近平在全国高校思想政治工作会议上强调：把思想政治工作贯穿教育教学全过程 开创我国高等教育事业发展新局面 [N]. 人民日报，2016 – 12 – 09 (1).

间的协作，构建科学的协同育人共同体。从纵向来看，强化层级组织协作力。高校各组织呈现由上到下的线性关系，表现出科层制组织的特征，例如高校党组织分为学校党委、院系党组织、院系基层党支部，各级党组织必须严格遵守党的规章制度，充分发挥上下级组织的联动作用，促进组织间的协同合作，高效地开展育人工作。"有一个机构的上下级安排固定有序的体系，上级监督下级——一种同时给被统治者提供明确规定的由一个下级机关向它的上级机关呼吁的可能性。"① 科层制组织结构高度理性化，组织管理层级清晰，上下级组织之间沟通交流顺畅，个人权利和责任明确，组织成员的行为得以规范，育人工作成效得以提高。从横向来看，提升松散组织耦合度。在全员全程全方位育人理念的指引下，育人不仅仅是思想政治工作队伍的职责，高校各职能部门、院系乃至全体人员都负有相应的责任。育人工作的顺利开展有赖于高校各组织机构的通力合作，实现松散组织之间的共享资源、优势互补、共建共赢，从而克服各组织单独育人存在的局限，充分发挥不同类别组织的育人功能，进而达到育人目标，提高育人成效。具体来说，要将协同的理念、方法和范式融入高校组织育人体系，在保持各组织独特性的基础上强化组织之间的联系，构建以党组织育人为核心的协同育人体系，引导组织协同思维与协同育人的有效融合，提高松散组织的耦合度，确保组织协同育人活动有效实施，进一步提升高校组织育人的科学化水平。

构建高校组织育人体系还要在机制上实现协同创新。一方面，育人组织包含多种形态，各有文化特色与工作优势，可以取长补短、合作共赢。育人组织需经常跨越多个部门，涵盖不同人群，同时不同的组织侧重人群各有所别。另一方面，组织育人本身也是"七育人"体系的一部分，需要与教书育人、科研育人、实践育人、管理育人、服务育人、文化育人等形成合力。为了保障组织育人的有效实施，首先要坚持高校党委的统一领导；其次要明确学校不同部门、校院两级、各级组织的具体职责，厘清内在关系，找准角色定位，总体把握育人的形势、资源、优势和困难，消除各组织因业务间隔造成的人员、工作、财物和权责的条块分割，做好顶层设计，形成上下联动、关系清晰的育人机制，相互积极配合，最终形成合力。

---

① 马克斯·韦伯. 经济与社会：下 [M]. 林荣远. 译，北京：商务印书馆，1997：279.

三、 发展性

在国际国内形势深刻变化、不同思想文化交流交融交锋、社会思潮多元多样多变的时代背景下，高校的组织育人环境发生了深刻变化。新形势下，高校组织育人资源更加丰富，育人要素更加多元，育人过程更加复杂，育人空间极大拓展。习近平总书记在全国高校思想政治工作会议上强调，"做好高校思想政治工作，要因事而化、因时而进、因势而新"。① 我们要用发展的眼光看待组织育人的功效。一方面，组织在不同时期，有着不同的历史使命，需要完成相应的目标任务，组织也因时代特点和发展需要有所不同，组织的定位、目标和举措都在发生变化，因此，组织育人的范畴、方法、内容都会随着社会的变化而不断演变。另一方面，作为动态系统的组织育人体系，它不是一成不变的，必须根据时代形势与内部需求，适时更新和优化，从而更加符合和满足育人的需要。高校组织本身要不断适应新时代特点，把握主要矛盾，厘清关键问题，构建符合规范要求、适应社会和成员需要的工作格局。组织育人的实施开展，要采用学校师生喜闻乐见的方式方法，把"解决实际问题"与"解决思想问题"结合起来。

高校组织育人还需要顺应时代发展的要求，积极开拓新的育人阵地和平台，实现思想政治教育工作空间的升级。一方面是物理空间的延伸。师生学习生活的场域，随着习惯性和日常性的沉淀，都有着形成组织的天然优势，如办公楼、学生宿舍、实验室、机房等。这些相对松散的单元，通过合理的规划，能够形成更具教育引导意义的社群。高等教育不断发展，师生活动的时空更加分散，传统组织的工作方式需要不断调整以适应新的变化，要在新的形势下探索建立一批新型组织，不断完善组织育人的场域。另一方面是虚拟空间的延伸。网络已成为高校师生学习生活的"第一环境"，互联网对于师生不仅仅是一种工作或体验，更是他们的生活方式本身。网络社群的建立，虽然从组织的角度还缺乏一些必要的要素，但在育人的事实上已经承载了很多内容。互联网思维强调平等性，更容易受到师生的喜爱，要进一步探索在网络社群中平等交

① 习近平在全国高校思想政治工作会议上强调：把思想政治工作贯穿教育教学全过程 开创我国高等教育事业发展新局面［N］．人民日报，2016－12－09（1）.

流、双向互动的新平台，打破组织育人的物理边界，开拓网络组织育人的新模式。

四、 创新性

高校组织育人工作需要全员全过程全方位参与，需要在新思政观的引领下进行综合改革，不断创新。互联网的持续发展一定意义上改变了当前社会经济的发展模式，直接影响了人们摄取社会基本信息和交流的方式，特别是现代新媒体在实际生活中影响巨大。在这样的时代背景下积极推进"互联网＋"语境下高校组织育人模式创新成为高校组织育人的重要内容，实际上互联网的持续发展为"三全育人"理念下高校组织育人模式创新提供了便利，"虚拟网络组织冲击和改变了传统实体大学生组织引导管理的模式和手段，并在深层次上影响了大学生的成长发展"[1]。因此，在具体推进"三全育人"理念下高校组织育人模式创新过程中，要积极采用互联网技术，充分利用微信公众号、微博等新媒体，结合人们感兴趣的网络热点事件，精选网络资源，及时推送至网络平台上，以便人们可以不受时空限制地进行阅读和学习，同时也要切实加强对网络言论的有效监管，发现问题要及时采取有效措施加以干预。这是"三全育人"理念下高校组织育人模式创新的重要内容。

新媒体技术的广泛运用，对各组织教育主体提出了更高的要求。教育主体应主动地学习和应用新媒体技术，不断地提高自身素质和能力。一是要转变教育观念。在传统教学中，人们普遍重视教育者的主体地位，忽视受教育者主体功能的发挥，这在新媒体环境中严重影响了高校价值观教育的实效性。为了更好地对受教育者开展教育，教育者应转变教育观念，尊重受教育者的主体地位，切实把教育者的外在引导与内在自觉结合起来。二是要提升运用新媒体的知识与技能。各级组织教育主体应积极培育自身的信息素养，熟练地掌握和应用新媒体技术，及时挖掘网络信息来充实自己的教育素材，以提升自己的网络表达力，增加教育内容的感染力。三是要提升受教育者的媒介素养。新媒体技术大大激发了受教育者的主体性，高校应适时开展媒介素养教育，普及新媒体

---

① 王功敏. 大学生网络组织建设管理路径［J］. 华南理工大学学报（社会科学版），2015，3（17）.

知识，提高他们分析和辨别媒介信息的能力，增强教育的实效性。

各高校党委要积极鼓励、支持和引导高校组织和党员干部主动占领网络舆论阵地，创新工作方式方法，遵循网络传播规律，发出正声音，弘扬正能量，用发生在身边的先进事迹去感染人、影响人和塑造人。在探索和构建网络时代组织育人新模式的过程中，要注意以下三点：一是对高校组织探索网络育人的做法要给予政策倾斜和经费支持。二是对网络育人的新方式方法，不能仅停留在育人内容的表面，更要重视育人内容的深入探索与研究，增强网络育人的实效性。三是要将各组织尤其是高校基层党组织开展网络育人工作纳入年终绩效考评中，对开展该项工作成绩显著的基层党组织要给予奖励，并加大宣传力度，形成正面引导。

第三节　组织育人的类别

一、党组织育人

1. 校党委育人

2017 年 12 月 5 日，教育部颁行《高校思想政治工作质量提升工程实施纲要》，要求"把组织建设与教育引领结合起来，强化高校各类组织的育人职责"[1]，为定位高校各类组织的功能指明了方向和主线。

"三全育人"视域下高校党委的育人功能主要体现为发挥党委把方向、管大局、作决策、保落实的坚强作用，切实履行好主体责任，着力营造扎严抓实的氛围，形成一级带一级、层层抓落实的责任链条，构建分级负责的金字塔式责任架构形态，不断开创"三全育人"视域下高校党建工作新局面。

（1）把方向：坚持社会主义办学方向

大学教育关系到培养什么样的人、怎样培养人的根本问题，立德树人必须坚持以马克思主义为指导，必须坚持社会主义办学方向，必须坚持党的领导。办好我国高等教育，必须坚持党的领导，牢牢掌握党对高校工作的领导权，使

---

[1]　中共教育部党组关于印发《高校思想政治工作质量提升工程实施纲要》的通知［Z］. 教党〔2017〕62 号.

高校成为坚持党的领导的坚强阵地。高校要坚持和不断完善党委领导下的校长负责制，坚持从严从实加强党建工作，充分发挥党组织总揽全局、协调各方的领导核心作用。高校党委要丰富党建工作的内涵，明确党建工作的重心，在"三全育人"视域下凸显党建工作的优势，把党建工作落实到立德树人的根本任务上，用习近平新时代中国特色社会主义思想教育广大师生。高校党委还要潜移默化地使社会主义核心价值观润物细无声地浸润师生心田，转化为日常行为，增强师生对学校的认同感、归属感、荣誉感；打造品牌活动，提升校园文化建设层次；通过校园系列品牌活动，使师生从中学知识、受教育、长才干，增强对学校、对社会的使命感和责任感，提高师生的价值判断和选择能力，营造健康向上、积极进取的校园文化氛围。

（2）管大局：精准定位谋划学校发展

高校党委要提高谋划全局、科学决策的能力，彰显高校党委的核心作用。高校党委是学校各项事业的领航人，必须以当前为基础，放眼未来，做好顶层设计，准确把握我国经济社会发展的新形势，精心谋划学校科学发展的指导思想、发展战略和目标。高校党委需要牢固树立"以人为本"的治校理念，规范办学行为。从质量立校、人才强校、文化兴校、特色品牌、产教融合等方面规范学校发展战略。围绕专业特色、行业特色、育人特色，探索人才培养新途径、教育教学新手段，打造专业、课程、师资等系列品牌，提升办学品位，增强学校在教学、科研、管理服务等各方面的综合软实力，提高学校的知名度和影响力。持续推动办学机制、教育培养模式、管理服务机制、师资人才培养模式、招生办法等方面改革。构建党的建设强基工程、学科建设发展工程、师资队伍培育工程、素质教育延展工程、就业能力提升工程、合作办学深化工程、社会服务拓展工程、智慧校园建设工程、后勤服务保障工程、校园文化营造工程，规划设计好学校发展的时间点和路线图，突显学校办学特色，走内涵式建设发展道路。

（3）作决策：顶层设计与问题导向相结合

推进学校治理体系和治理能力现代化的根本任务是做好顶层设计。通过完善党的建设、思想教育、教学、科研、管理等各个方面的制度建设，形成完备的学校治理体系。同时提高学校运用制度治理学校的能力，形成责任层层递进、层层传导的链条式责任体系。做好新形势下高校的各项工作，必须把破解学校发展不平衡不充分的问题作为目标指向，加强改革创新力度，提高精准施策能力，找准工作重心，明确发展目标，强化优势、补齐短板，着力破解学校各个工作领域存在的问题，全面推动学校治理体系和治理能力的现代化。坚持问题导向，破解难题。高校想要深化教育教学改革，党委必先坚定改革意志，具有钉钉子的精神。全面贯彻落实《国家中长期教育改革和发展规划纲要（2010—2020）》精神，要创新体制机制，建立充满活力、互利共赢的办学新模式，建设结构合理、素质优良的专业师资队伍，构建适应高素质人才培养要求的质量评价体系，提高教学研究和应用技术研究能力，延伸社会服务内涵，使学校成为学生的成长家园，企业的合作伙伴、行业的人才基地。

（4）抓保障：构建责任制度体系

① 构建责任制度体系。坚持全面从严治党，高校党委要义不容辞地扛起责任担当，建立健全责任划分明晰、责任界定明确、责任监督有力、责任主体明确的党建工作责任体系，形成一级带一级、层层抓落实的责任链条，推动领导干部和各级党组织更好地担当历史使命，把全面从严治党转化为具体的制度和行动。② 明晰责任划分。高校构建"四位一体"责任体系，关键在明晰责任，明确政治建设、思想建设、组织建设、作风建设等方面工作的责任，形成自上而下、逐项落实的工作机制，从党委领导班子成员到实施部门明确责任清单，形成分级负责的金字塔式责任架构形态。③ 明确责任界定。明确主体责任、第一责任、重要责任和具体职能责任，把从严治党融入学校发展的中心工作中，统一部署、实施和考核。④ 强化责任监督。强化定期报告制度和专项述职制度。各级党组织书记每年向上级党组织进行述职，包括学习贯彻习近平新时代中国特色社会主义思想、履行基层党建工作责任情况，推进"两学一做"学习教育常态化制度化情况，推进党支部规范化建设情况，推进基层党建工作情况，加强和改进思想政治工作情况，强化基层基础保障情况，抓基层党建工作创新做法、取得的成效、存在的突出问题，加强和改进工作的思路措施等。⑤ 强化责任考核。完善考核评价工作，重点围绕"怎么考、考什么、怎么用"建立科学和有效的考核办法，加大对考核结果的分析和运用。在工作实绩考核方面，加大基层党建工作权重，确保考准考实。要将党总支书记抓基层党建的考核结果作为评价党总支书记政治上强不强、实绩好不好、作风正不正、工作称职不称职的重要参考，作为评先评优、选拔任用干部的重要依据。⑥ 明确责任追究。责任追

究制度的落实是构建"四位一体"责任体系的重要保证。全面从严治党就是要解决以往各级党组织管党治党失之于宽、失之于松、失之于软的问题。高校党委要严格执行《中国共产党问责条例》，做到有错必纠、有责必问。

2. 二级党组织育人

高校基层党组织是开展高校党建工作的基本单位，也是高校党委全部战斗力的具体体现，更是高校党委联系和服务师生的纽带。高校基层党组织参与"全员育人"，即以实现高校人才培养为工作目标，在高校党委的正确领导下，高校基层党组织通过各种途径和形式，使每位党员认同和践行"全员育人"理念，争创"全员育人"工作先锋，最大限度地发挥高校基层党组织战斗堡垒作用及"全员育人"功效。高校基层党组织参与"全员育人"工作质量，直接影响到高校人才培养的质量。

高校基层党组织是加强思想政治工作的主阵地，充分发挥基层党组织在高校育人的作用，有利于促进学生的全面发展和健康成长。二级党组织从坚持以党的政治建设为统领、坚持以立德树人为根本任务、坚持以提升组织力为重点、坚持以压实责任为杠杆等方面认真做好学校基层党建工作，发挥基层党组织的育人保障作用。高校基层党组织建设不仅是高校党建工作的重要基础，同时也是高校"全员育人"工作的重要基础。如果高校基层党组织软弱涣散，没有战斗力和凝聚力，必将直接影响"全员育人"工作的实际效果。基层党组织要落实育人保障，在学校党委领导下履行政治职责，是办学育人的保障主体。基层党组织既要宣传贯彻执行党的教育方针、办学方向和学校各项决定部署，又要支持本单位行政领导班子和负责人在其职责范围内独立负责地开展工作，还要通过加强思想政治工作、选优配强"双带头人"教师党支部书记，以及在高层次领军人才、优秀青年教师和大学生中培养入党积极分子、发展党员，从人事人才、鼓励激励、监督督促各方面，为贯彻育人方向、落实育人目标提供保障。

基层党组织担负着贯彻落实党的教育方针及学校各项决定的重任，同时担负着组织广大师生员工开展育人实践的职责，应充分发挥承上启下的作用。一是根据学校统一部署，通过党政联席会议讨论和决定本单位重要事项，领导协调本单位行政负责人及工会、共青团、学生会等组织在其职责范围内独立开展育人实践活动。二是合理制订本单位育人方案，统筹协调全部育人资源，形成教学、科研、管理、资助、心理、服务等联动机制，为育人做好组织保障。三是开展思想政治工作，对本单位党员师生进行教育、管理和监督，发挥"双带头人"教师党支部书记的示范带动作用，发挥教学科研组织的积极主动作用，发挥共产党员的先锋模范作用。

作为执行者和管理者，高校基层党组织书记必须贯彻落实学校党委决定，贯彻和落实学校"全员育人"工作，准确把握和创造性地执行学校"全员育人"相关制度文件精神。同时，党组织书记还担负着教育管理各基层党组织党员、组织其完成工作任务的重任，发挥好承上启下的桥梁纽带作用。作为操作者和实施者，高校基层党组织党员的一言一行直接面对"全员育人"工作对象，因此，必须树立服务意识，转变服务态度，为师生排忧解难。

3. 基层党支部育人

高校党支部是高校党建工作的基石，担负着吸收和发展党员的重要使命，同时也承担着党员的教育、管理和服务等工作及立德树人的使命。新时代高校思想政治工作就是要坚持把立德树人作为中心环节，把培养社会主义事业合格建设者和可靠接班人作为根本目标，充分发挥党支部育人功能。

习近平总书记在全国高校思想政治工作会议中指出："高校思想政治工作关系高校培养什么人，如何培养人以及为谁培养人这个根本问题。"① 高校的党建与思想政治工作就涉及"为谁培养人"这个方向性问题。目前，高校党支部出现以下问题：育人体系不够清晰，各支部之间缺乏联动性、共生性；支部和上级党组织缺乏主从性、层次性；党支部活动模式化；党支部活动组织难度大；等等。

（1）发挥党支部育人功能要加强党的领导

2018 年 5 月，习近平总书记在北京大学师生座谈会上讲话指出："培养社会主义建设者和接班人，是我们党的教育方针，是我国各级各类学校的共同使命。"② 加强党对高校组织育人协同体系的全面领导，保障高校组织育人功能实现，学校各级党组织要自觉负担起管党治党、办学治校、育人育才的主体职

① 习近平在全国高校思想政治工作会议上强调：把思想政治工作贯穿教育教学全过程 开创我国高等教育事业发展新局面 [N]. 人民日报，2016 - 12 - 09 (1).
② 习近平. 青年要自觉践行社会主义核心价值观——在北京大学师生座谈会上的讲话 [N]. 人民日报，2014 - 05 - 05 (1).

责。高校党委要做好顶层设计，充分发挥领导核心作用，落实立德树人的根本任务。院（系）党组织将学校的中心、大局与基层党组织的特点结合起来，突出政治核心作用。院（系）党支部要优化组织架构，强化组织建设，发挥战斗堡垒作用。如果说学校党委是人体的大脑核心，院系党组织就是中枢神经，而党支部就是最具活力和创造力的神经元，发挥各级党组织育人功能就是要大局出发做好顶层架构，从基层着手使之落地生根，厘清各自功能定位和职能范畴，达到理想育人效果。

（2）发挥党支部育人功能要加强思想建设

要把支部思想建设和教育引领结合起来，党员教育培养过程就是一个传递信念到坚定信念的过程。在党员发展中，要以思想政治素质为标准，把好入口关。对入党积极分子，可在其中开展党史党情教育、形势政策教育，帮助他们解决思想上入党的问题。对新入党同志，可通过网络学习交流平台的建设，举办党员骨干培训班、党员读书会等活动，帮助新党员用中国特色社会主义理论武装头脑，充分调动党员学习自觉性和主动性。对党龄较长的党员，重点培养其思想自我净化及对马克思主义理论深入学习的能力，可以通过马列主义经典原著读书会、专家讲座等形式加强其对经典的理解和理想信念的塑造。通过支部在不同阶段有针对性的思想建设，重视党员之间的思想交流和碰撞，激发思考，坚定信念，为党支部育人功能的实现奠定坚实的思想基础。

（3）发挥党支部育人功能要加强平台建设

发挥党支部育人功能要加强平台建设。一是拓展阵地平台建设。以单位、部门、班级阵地建设为主的党支部设置模式在党支部育人功能发挥上起着积极作用。但是随着目前高等教育的深入发展，党支部应根据新时代要求积极拓展新的组织阵地，探索在科研项目、创新团队、宿舍、实验室、社团、实习点等进行组织覆盖，通过组织引导带动优秀科研团队、文明宿舍、文明社团等的培育创建。二是探索网络平台建设。顺应时代发展和师生需求，结合青年党员的特点及新媒体的特性，遵从思想政治工作规律及成长成才规律，积极探索"互联网 + 党建"、示范性网上党建园地等建设，以互联网为纽带将党建、思想政治教育进行有效融合。三是搭建实践活动平台。坚持支部建设与实践育人相结合，为党员搭建锤炼党性的实践平台，在校园事务管理、校园文化建设、校风建设中充分发挥党员的模范带头作用；推进与社区共建，开展"社区服务"

"送文化进社区"等品牌活动，组织支部党员团队广泛开展社会公益、志愿服务、生产劳动等社会实践活动。

（4）发挥党支部育人功能要加强制度建设

针对党建工作的新形势，高校党委要积极发挥育人保障功能的顶层设计，为党支部建设优化政策环境，提升育人水平。一是健全评述机制，全面推进校、院党组织书记抓基层党建述职评议，建立科学评估指标体系，重在发挥组织育人的协同性和整体效应。二是发挥榜样示范作用，注重发现、挖掘并宣传师生身边的优秀党员先进典型事例，深入提炼树立有影响力、有代表性的典型经验、典型人物、典型事迹。三是建立高校协同育人体系落实情况的督导考核机制，定期研究、联系指导、问题研究、校内巡查、工作问责，确保育人功能协同实现。四是健全困难师生党员关怀激励和帮扶机制，积极开展服务、帮扶、慰问、表彰等活动，把解决思想问题和解决实际问题相结合，既有教育引领又有温情关爱，把党支部建成党员之家、师生之家，增强师生党员的归属感和获得感。五是加强对支部育人功能评估分析。把支部育人实效作为党建考核重要环节，确立科学的评估标准。评估标准要有可测性、可行性和可比性，突出效果的差异性，避免主观随意性和评估的形式化。

二、 群团组织育人

（一）共青团组织育人

共青团组织育人是高校共青团充分发挥好桥梁和纽带作用，通过团总支、团支部、学生会、社团等各级团组织，用思想行动引领青年坚定走新时代中国特色社会主义道路，为党和国家培养可靠接班人和合格建设者的过程[①]。在"三全育人"大格局背景下，共青团组织作为密切联系青年的重要组织，作为高校思想政治工作中的重要力量，应积极找准自身定位，结合自身优势，牢记为党育人、为国育才的历史使命。

高校共青团组织是团结教育学校广大青年师生员工的核心力量，在中国共产党的基本路线指引下，以共产主义精神教育团员，配合学校行政，团结全体

---

① 苏海泉. 高校共青团组织环境下的育人工作路径探究［J］. 北京青年研究，2020（3）：94－100.

青年师生员工，在学生中开展以创"三好"为目标、以学习为中心的活动，其在不断发展和实践过程中也体现出独特的育人优势和育人路径①。

1. 高校共青团组织育人优势

高校共青团组织作为最有活力的群团组织之一，坚持服务青年的工作生命线，在长期的工作实践中拥有巨大的育人优势，具体表现在以下几个方面：

（1）组织优势。高校共青团组织是在党委领导下，以团委为核心、以学生会为主体、以社团及其他学生组织为外延的"一心双环"组织。组织依托"团—学—社"不同平台，满足青年成长成才需求，充分调动学生自我服务、自我管理、自我教育、自我监督的积极性。高校共青团具备"校团委—二级团组织—团支部"三级网络组织架构，能够实现面向绝大多数青年学生的全面覆盖和快速传导功能，实现育人工作在系统内部的高效运作。同时，高校共青团通过"从严治团"培养了一支政治过硬、素质优良的高校团干部队伍。他们普遍年轻化、讲政治、有情怀，贴近学生、不怕吃苦，愿意在共青团工作岗位上实现自身价值。因此，广大团员既是组织成员又是工作对象的双重身份，为育人工作提供了巨大便利。

（2）平台优势。高校共青团组织通过长期的工作实践，形成了学术、实践、文化、科创等多个活动平台，开展形式多样的"第二课堂"活动，既有依托专业举办的学术竞赛，又有丰富校园生活的文化活动。高校共青团充分尊重青年学生的社会性，通过"三下乡"暑期社会实践活动、"四进社区"志愿服务活动、服务就业的实习见习活动等，满足青年学生的社会化需求，使其在大量现实的、感性的实践活动中获得丰富的社会认知，从而逐步建立良好的社会角色意识。此外，高校共青团组织配合国家、地区、学校相关活动，招募各种类型志愿者，借助志愿者服务平台，覆盖绝大多数在校大学生。

（3）资源优势。高校共青团组织因自身所处环境的特殊性，资源优势主要体现在两个方面：一是能够整合校内资源。高校共青团组织在争取校党委支持的同时，积极争取组织、宣传、教务、科研、学生等多个部门的认可与配合，有利于全面推动工作。二是能够整合社会资源。高校共青团普遍重视社会化资

---

① 刘星安，张宣振. "大思政"格局下高校共青团组织育人的思考与实现路径探析 [J]. 教育观察，2020，9（25）：18-20.

源的运用和整合，通过社会化、市场化、项目化等方式凝聚各种社会资源和力量，既能解决共青团资源匮乏的问题，又借助校外优质平台，提升了共青团工作的水平和社会影响力。

2. 高校共青团组织育人路径

纵观新中国成立 70 多年来共青团在实践过程中形成的多条育人路径，结合高校共青团组织育人的鲜明特征，本书将高校共青团组织育人的主要路径总结如下：

（1）政治思想引领。一个组织的属性决定了它的初心，决定了它的使命。中国共产主义青年团是中国共产党领导的先进的青年群众组织。共青团组织本质上是政治组织，政治属性是共青团的第一属性，强化政治建团是共青团的政治定位①。要引导青年学生深入学习党中央治国理政的新理念、新思想和新战略，使青年学生对党的路线、方针、政策产生内心认同感，增强他们的道路自信、理论自信、制度自信、文化自信；同时要加强舆论引导，引导青年学生正确认识世界和中国发展大势，正确认识中国特色和国际比较，正确认识时代责任和历史使命，因此，加强政治思想引领是共青团组织育人的题中之意。

（2）道德价值观培育。高校共青团在培育和践行社会主义核心价值观这一重要的工作项目中，采用了鲜活多样的工作方式，促使青年学生充分理解社会主义核心价值观的历史底蕴和深刻内涵，把弘扬以爱国主义为核心的民族精神和以改革创新为核心的时代精神作为自己的价值追求。

（3）能力素质提升。习近平总书记在全国高校思想政治工作会议上提出，要注重发挥共青团、学校社团、学生自治组织的作用，调动学生参与的积极性，开展形式多样、健康向上、格调高雅的校园文化活动，注重学生的德智体美劳的全面发展，使学生成长为社会所需要的"全面的人"。

（二）工会组织育人

1. 工会组织在"三全育人"中的地位

（1）参与"三全育人"是党赋予工会的政治使命

党的十八大以来，习近平总书记在不同场合对群团组织工作多次做出重要

---

① 张良驯. 共青团政治性、先进性、群众性在改革中的新跨越［J］. 中国青年社会科学，2017，36（2）：78 - 84.

指示。要推动各群团组织结合自身实际，紧紧围绕增强"政治性、先进性、群众性"开展工作，直面突出问题，采取有力措施，敢于攻坚克难，注重夯实群团工作基层基础。习近平总书记强调，对党的群团工作取得的显著成绩，必须充分肯定，同时必须注重解决存在的问题，特别是要重点解决脱离群众的问题。工会在群团组织中应深入推动思想教育、问题整改、体制创新，转变思想观念，强化群众意识，改进工作作风，提高工作水平。

① 政治性。习近平总书记指出，政治性是群团组织的灵魂，是第一位的。群团组织要始终把自己置于党的领导之下，在思想上政治上行动上始终同党中央保持高度一致，自觉维护党中央权威，坚决贯彻党的意志和主张，严守政治纪律和政治规矩，经得住各种风浪考验，承担起引导群众听党话、跟党走的政治任务，把自己联系的群众最广泛最紧密地团结在党的周围①。

② 先进性。习近平总书记指出，要切实保持和增强群团组织的先进性。要紧紧围绕党和国家工作大局，组织动员人民群众走在时代前列，在改革发展稳定第一线建功立业。要教育引导广大人民群众不断提高思想觉悟和道德水平，坚定走中国特色社会主义道路，真正成为党执政的坚实依靠力量、强大支持力量、深厚社会基础②。

③ 群众性。习近平总书记强调，群团组织必须始终站在党和人民的立场上，切实保持和增强群团组织的群众性。群团组织开展工作和活动要以群众为中心，让群众当主角；要进万家门、访万家情、结万家亲，经常同群众进行面对面、手拉手、心贴心的零距离接触。群团组织和群团干部特别是领导机关干部要争当党的群众工作的行家里手；要高度注意群众的广泛性和代表性问题，更多把普通群众中的优秀人物纳入组织，明显提高基层一线人员比例③。

④ 服务性。习近平总书记指出，群团组织要着眼党和国家工作大局，立足职责定位，立足所联系的群众；要强化服务意识，提升服务能力，挖掘服务资源，坚持从群众需要出发开展工作，更多把注意力放在困难群众身上，努力为

---

① 中央首次召开群团工作会议. 习近平出席并发表重要讲话［C/OL］. 中国青年网. http://news. youth. cn/gn/201507/t20150717-6877486. htm.

② 中央首次召开群团工作会议. 习近平出席并发表重要讲话［C/OL］. 中国青年网. http://news. youth. cn/gn/201507/t20150717-6877486. htm.

③ 中央首次召开群团工作会议. 习近平出席并发表重要讲话［C/OL］. 中国青年网. http://news. youth. cn/gn/201507/t20150717-6877486. htm.

群众排忧解难，成为群众信得过、靠得住、离不开的知心人、贴心人；要把竭诚为职工群众服务作为工会一切工作的出发点和落脚点，全心全意为广大职工群众服务，认真倾听职工群众呼声，维护好广大职工群众合法权益，扎扎实实为职工群众做好事、办实事、解难事，不断促进社会主义和谐劳动关系①。

"三全育人"是新形势下党对高等教育赋予的历史使命。工会在凸显"政治性、先进性、群众性"的同时，理应把"三全育人"作为自己的政治使命，在"三全育人"中发挥"群众性"、增强"先进性"、体现"政治性"，在增强"群众性、政治性、先进性"中突出"服务性"。

（2）参与"三全育人"是由工会的性质决定的

《中国工会章程》中指出：中国工会是党联系职工群众的桥梁纽带。中国工会是职工自愿结合的工人阶级群众组织，这一点决定了工会具有广泛的群众基础。在"三全育人"工作过程中，高校工会理应充分发挥好桥梁纽带作用。高校工会是和谐校园的重要推手，在凝心聚力服务学校事业发展、人才培养等中心工作发挥重要作用，具有不可替代性。这主要表现为：教职工是"三全育人"的主体，是实现教书育人、管理育人、服务育人、文化育人等的实施者，在"三全育人"中起到引领作用；而工会作为教职工的"娘家人"，担负着把党的意志、方针、决策传递给自己"家人"的职责，成为义不容辞的"桥梁"和"纽带"。这种"传递"更自然、更顺畅。这就直接决定了工会在"三全育人"过程中的不可或缺的地位。所以说参与"三全育人"是高校工会"枢纽"的要求，高校工会是连接行政机关和教师并且延伸教师和学生之间的枢纽。2015 年印发的《中共中央关于加强和改进党的群团工作的意见》指出，群团要坚持发挥桥梁和纽带作用。这就意味着，在高校中，工会既要联系党政机关，又要联系基层教师，同时还要创造党政机关、基层教师和学生联系的有效条件②。

在新形势下工会如何履行职能？关注职工所关心的热点难点问题，维护好职工合法权益，事关单位稳定大局。以维护职工根本利益为着力点，以抓好宣

---

① 中央首次召开群团工作会议. 习近平出席并发表重要讲话 ［C/OL］. 中国青年网. http://news. youth. cn/gn/201507/t20150717－6877486. htm.

② 黄朝阳, 孙宝忠, 刘夏慧. 高校工会参与"全程育人, 全方位育人"必要性分析 ［J］. 教育教学论坛, 2019（28）.

传教育工作为结合点，以加强工会自身建设为基础，进一步解放思想、更新观念，注重工会组织的优势，为全面完成年度的各项工作任务充分发挥工会组织的桥梁与纽带作用。要做好职工引导教育，坚持发挥职工聪明才智；以维护职工利益为着力点，积极为职工排忧解难、办实事；运用劳动法规，维护单位和职工合法权益、强化工会职责，全方位发挥稳定效能。

（3）参与"三全育人"是高校工会职能的必然要求

《中华人民共和国工会法》规定，工会组织有参与、维护、建设和教育四大职能。

① 参与职能：代表和组织职工参与国家和社会事务管理，参与企业、事业单位民主管理，实施民主监督，是工会代表职工权益、依法维护职工利益的重要渠道、途径和形式。工会要加大对法律法规执行情况开展群众性监督的力度，主动参与立法，从源头上依法维护职工的权益。

② 维护职能：维护职工合法权益是工会的基本职责。工会维护了职工的合法权益，就是维护了党与群众的血肉联系，就是维护了稳定的大局，就是维护了执政党的执政地位和执政基础。

③ 建设职能：工会代表和维护的职工具体利益的最终实现也在于促进经济的发展和生产力的提高。所以，工会必须从工人阶级的长远利益出发，引导广大职工群众参加建设和改革，努力完成经济和社会发展任务，积极推动社会经济效益和生产力的提高。

④ 教育职能：工会教育职能包括思想政治教育和文化技术教育。要有效维护自己的合法权益，就必须有较高的素质。这就需要学习，接受教育。因此，工会为了更好地维护职工合法权益，就必须履行好教育这一职能。可以这么说，这四大职能都直接或间接地与"三全育人"有关。因为高校的最终目的和根本任务是培养人才。工会必须参与其中，并且要维护好"三全育人"的主体——教职工的合法权益，充分发挥教职工干事创业的积极性；教育要引导工会会员提升道德文化素养，提升会员的"三全育人"的水平和本领、能力与素质。总之，"三全育人"是高校工会职能的题中之意、必然要求。

2. 目前工会组织在"三全育人"中的现状分析

（1）工作运行机制构建不全

习近平总书记在群团工作会议上指出，群团要深入把握党的群团工作规律，完善党委领导群团组织的制度，提高党的群团工作科学化水平，并多次强调要加强对工会干部的教育、管理、监督，完善联系职工群众的制度机制，深入基层一线，加强调查研究，让职工群众真正感受到工会是职工之家，工会干部是最可信赖的娘家人、贴心人。作为社团法人的高校工会以其法定主体地位的独立性、广大教职工利益的代表性，要以平等身份参与到高校规章制度的制定中，担当起反映教职工意愿和维护其合法权益的职能角色。国家和社会由高度集中的计划经济体制向社会主义市场经济体制的转变，使得高校亦由封闭、单一的管理模式向开放、多元的方向发展，利益需求日益多样化、复杂化。一些群体的利益不能被公平公正对待，利益受损群体表达诉求的渠道不畅通，便易于引发矛盾，影响群体干事创业的积极性和主观能动性的发挥，当然也会影响到广大教职工参与学校重要工作——"三全育人"的积极性。

（2）工会的教育引领作用发挥不足

工会的教育引领作用发挥有限，工会在教育教职工方面形式比较单一，部分教职工参与工会活动积极性不高。尽管有的学院（系）已初步建有二级教职工代表大会制度，但各项政策落实还不平衡，教代会参与学院发展的作用仍需要进一步发挥，并应着力探索非院（系）二级单位教职工代表大会建设工作。新时代教职工的需求更趋多元，教职工视野更加开阔、自主意识更强，需要针对教职工差异化、精准化服务需求，拓展思路，加强工会改革创新，积极探索"互联网＋"背景下工会工作的转型升级，切实改进教育引领服务教职工的方式手段。江苏省委教育工委颁发的《高校党委领导下的校长负责制实施办法》明确了高校内部治理结构，对高校教职工通过教代会、工会、代表议案等多种形式参与学校民主管理、民主监督有具体的规定，文件非常好，如何落实，落实得如何，这些都是面临的问题。

（3）工会号召力与影响力不够

目前，高校领导和教职工对工会工作的重要性认识不足。有的认为高校应以教学和科研工作为重点，工会工作是软指标，在学校建设中应主抓教学和科研工作，工会工作只是一种"可有可无"的辅助性工作，忽视工会在学校改革发展和民主管理中的重要作用，对工会的工作支持力度不够，削弱工会在教职工中的影响力；有的认为工会部门就是"发福利""搞活动"的组织，民主管理是学校党委的工作，与工会工作毫不相关，忽视了工会的政治性和群众性特性。这些都是对高校工会认识的误解，使一些学校虽然意识到民主建设，但流于形式，如教代会内容空泛，不能解决教职工实际存在问题。部分学院领导对"职工小家"内涵缺乏深刻理解，"职工小家"专项建设经费不足，小家建设水平不平衡。这些问题，都将影响工会在组织育人中的作用。

3. 工会组织推进"三全育人"的路径

（1）把好政治方向

工会作为党联系群众的纽带和桥梁，要时刻不忘讲政治，要紧紧围绕党中央的一系列方针政策，吃透领会精神内涵，始终坚持贯彻落实好党中央的方针决策。要严把政治关，在政治上不能有半点含糊。要坚持党建带工建，坚持在党委的领导下开展各项工作，组织各种活动，让教职工在活动中得到政治上的熏陶，提高政治素养和能力，为"三全育人"提供政治保证。当然，这个讲政治要讲方式、讲艺术，不是干巴巴的说教，要寓教于乐、以情动人，把无形的政治思想意识融入有形的各项活动中去。循循善诱，潜移默化，春风化雨，润物无声。在制订工作方案时，不能搞形式主义，官僚主义更要不得，广大群众最反感形式主义、官僚主义。工会是群众组织，更要从群众中来到群众中去，要做教职工的知心人，帮他们排忧解难。我们党坚持以人民为中心，工会就要以教职工为中心，要心怀一颗对党和人民忠诚的心，在坚持正确的政治方向的前提下大胆创新，使文化建设和内涵更具活力，更能凝心聚力，以文化的力量助推新时代中国特色社会主义事业的发展。

（2）守住文化阵地

实现中华民族伟大复兴，就是要坚定不移地用当代马克思主义——习近平新时代中国特色社会主义思想来指导。中国特色社会主义是物质文明和精神文明全面发展的社会主义，一个民族的复兴既要强大的物质力量，也要强大的精神力量，而精神力量主要是来自这个民族的文化。文化是一个国家与民族的灵魂，文化是一个国家与民族更基础、更广泛、更深厚的自信。习近平总书记关于中国特色社会主义文化建设的论述对工会工作的指导意义非常大，尤其是如何开展好学校教职工的文化建设，就是要把习近平总书记的指示和精神贯彻落实到自己的工作实践中。深刻理解和领会精神内涵，抓住内涵核心本质，就是守住文化建设的阵地。要坚持扎根人民群众、为人民群众服务的思想，坚持把广大教职工都吸引到健康积极向上充满正能量的生活状态中去。启迪思想，温润心灵，陶冶人生，扫除颓废萎靡之风。倡导讲品位、讲格调、讲责任，抵制低俗庸俗媚俗；讴歌党、讴歌人民、讴歌祖国，传播当代中国价值、中国精神。

（3）加强民主管理

要提高教职工干事创业的积极性，一定要让教职工增强主人翁意识。工会要建立教师发声的平台，拓展教职工表情达意的空间。要进一步明晰教授治学和民主管理的关系，完善教代会各项制度，为教职工参与学校民主管理提供制度保障，使教代会的各项民主管理职能落到实处。在深化和发展教代会制度的同时，还应积极推进二级教代会建设，不断拓宽教职工民主参与渠道，进一步提高民主管理工作质量。要落实《大学章程》，坚持每年召开教代会。要关注并回应与教职工利益密切相关的各种热点问题，不断提高教代会代表们的民主意识、参政意识和工作水平。要加强教代会提案工作。教代会应在会前加强引导与宣传，推动更多教职工为学校发展建言献策，积极联系工作实际，增强提案内容的可行性与科学性；应在会议中做好组织工作，积极整理反馈各代表团意见，发现教职工普遍关注的问题，认真听取、审议各项报告和议程，积极推进相关事务公开，保障决策的透明度；应在闭会期间充分行使教代会的各项权利，梳理提案所反映的重要问题，积极与相关部门做好工作对接与反馈，增强提案反馈的时效性与便捷性。

（4）开展评比表彰

工会应在教职工中广泛开展"三全育人"征文比赛及先进个人评选、师德标兵的评选等活动。通过这些活动，大力弘扬先进人物，宣传先进事迹，激励先进，树立榜样，弘扬正气，加强师德师风建设，在校园内营造"三全育人"的浓郁氛围，通过评比表彰，来展示大学教职工在"三全育人"方面的新形象。工会应利用自己的组织优势，积极、广泛地组织教职工参加各类劳动服务技能，特别是教书育人能力大赛。在参与比赛的过程中，通过强化训练，使教职工的岗位技能得到进一步的提高，增强"三全育人"的知识、技能。例如，工会与人事处、教务处等一起组织教师讲课比赛，特别是青年教师的讲课比赛，让年轻教师迅速成长，成为教书育人的能手。工会与后勤集团一起组织劳动技能的竞赛，能够培养一大批服务育人的岗位能手。再比如，工会的青工委、女工委可以分别组织青年教师、女教师的相关技能的比赛，相互探讨，相互启发，共同勉励。工会还可以组织各类文体项目的比赛，在活动中增强教师的荣誉感、使命感，激发热情，凝心聚力，营造氛围。对实施"三全育人"工作中表现优秀的工会组织和个人通过多种形式进行宣传表彰，树典型，立形象，让教职工在活动中提高认识水平和育人的积极性。

（5）发挥美育功能

关于美育，工会工作跟美育相关的只能是外围的、间接的。工会不直接面对学生，工会的服务对象是全体教职工。工会是通过校园文化建设，以俱乐部活动为载体，间接地为美育工作服务的。美育，归纳起来，不外乎两个方面：内在的和外在的。内在的是心灵美、道德思想品格方面的美；外在的就是形象、气质的美。工会通过下属社团组织各种文化文艺活动，把美育贯穿于全过程，具体表现如下：

① 宣传美。宣传引导奖励那些在管理、教学、服务等方面做得好的教职工，宣传的是内涵之美、精神之美、道德之美。利用网络和橱窗，结合微信、微博、抖音等新媒体手段，打造线上、线下一体的宣传模式，构建"三全育人"工作中全方位覆盖的网络体系，吸引多种力量参与其中。

② 挖掘美。"三全育人"征文比赛常规化，如每两年一次，把一线基层的普通教职工在立德树人方面的真实故事挖掘出来，用身边的事教育身边的人，集中展示立德树人方面教职工的美好形象，体现教职工在育人过程中对学生的一片真心真情真意，启迪心灵、净化心灵、美化心灵。

③ 营造美。通过读书、摄影、书画、朗诵、茶艺等俱乐部活动展现传统文化的魅力，丰富校园文化，美化校园环境，增强人文气息，营造美的人文环境。优美的人文环境可以陶冶情操，使学生在感受传统文化魅力的同时，得到美的享受。

④ 传承美。中华民族的传统美德需要传承。通过传统文化中的宽容、善良、大度、以和为贵、家和万事兴等解决生活、工作中的各种矛盾。聘请事业家庭都非常成功的优秀女性开设讲座，讲事业成功，更讲家庭成功。通过这样的形式，让传统美德发扬光大。

⑤ 塑造美。塑造美主要是教师形象的自我完善，体现在丰富多彩的俱乐部活动上。可开设化妆、着装等课程，通过这样的活动外塑教师形象，使教师妆容得体、穿着得体，让教师在课堂上显得庄重大方、气质高雅，展现良好的精

神风貌，体现高校教师的从容、知性和自信，体现高校教师特有的风采和气质，这对学生来说也是无形地感染和熏陶。通过活动，让更多的教师由内而外地美起来，再回归课堂，达到潜移默化、无声胜有声的效果。

⑥ 展示美。工会应积极搭建各种平台，创造各种机会，充分展示教职工的魅力与风采。工会应积极组织各种文化活动、文艺表演，展现舞蹈、合唱、服装、书画等各种艺术形式的美；应积极组织各种比赛、俱乐部汇演、新年晚会、"三八"节红毯秀、大型室外旗袍秀、亲子才艺大赛等，让教职工在各种舞台、平台展示美。

4. 工会组织在"三全育人"中发挥的作用

（1）净化心灵

"物洗则洁，心洗则清。"经常净化心灵，便会洗出一个完美的自我。一个称职的教育工作者自身应该有高尚的品德，所谓"德"要配位，需要有一颗善良的心。心灵不断净化，意识境界不断提高，自然和善处世，就会感到幸福，就会有满满的正能量。所谓立德才能树人，因为教师的一言一行直接影响学生。教师必须要有高尚的情操、纯洁的心灵。所以工会要积极开展主题教育活动，宣扬主旋律，传播正能量，树立教职工正确的人生观、价值观，大力宣传先进人物先进事迹，组织劳模宣讲会等，树立正面典型，吸取反面教训。教师应引导学生嫉恶扬善，去浊扬清；不以恶小而为之，不以善小而不为；严守政治纪律、廉洁纪律、生活纪律，做一个堂堂正正、清清爽爽、明明白白的人。

（2）协调关系

在工作实践中，教师们经常会遇到这样那样的困惑，甚至与职能管理部门发生矛盾，从而产生消极情绪。在这样的情况下，工会作为娘家人要迅速站出来协调、沟通、维护，充分发挥好桥梁纽带作用。工会还要经常主动召开一线职工的座谈会，或者下沉到基层开展调研，要主动去发现问题、查找问题隐患，主动发力，把矛盾化解、稀释，起到润滑剂、催化剂的作用。一旦发现教师利益受到不公平的待遇，要为他们发声、呼吁，依靠党委，通过人民调解委员会和劳动争议仲裁委员会来维护好教职工的合法权益。同时，教职工之间或教职工家庭内部也会发生矛盾，工会要做好细致的思想工作，当好矛盾的化解者、关系的协调者。要主动帮教职工排忧解难，帮他们解决后顾之忧。

（3）激发热情

习近平总书记强调，人民群众对美好生活的向往就是我们的奋斗目标。工会要努力创造良好优质的人文环境，增强教职工的获得感、幸福感，只有这样，才能最大限度地激发广大教职工的热情，激发他们的创造性。人在愉悦的心情下创造力会发挥得更好。对美好生活的向往有精神和物质两方面。物质方面就是节假日对教职工的福利慰问，让教职工体会到组织的温暖，这是普惠的福利。教职工患病、住院或结婚、生育，工会也会及时送上问候和关怀。新教师入职，工会可以组织欢迎仪式；教职工退休，工会可以组织隆重的荣休仪式，还可以组织开展丰富多彩的文化生活，从精神层面上体现教师们的价值和尊严，进而激发他们的热情和责任感。

（4）引领思想

习近平总书记在学校思想政治理论课教师座谈会上强调，要完成立德树人的根本任务离不开广大教职工的积极参与，也就是说，思想引领不只是政治课的专有任务，更应该是广大教职工共同承担的光荣使命，所以工会理所应当在教职工思想引领方面助一臂之力。高校工会利用工会干部培训、工会干部会议及相关主题活动，大力宣传习近平新时代中国特色社会主义思想，宣传习近平总书记治国理政的思想，宣传习近平总书记关于教育的重要论述，把党中央的方针政策思想理念传递到每个工会干部、每个会员，做到入心入脑，把思想引领渗透到各项工作中去。

（三）社团育人

高校学生社团是由学生依据兴趣爱好自愿组成，为实现成员共同意愿，按照社团章程自主开展活动的群众性学生组织，是高校思想政治工作的重要载体，社团成员的自发性使得社团育人具有得天独厚的优势①。

作为单独的个体，青年学生被组织起来有利于使其认识到自身肩负的崇高历史使命，提升其使命感和责任感。社团为大学生提供了另一个展现自我、演练自我、奉献自我的组织平台，在开展思想政治教育、丰富校园文化活动、完善育人体系建设方面发挥着重要作用。

在思想政治教育方面，正确的思想引领是高校学生社团充分发挥育人功

---

① 魏星，李思杭. 高校学生社团育人的理念优化和实践创新 [J]. 思想理论教育，2020（11）：107－111.

能、凝聚育人合力的根本保障。大学阶段是一个人价值取向成型的十字路口，学生社团可以充分发挥"引路者"的作用，在学生社会活动中引导其价值观的发展，在社团活动中大力弘扬真善美，让社会主义核心价值观深刻其脑中，引导学生正确认识义与利、成与败、己与群、得与失，提高学生运用马克思主义立场、观点和方法分析问题、解决实际问题的能力。只有这样，才能将思想政治工作充分融入学生社团建设的各个角落，才能真正把铸魂育人落到实处。

在校园文化活动方面，积极鼓励学生社团对内调动各级各类育人力量，对外整合引入各种社会资源，将传统课堂、网络教育和精神文明融为一体。对于传统教育，需由校内拓展到校外，综合运用第一课堂和第二课堂，将"读万卷书"与"行万里路"相结合，不仅要通过讲座等传统方式开展育人活动，也要重视社会实践、志愿服务等方式，提高大学生综合素质。网络工具的运用也要结合实际，将社团育人寓于信息传播之中，做到"润物细无声"。

在育人体系建设方面，合理高效的制度设计是"三全育人"从理念到实践落地的关键一环。高校学生社团应围绕"三全育人"的要求，以制度建设固本强基，保障学生社团实现自我管理、自我完善、自我提高。要因材施教，尊重学生组织发展规律，制定出系统、明确、具体的系列规章制度，构建严实规范的建设体系，筑牢学生社团建设发展的根基。在健全学生社团管理制度体系的基础上，积极探索保持学生社团稳定、持续、有效运行的长效机制，将制度真正落到实处。只有学生社团建设管理系统中的各个要素之间相互协调衔接，才能保障学生社团朝着良好的方向发展。

（四）学生会组织育人

高校学生会是党领导下的主要学生组织，是各高校联系广大学生的桥梁和纽带，在高校落实立德树人根本任务、培养德智体美劳全面发展的社会主义建设者和接班人工作中，学生会起着不可或缺的作用①。自《学联学生会组织改革方案》实施以来，全国高校坚持正确政治方向、坚持学生主体地位、坚持依法依章程运行、坚持问题导向，积极推进学生会组织改革，开展

① 孙璐. 新时代高校学生会深化改革探究——以华东理工大学生会为例 [J]. 高校共青团研究，2020（1）：184–188.

了大量富有成效的工作，为高校学生会组织改革取得阶段性胜利打下了坚实基础。

在"三全育人"大格局背景下，高校学生会组织探索符合自身发展现状和特色的育人路径的首要前提是坚持党的领导。坚持党的领导是高校学生会开展一切工作的根本遵循，是切实发挥桥梁和纽带作用的基本要求，是精准开展服务活动的重要保障。在任何历史时期，高校学生会都应始终把政治引领放在首位，与国家未来和民族复兴紧密联系在一起，在思想、政治、行动上与党中央保持一致，充分发挥团结青年的作用，为党凝聚更广泛的青年力量。当前，高校学生会发挥服务功能，必须坚决贯彻以习近平同志为核心的党中央的决策部署，坚决维护党中央权威和集中统一领导，在政治立场、方向原则上坚决同党中央保持高度一致，做到思想上认同、政治上服从、行动上跟随。坚持推进党对学生会领导的具体化，引导广大青年学生始终与党和人民同舟共济、团结一心。

学生会组织育人体系建设要点在于建章立制和优化体制机制。建立健全的学生会规章制度是保证学生会发展不偏颇、不走样的重要举措，只有这样才能做到有例可循、有典可依，如学生会组织章程、职责定位、奖惩条例、学生干部选拔办法等。与此同时，规章制度不能只行于纸上，而要落在实处，这就要求规章制度的制定一定是符合实际情况并具备操作条件的。

值得注意的是，在历次重大社会事件中，青年学生始终扮演着重要角色，高校学生会也始终发挥着重要作用。高校学生会号召广大学生听党话、跟党走，为凝聚青年、共克时艰做出了卓越贡献。自 2019 年国家全面推进高校学生会改革以来，各级学生会组织就提升政治性、先进性、群众性实施了一系列举措，强调学生会要从同学中来、到同学中去，广泛收集学生们在学业发展、身心健康、社会融入、权益维护等方面的普遍需求和现实困难。在改革进行过程中，高校学生会组织以丰富多彩的思想引领、学习科研、社会实践、校园文化等活动为依托，助力改革精神在实践中落地生根。高校学生会成员由在校青年大学生构成，这一群体是社会中最积极、最具活力的群体，担负着重要的社会责任。因此，高校学生会组织必须立足自身定位，做好服务工作，积极回应大学生群体的普遍性需求与个性化需要，响应党和国家对青年力量的使命召唤。

三、 其他组织育人

(一) 关工委育人

1. 高校关工委的性质和定位

(1) 高校关工委的性质

高校关工委是在高校党委领导下，以本校离退休老同志为主体，本校有关部门或单位在职同志参加的，以大学生、青年干部和教师为主要关心、教育和服务对象，以紧密配合党和政府，以及学校培养有理想、有道德、有文化、有纪律、身心健康的中国特色社会主义事业合格建设者和可靠接班人为目标的群众性工作组织。根据我们对关工委性质的上述界定，高校关工委与所有关工委组织一样，具有群众性、教育性、政治性、公益性等特点。所谓"群众性"，是指高校关工委和其他关工委组织都不是一般的群众性组织，而是以离退休老同志为主体的群众性组织；所谓"教育性""政治性"，是指高校关工委和其他关工委组织的教育工作不是一般的教育，而是老同志在新的历史条件下，针对敌对势力争夺下一代的挑战、为培养好党的事业的接班人而进行的教育，具有非常强的政治性；所谓"公益性"，是指高校或整个关心下一代工作不是一般的公益事业，而是为培养教育下一代讲奉献、尽义务，培育新人、传承薪火，具有深远影响的崇高的公益事业①。

(2) 高校关工委的定位

高校关工委的定位是由其性质决定的。正确认识和把握高校关工委的定位，对关心下一代工作的顺利开展和老同志、老干部、老教师积极性的充分发挥，具有重要的意义。作为高校党委领导下的群众性工作机构，高校关工委在全校关心下一代工作中是学校党政领导的参谋和助手，在学校党政领导的统一部署安排下，发挥老同志、老干部、老教师的优势，起到配合和补充主渠道的作用。作为以老同志、老干部、老教师为主体，在职同志参加的高校关工委，是新老合作共同育人的平台，其中领导决策以在职领导为主，经常性工作以老同志、老干部、老教师为主。高校在职党政领导要提高对关工委和老同志、老

---

① 江苏大学关心下一代工作委员会. 高校关工委工作实践与探索 [M]. 镇江：江苏大学出版社，2009：15.

干部、老教师作用的认识，重视和支持关工委的工作，尊重和支持老同志、老干部、老教师的工作，使他们在学校关心下一代工作中有所作为；老同志、老干部、老教师要弘扬无私奉献和甘当配角的精神，为在职的党政领导和各部门、各单位出谋献策、排忧解难，做到"有为才有位，有位更有为"①。

2. 高校关工委的宗旨

高校关工委的宗旨在于：紧紧围绕党和政府及学校的中心工作，以马列主义、毛泽东思想、邓小平理论、"三个代表"重要思想、科学发展观、习近平新时代中国特色社会主义思想为指导，坚持以德育为主线，以理想信念教育为核心，以中国特色社会主义教育为主旋律，以培养有理想、有道德、有文化、有纪律的"四有"新人为目标，针对高校大学生和青年干部、教师的实际，配合有关方面对他们进行党的基本路线、爱国主义、集体主义、社会主义、党的革命传统和中华民族优良传统教育，不断增强年青一代的政治辨别力和敏锐性，不断增强年青一代的使命感、责任感和紧迫感，引导他们勤奋学习、积极工作，努力成长为胸怀爱国之心、报国之志、强国之能，为实现中华民族伟大复兴而奋斗终生的中国特色社会主义事业合格建设者和可靠接班人②。

3. 高校关工委的任务

（1）关工委组织的主要任务

对于关工委组织的主要任务，提法种种，不一而足。比如，在实际工作中，有相当一部分关工委组织认为，其主要任务在于围绕党和国家中心工作，配合有关方面进行内容丰富和形式多样的教育活动。

一是开展政治思想教育。坚持用马列主义、毛泽东思想、邓小平理论、"三个代表"重要思想、科学发展观、习近平新时代中国特色社会主义思想武装青少年，为促进习近平新时代中国特色社会主义思想"进教材、进课堂、进头脑"奉献力量，帮助青少年树立正确的世界观、人生观、价值观；结合重大节日、纪念日和历史事件，联系改革开放和现代化建设的伟大实践和辉煌成就，从青少年的特点出发，进行理想信念教育，进行爱国主义、集体主义、社

---

① 江苏大学关心下一代工作委员会. 高校关工委工作实践与探索［M］. 镇江：江苏大学出版社，2009：15.
② 江苏大学关心下一代工作委员会. 高校关工委工作实践与探索［M］. 镇江：江苏大学出版社，2009：15.

会主义教育，进行中华民族优秀传统、中国革命传统教育，进行中国近现代史、国情和形势任务教育，引导青少年树立民族自尊心、自豪感，坚定社会主义理想信念，弘扬伟大民族精神，自觉抵制资产阶级和封建腐朽思想的侵蚀，坚持走中国特色社会主义道路。

二是进行道德品质和民主法制教育。积极宣传贯彻《公民道德建设实施纲要》，以"爱国守法、明礼诚信、团结友善、勤俭自强、敬业奉献"的基本道德规范为主要内容，对青少年进行社会公德、职业道德、家庭美德和讲文明、树新风教育，并与实施大中小学生日常行为规范相结合，与组织青少年参与社区文明共建、创建文明校园相结合，加强社会主义思想道德建设。根据国家普法教育的安排，大力宣传各种法律法规，对青少年进行法制和纪律教育，增强他们的法治观念，遵守校纪校规。教育青少年学会依法保护自己，敢于同违法行为做斗争。维护青少年的合法权益，做好失足和劣迹青少年的帮教工作，维护学校和社会的稳定。

三是进行党、团基本知识教育。积极配合党、团组织对青少年进行党的基本理论、基础路线、基本纲领、基本经验和党团基本知识教育，使青少年了解共产党成长、奋斗、发展的历史，树立"没有共产党就没有新中国，没有共产党就没有今天的幸福生活"的理念，坚定永远跟党走的信心。坚持统筹兼顾，突出重点，着力培养先进，注重帮教后进，努力带动一般。注意发现和培养积极分子，协助学校推进党团组织建设，不断为党的肌体注入新活力。

四是进行科学文化和健康教育。发挥老教师学术造诣较深和教学科研经验丰富的优势。老教师参与教学改革、教学督导和评教评学工作，提高教育教学质量和管理水平，创建优良校风。根据学校的统一部署，开展对青年干部教师的培养教育工作，发挥老同志传、帮、带作用，为加强师德教风建设，为造就一支青年干部和教师的骨干队伍出力献计。对青少年学生进行科学文化教育、学习态度和方法教育，引导他们树立崇尚科学、勤奋学习的优良学风。指导青少年学生开展课外科学、文化、健康和社会实践、文化社团、兴趣小组等活动，在丰富多彩的社会生活实践中，培养他们勇于实践和创新的精神，提高他们报效祖国、服务人民的思想、技能和体魄。根据青少年学生不同年龄的生理、心理发展规律，举办心理健康讲座，开展心理咨询和疏导，化解心理障碍，培养良好的心理素质，促进他们身心健康发展。

　　五是积极参与家庭和社区教育。在学校和社区党政统一领导和安排下，组织老同志指导家庭教育、参与社区教育，协助举办家长学校和校外教育活动基地，编写家庭与校外教育的读本和资料，开展"读书征文""科技扶贫""老园丁联系户""家教一条街""校外学习辅导站""双拥教育""文明共建"等丰富多彩的育人活动；充分利用社区各种教育资源，营造学习型社会，为推动学校、家庭、社会教育紧密结合、相互促进，共同培养高素质的劳动者和专门人才做贡献。

　　六是开展帮困助学活动。对学习、生活有困难的青少年要给予特别关爱，做好帮困工作。根据自愿的原则，依法创办、协办公益事业，募集和筹措资金和物品，开展扶贫助学活动，为有困难的学生献爱心、送温暖，使他们能够完成学业。根据有关法规，组织老同志参与举办职业技术培训、文化补习等，为青少年提供更多的求学、就业机会，为社会培养各种人才。

　　七是开展调查研究。深入开展调查研究，及时了解、掌握青年干部、教师与青少年学生的思想脉搏和现实状况，更有针对性地开展各种教育活动。根据教育工作部门、学校的安排，对一些重要问题进行专题调研，写出有情况、有分析、有建议的调研报告，供领导推动工作和决策参考。或受单位的委托，参与某项重要任务的策划和实施等工作①。

　　高校关工委的这些主要任务，重在三个层面的内涵：一是坚持以德育为主线，切实加强和改进高校大学生和青年干部、教师的思想道德教育，进行世界观、人生观、价值观教育，帮助他们讲政治、养正气，学会立身和做人。二是按人才强国战略要求，不断提高高校大学生和青年干部、教师的科学文化素质、业务能力和综合素养。三是积极关心和维护高校大学生和青年干部、教师的各种合法权益，配合学校和有关职能部门，为他们的健康成长、快速成长营造优良的环境。这就需要高校关工委做到：一是增强大局意识，紧紧围绕高校中心工作，准确把握高校关工委组织的性质、地位和工作方针，充分发挥离退休老同志、老干部、老教师的作用，做好配合补充工作，与主渠道形成合力。二是开展学习型、服务性、调研型、创新型高校关工委组织的创建活动。三要立足基层，勤于调研，把工作重点放在基层，积极了解、掌握高校大学生和青

---

　　①　江苏大学关心下一代工作委员会. 高校关工委工作实践与探索 [M]. 镇江：江苏大学出版社，2009：20.

年干部、教师的所思所想、所需所求。四要贯彻落实教育部关工委提出的关于继续把关注民生作为关心下一代工作永恒主题的精神，协助学校党政推动高校民生工作。五要与时俱进，创新思路，深化工作，不断提升服务高校大学生和青年干部、教师的水平。六要积极探索、逐步建立高校关工委工作的长效机制，努力为高校关心下一代工作提供优良的制度环境和体制保障。

（2）高校关工委的主要任务

上述这些"主要任务"，既是贯穿关工委组织日常事务和实际工作的，也是高校关工委应该认真研究并加以贯彻，或是更有针对性地加以贯彻的。但是就高校关工委组织而言，毕竟身处高校，其主要任务是配合高校的人才培养，配合教育主渠道做好高校大学生和青年干部、教师的思想政治教育和其他服务工作，帮助高校大学生和青年干部、教师健康成长、快速成长。这就要求高校关工委以习近平新时代中国特色社会主义思想为指导，坚持育人为本、德育为先，密切联系大学生实际，紧紧围绕以理想信念教育为核心，以爱国主义教育为重点，以思想道德建设为基础，以大学生全面发展为目标，采取有效措施和得力方法，深入进行思想政治教育，帮助大学生提高综合素质，努力把大学生培养成为德智体美全面发展的中国特色社会主义事业合格建设者和可靠接班人；同时在力所能及的前提下，配合学校有关职能部门，做好对青年干部、教师的"传、帮、带"工作，帮助他们在思想和行动上，在政治和业务上不断成熟和成长。

（二）妇联组织育人

1. 妇联的性质和职能

妇联是党领导下的人民团体，是党和政府联系妇女群众的桥梁和纽带，是党开展妇女工作最可靠最有力的助手。

妇联实行全国组织、地方组织、基层组织和团体会员相结合的组织制度。妇联的最高领导机构是全国妇女代表大会和它所产生的中华全国妇女联合会执行委员会。妇联在省、自治区、直辖市，设区的市、自治州、县（旗）、自治县、不设区的市和市辖区等建立地方组织。妇联在乡镇、街道、行政村、社区、机关和事业单位、社会组织等建立基层组织。

妇联担负着团结引导各族各界妇女听党话、跟党走的政治责任，以围绕中心、服务大局为工作主线，以联系和服务妇女为根本任务，以代表和维护妇女权益、促进男女平等和妇女全面发展为基本职能。

2. 高校妇联的机构设置和主要任务

高校妇联是基层妇联组织的中坚力量，是妇联改革的产物。党的十八大以来，以习近平同志为核心的党中央高度重视妇女事业和妇联工作，把妇联改革作为全面深化改革的重要组成部分进行谋划和部署，为妇联工作开展和妇联组织改革指明了方向。《全国妇联改革方案》的出台，旨在通过改革机构设置、理顺工作职能和创新工作机制，努力提高各级妇联组织为党做好妇女工作的能力和水平，不断开创新时代妇联工作的新局面。在此背景下，推进高校妇联组织改革，高校的妇委会或工会组织下的女职工委员会改为妇联（简称"会改联"）。

高校妇联组织改革基本思路是：既在学校层面上建立妇联组织，又要在基层院系建立妇联组织，甚至可以把妇联组织建在学科团队、专业方向、实验室、兴趣小组等，形成诸如"女教授联谊会"等妇女专业组织、协会组织，更大范围辐射工作对象，更大力度延伸工作臂膀，形成上下联动的组织格局，把所有女性师生员工包括离退休女职工全部纳入服务对象，做到横向到边、纵向到底①。通过联合、联建、联动、联手、联网，一方面切实做到"哪里妇女群众集中，就把'妇女之家'建到哪里，把妇女工作做到哪里"，另一方面为妇联组织和广大女性师生员工发挥作用营造氛围、搭建平台。

高校妇联的主要任务是：团结、动员广大女教职工、女大学生积极投身到学校的改革与建设中，促进学校教育事业的发展；教育、引导广大女教职工和女学生增强"自尊、自信、自立、自强"精神，全面提高综合素质；代表广大女教职工参与学校的民主管理与民主监督，维护女性的合法权利，为广大女性做好服务工作。

高校妇联的工作职责主要包括：

（1）贯彻执行党的妇女工作方针、政策，在校党委和上级妇联领导指导下，主持研究制订全校妇女工作规划、计划并组织实施；动员和组织全校各级妇女组织紧密围绕校党委、校行政的中心任务开展工作。

（2）宣传马克思主义妇女观和男女平等基本国策；发动各级妇女组织开展

① 裴笛. 新时代高校妇联组织改革与工作机制创新 [J]. 浙江妇女研究, 2019 (4)：72 – 75.

思想教育工作，教育、引导妇女群众树立正确的世界观、人生观、价值观，弘扬"自尊、自信、自立、自强"的精神；发动妇女开展"素质提升"等各项教育活动，全面提高妇女素质；宣传、推广、表彰先进妇女群体和个人。

（3）团结、动员和组织全校妇女群众投身精神文明、物质文明和政治文明建设，积极促进教学、科研、管理水平提高，促进地方经济发展和社会进步；负责组织全校妇女"巾帼建功""双学双比"和"五好文明家庭"创建活动的规划、组织、协调、督查和落实工作。

（4）协调各个方面依法维护妇女儿童合法权益的工作；积极参与学校有关妇女儿童的政策和规章制度，代表妇女参与学校的民主管理和民主监督；组织妇委会对妇女儿童权益保护中的重点难点及带有普遍性的妇女儿童问题进行调查分析，提出建议。

3．高校妇联的育人优势

（1）党建和妇建联建，凸显政治优势。坚持党对高校妇联工作的领导，把政治建设放到妇联工作和女性师生员工思想政治工作的首位，坚持党建带妇建，把"妇建"纳入"大党建"的总体格局，着力打造妇联组织有为有位有影响、妇女工作有声有色有活力的生动局面。

（2）顶层和基层联动，凸显组织优势。高校妇联除了要把已有的在职女教职工作为工作和服务对象外，重点要把在校女学生和退休女教职工一并纳入组织工作体系，实现服务对象全覆盖。

（3）理论和实践联合，凸显品牌优势。充分把握高校女性师生员工总量大、层次高等特点，彰显高校理论研究见长、理论积淀丰厚等优势，把妇联工作和妇女工作纳入各级各类课题研究、平台建设，不断把工作成果提升到理论经验的高度，坚持以理论成果指导工作实践，实现理论优势、研究优势与实践优势、工作优势的互补，着力形成高校妇联工作的品牌效应。

（4）校内和校外联手，凸显共享优势。加强与上级妇联的联系，积极寻求工作指导和政策支持，不断推进经验分享、资源共享；加强与兄弟高校妇联的常态沟通与横向联动，形成动态开放、多元立体的妇联工作局面。

（5）线上和线下联网，凸显创新优势。主动适应"互联网＋"新趋势的紧迫要求，不断推动妇联工作在新形势下的创新发展；在构建上下联动的妇联工作网络的同时，开创实体妇女之家和网上妇女之家两条战线广泛覆盖、有效凝聚的妇联工作新格局。

4. 高校妇联的育人路径

妇联在学校"三全育人"体系中发挥的是联系服务、团结凝聚师生的桥梁纽带作用，服务的对象是全体女性师生。妇联发挥育人作用的渠道是利用独特的组织优势，将思想政治教育贯穿工作和活动中，加强对女教职工、女大学生的思想政治引领和联系服务，促进女性师生全面发展，引导女性师生为经济社会发展和高水平大学建设贡献半边天力量。其基本路径是：

（1）通过素质提升，充分调动育人"她力量"。坚持把思想政治建设放在妇联工作的首位，采取教育培训、岗位建功等措施，提升女教职工的理论素养和业务能力，强化立德树人的使命担当，增强育人意识，提高育人水平。充分依托女教授联谊会、学生会、研究生会、关心下一代工作委员会、老年合唱团、老年科协、老年体协等，切实把立德树人根本任务和女学生的成长成才育人目标落到实处，把关心女教师的发展进步和作用发挥作为工作的着力点，把关爱离退休女教职工的身心健康和老有所乐、老有所为作为工作的重要领域，切实形成女性师生员工聚力同心、共促发展的工作氛围。

（2）以活动为载体，引领女大学生成长成才。组织校内外"她典型"为女大学生分享女性成功的心路历程，以榜样的力量激发女大学生成才意识，以榜样的经历指导她们成长。通过关爱行动，推进女教师与女学生之间的结对帮扶，帮助女大学生成人成长成才。组织女大学生参与线上线下公益活动，培养其社会责任感和奉献精神。开展以身心健康、家庭美德、职业道德为重点的各类活动，丰富女大学生的业余文化生活，陶冶其道德情操。

第二章　组织育人的现状分析

第一节　组织育人的时代要求

我们党历来高度重视高校的思想政治教育工作，尤其是党的十八大以来，以习近平同志为核心的党中央把高校的思想政治教育工作摆在更加重要的位置，作出一系列重大决策部署并加以推进。习近平总书记多次发表重要讲话和重要指示，强调"要坚持党的教育方针，坚持社会主义办学方向，坚持立德树人、强化思想引领"[①]。在全国高校思想政治教育工作会议上，习近平总书记指出"要坚持把立德树人作为中心环节，把思想政治教育工作贯穿教育教学全过程，实现全程育人、全方位育人"[②]。这一重要论述为新时期高校开展思想政治教育工作提供了基本遵循，指明了前进的方向和目标。如何实现这一目标，从而实现"全程、全方位育人"？2017年2月中共中央国务院印发了《关于加强和改进新形势下高校思想政治工作的意见》，明确指出"把思想价值引领贯穿教育教学全过程和各环节，形成教书育人、科研育人、实践育人、管理育人、服务育人、文化育人、组织育人等育人机制"[③]。"组织育人"工作育人体系中重要的一部分，首次通过文件而明确。同年12月，《高校思想政治工作质量提升工程实施纲要》再一次强调要"一体化构建内容完善、标准健全、运行科学、保障有力、成效显著的高校思想政治工作质量体系，形成全员全过程全方

[①]　中共中央国务院印发《关于加强和改进新形势下高校思想政治工作的意见》［EB/OL］. http://www.gov.cn/xinwen/2017－02/27/content_5182502.htm.

[②]　习近平在全国高校思想政治工作会议上强调：把思想政治工作贯穿教育全过程 开创我国高等教育事业发展新局面［N］. 人民日报，2016－12－09（1）.

[③]　中共中央国务院印发《关于加强和改进新形势下高校思想政治工作的意见》［EB/OL］. http://www.gov.cn/xinwen/2017－02/27/content_5182502.htm.

位育人格局"。"充分发挥课程、科研、实践、文化、网络、心理、管理、服务、资助、组织等方面工作的育人功能,挖掘育人要素,完善育人机制,切实构建'十大'育人体系。"其中,"组织育人质量提升体系"要"把组织建设与教育引领结合起来,强化高校各类组织的育人职责",要"发挥高校党委领导核心作用、院(系)党组织政治核心作用和基层党支部战斗堡垒作用,发挥工会、共青团、学生会、学生社团等组织的联系服务、团结凝聚师生的桥梁纽带作用,把思想政治教育贯穿各项工作和活动,促进师生全面发展"[①]。因此,构建"组织育人质量提升体系"是新时期加强和改进高校思想政治工作的重要探索,是贯彻落实"全员全过程全方位"育人要求的必然选择,在实际工作中就是要把组织建设与教育引领有机结合起来,强化高校各级各类组织在育人过程中作用的发挥。组织育人是新时代高校全员全程全方位育人的重要内容,在"十大"育人体系中占有重要的地位与价值,肩负着培养中国特色社会主义事业建设者和接班人的使命和责任,是落实高校立德树人根本任务的重要途径。通过探讨组织育人的价值意蕴,有助于全面把握组织育人的时代要求,明确组织育人的逻辑定位和目标指向,以辩证的观点客观全面地审视组织育人的现实境遇,从而进一步优化组织育人的实施策略,提升高校思想政治工作的质量。

一、高校组织育人的价值意蕴

"培养什么人""为谁培养人",是教育的首要问题。我国是中国共产党领导的社会主义国家,为保证我国教育的发展方向,必须加强党对教育工作的全面领导。2019 年 3 月 18 日,在全国思想政治理论课教师座谈会上习近平总书记强调,"我们党立志于中华民族千秋伟业,必须培养一代又一代拥护中国共产党领导和我国社会主义制度、立志为中国特色社会主义事业奋斗终身的有用人才"[②]。随着中国特色社会主义进入新时代,纷繁复杂的国际国内新的形势又给高等教育提出了新要求。在新的时期如何更好地办好教育? 习近平总书记强调,"加强党对教育工作的全面领导,是办好教育的根本保证"。"各级各类学

---

① 中共教育部党组关于印发《高校思想政治工作质量提升工程实施纲要》的通知 [EB/OL]. http://www.moe.gov.cn/srcsite/A12/s7060/201712/t20171206_320698.html.

② 习近平: 用新时代中国特色社会主义思想铸魂育人 贯彻党的教育方针落实立德树人根本任务 [EB/OL]. 人民网. http://cpc.people.com.cn/n1/2019/0319/c64094 - 30982234.html.

校党组织要把抓好学校党建工作作为办学治校的基本功,把党的教育方针全面贯彻到学校工作各方面。思想政治工作是学校各项工作的生命线,各级党委、各级教育主管部门、学校党组织都必须紧紧抓在手上。要精心培养和组织一支会做思想政治工作的政工队伍,把思想政治工作做在日常、做到个人。"① 因此,实施组织育人是办好中国特色社会主义大学的基本遵循,为培养社会主义合格建设者和可靠接班人提供坚强的政治保证。

1. 落实立德树人根本任务

高校组织育人的首要价值在于落实立德树人的根本任务,不断提高大学生的思想水平、政治觉悟、道德品质和文化素养②。教育以立德树人作为根本任务,不仅关系到教育未来发展的方向,更加关系到国家和民族的前途命运。党的十九大报告中指出:"要全面贯彻党的教育方针,落实立德树人根本任务,发展素质教育,推进教育公平,培养德智体美劳全面发展的社会主义建设者和接班人。"这是新时代中国特色社会主义高等教育的目标和使命。坚持立德树人,就必须把思想政治工作贯穿教育教学全过程。新时代高校立德树人,就是要以马克思主义的世界观、方法论为指导培养具有远大理想,能够担当民主复兴大任的时代新人。特别是在高校"加快一流大学和一流学科建设,实现高等教育内涵式发展"的背景下③,要遵循大学生思想政治工作的客观规律、学生成长发展规律和教书育人规律,"坚持立德树人,用习近平新时代中国特色社会主义思想铸魂育人,着力培养具有历史使命感和社会责任心的时代新人"④。

组织育人以"立德"为根本,以"树人"为最终目的和价值归宿。我国高校特殊的组织属性、功能特征和历史使命,决定了包括党组织在内的高校所有内设组织都是服务于立德树人这个根本任务的。青年大学生处在世界观、人生观、价值观形成确立的关键阶段,抓好这一时期的世界观、人生观、价值观的培育塑造十分重要。青年大学生要成为合格的人才,既要掌握专业的理论知识和必备的职业技能,还要通过参加社会实践,培养出严谨的科学态度、深厚

---

① 坚持中国特色社会主义教育发展道路 培养德智体美劳全面发展的社会主义建设者和接班人 [EB/OL]. 人民网. http://edu.people.com.cn/n1/2018/0911/c1053 – 30286253. html.

② 项久雨,王依依. 高校组织育人:价值、目标与路径 [J]. 思想教育研究,2019 (5).

③ 习近平. 决胜全面建成小康社会夺取新时代中国特色社会主义伟大胜利——在中国共产党第十九次全国代表大会上的讲话 [M]. 北京:人民出版社,2017:46.

④ 黄蓉生. 我国高校思想政治教育发展特征 [J]. 中国高校社会科学,2020 (5).

的人文精神和坚强的意志品质。高校各级党组织和群团组织，应以习近平新时代中国特色社会主义思想和党的十九大精神为指导，不断加强自身建设，通过组织开展各种类型的活动，引导大学生在实践中形成正确的道德认知和价值观念，使其逐渐成长为社会主义现代化建设所需要的合格人才。组织育人可以整合高校各个部门、各个领域的优势，使"十大育人"体系整体推进、协同发展，实现高校育人工作质量的提升，为高校内涵式发展积蓄强大精神动力，为立德树人根本任务的实现提供政治保证①。

2. 增强高校育人工作的政治属性

在全国高校思想政治工作会议上习近平总书记指出"我国高等教育发展方向要同我国发展的现实目标和未来方向紧密联系在一起，为人民服务，为中国共产党治国理政服务，为巩固和发展中国特色社会主义制度服务，为改革开放和社会主义现代化建设服务"②。"四个服务"的重要论述彰显了我国高等教育的办学立场和政治属性，深刻揭示了办学目标和初心使命，为扎实办好中国特色社会主义高校、坚持正确的办学方向提供了根本遵循。高校组织复杂，种类繁多，主要包含党组织、共青团组织、工会组织、学生会组织及其他群体组织等。在各类组织中，高校各级党组织是青年学生思想政治工作的领导者、决策者、组织者和实施者，具有鲜明的政治属性，发挥组织育人功能是高校党组织的本质要求和职责所在。然而，高校党、团组织与其他组织之间并非简单的上下级关系或者完全相互独立的离散关系，相互之间既有某种程度的联系又相对松散，关系不够紧密。党团组织与其他组织之间耦合度低、联系不紧密，会导致思想政治工作职责不明确，工作效率低、效果差，甚至出现工作相互推诿、落实不到位等问题，无法形成思想政治教育有效合力，党团组织的政治属性就难以对其他组织施加积极的影响，也无法发挥核心作用引领其他组织的健康发展。其他组织由于组织文化差异，政治属性不够明显，造成政治功能弱化，甚至部分组织娱乐至上，继而出现理想信念不坚定、底线意识不够强等问题，容易受到社会上各种错误思潮的侵蚀和感染，不利于学生的健康成长和长远发

---

① 邓军. 高校思想政治工作质量提升理论与实践：组织育人卷［M］. 桂林：广西师范大学出版社，2019：17.

② 习近平在全国高校思想政治工作会议上强调：把思想政治工作贯穿教育全过程 开创我国高等教育事业发展新局面［N］. 人民日报，2016－12－09（1）.

展。做好高校育人工作，就必须坚持党的领导，使之成为坚持党的领导的坚强阵地。为此，高校组织育人将各级、各类组织建设与教育引领结合起来，体现在思想政治工作上，就要求各级党委要加强对各类组织的领导和指导，掌握工作主导权，增强高校组织的政治属性，在高校范围内形成讲政治、有信念的风气，构建以党、团组织为核心，其他组织为补充的组织育人体系，发挥组织协同育人的合力，强化组织育人功能，建设一批组织育人工作的创新基地，从体制机制、育人理念、教育方式、队伍建设、条件保障等方面系统化构建"全员全过程全方位育人"长效机制，形成党委统一领导、各部门各方面齐抓共管和稳定的组织秩序，为思想政治工作的顺利开展提供环境保障。

3. 提升思想政治教育的实效

思想政治教育是教育主体向教育对象进行思想观念、政治观点、道德规范等方面施加潜移默化影响的过程，是一项有目的、有计划、有组织的社会活动。思想政治教育是否有效，关键在于学生对信息的主观认同。总的来看，我国高校思想政治工作持续加强和推进，教育成效显著，发展态势良好。学校思想文化建设不断加强，中国特色社会主义理论"三进"工作效果明显，高校主流意识形态领域积极向上，广大师生衷心拥护以习近平同志为核心的党中央，高度认同治国理政的新理念、新思想、新战略，对实现伟大复兴的中国梦充满信心。在取得成绩的同时，我们也应该清醒地认识到，当前还有部分青年大学生存在政治信仰迷茫、诚信意识淡薄、社会责任感欠缺等问题，以课堂灌输教育为主的传统的育人方式忽视学生的特点和身心发展规律，忽略时代特点和社会背景，难以有针对性地开展工作，造成大学生主体性地位的缺失，被动地去接受教育从而导致思想政治教育活动的质量和效率相对较低。马克思从"现实的人"出发，提出教育要尊重和满足人的发展需要，实现人的自由全面发展，因为"人始终是主体"[①]。大学生有显著的自我意识，有着自己独立的价值取向和认知结构。作为一个主体性人的存在，只有满足其个人发展的需要，才能在思想政治教育中实现主体性地位。个体的发展是教育的内在驱动力，"任何人如果不同时为了自己的某种需要和为了这种需要的器官而做事，他就什么也

---

① 马克思恩格斯全集：第 42 卷 [M]. 北京：人民出版社，1979：130.

不能做"①。在思想政治教育过程中，仅仅把学生作为教育对象来看待，则难以真正从内心确定其在思想政治教育中的"主体性"地位。高校的组织育人正是依托党的组织和党的领导下的群团组织，以大学生作为工作的出发点，考虑到现阶段各级各类组织在组织文化上缺乏互融、在组织合作上缺乏互联等多重因素，通过组织建设、组织工作和组织活动，发挥对学生的政治引领、思想引领、团结凝聚、联系服务功能，营造健康向上共同参与的组织氛围，引导大学生化被动接受为主动参与，有效地提升大学生在思想政治教育活动中的"主体性"地位。因此，从学生的个体层面来看，组织育人的价值体现为在教育的过程中形成组织合力，构建协调育人机制并充分发挥学生主体作用，使其在个体发展过程中能主动、自主地进行自我学习、自我改进、自我提高，从而全面地提升综合素质。

二、 高校组织育人的目标指向

1. 个人层面：培育甘当民族复兴大任的时代新人

"教育是国之大计、党之大计。"② "培养什么人"是教育的首要问题。从党的十九大报告到全国教育工作大会，从全国宣传思想工作会议再到教育文化卫生体育领域专家代表座谈会上的重要讲话，习近平总书记从党和国家事业发展全局出发，深入分析新时代新形势对教育提出的新要求，反复强调我国的教育要坚持为党育人、为国育才，为民族复兴培养时代新人。事业兴衰，关键在人，我国正处在实现"两个一百年"奋斗目标的关键时期，习近平总书记对"时代新人"有过多次明确的阐述，就是要培养学生的爱国情怀、社会责任感、创新精神、实践能力。"十大"育人体系需要把育人工作落实到工作实践中去，就是充分激发各大育人体系的合力，改变"单兵作战"的模式，建立健全全员、全过程、全方位的工作格局和育人体系。建立"十大"育人体系目标就是要落实立德树人的根本任务，培育民族复兴大任的时代新人。

高校"组织育人"作为"十大"育人体系的重要环节和重要内容，在培

---

① 马克思恩格斯全集：第3卷［M］．北京：人民出版社，1960：286．
② 教育是国之大计党之大计［EB/OL］．人民网．http://theory. people. com. cn/n1/2018/0912/c40531－30288768. html.

育甘当民族复兴大任的时代新人方面，首先是要增强高校各级各类组织的政治属性，强化理想信念教育和价值引领，保证青年学生"所立之德"是社会主义、共产主义之德，切实肩负起实现民族伟大复兴的光荣使命。理想信念的确立必须建立在正确认识社会发展规律的基础上，马克思主义深刻揭示了人类社会发展的规律，正确揭示了个人与社会乃至人类的互动关系，论证了人的价值、意义及合理实现途径，阐明了社会主义共产主义是人类社会发展的必然趋势，从而把社会主义理想信念建立在对社会发展规律的科学认识的基础之上。强化思想信念教育和价值引领，就是加强对学生的马克思主义理论教育，引导他们掌握辩证唯物主义和历史唯物主义，正确认识社会发展规律，树立崇高的人生目标、庄严的社会责任感和历史使命感。要培养青年学生的爱国主义情怀，将爱国主义精神的教育融入组织文化，进而让学生自觉地将个人发展同国家前途命运紧密联系起来，将自己的人生理想融入社会进步、国家富强、民族复兴的伟大事业之中，积极投身于中国特色社会主义建设的伟大实践中。要培育青年大学生成为信仰坚定的思想引领者，"青年一代有理想、有本领、有担当，国家就有前途，民族就有希望"。组织育人要发挥组织的思想引领作用，要培育组织中的思想引领者，要坚持和巩固马克思主义在高校的指导地位，切实用马克思列宁主义、毛泽东思想、邓小平理论、"三个代表"重要思想、科学发展观、习近平新时代中国特色社会主义思想武装大学生的头脑，使其在实践中自觉抵制敌对势力意识形态的侵蚀，培养其具有坚定的高尚的情操、不屈不挠的品格和勇于献身的精神，最终树立牢固的马克思主义信仰，才能树立共产主义远大理想和中国特色社会主义共同理想，指引和支撑大学生成长发展，为我国现代化建设事业提供强大动力。

高校在组织育人方面必须破解目前育人过程中存在的问题和困境，发挥组织育人的整合、协调功能，优化育人协同体系，形成功能协同、行动协同、成效协同的运行机制和体系。综合运用各种教育资源和教育形式，进一步做好马克思主义中国化的理论成果"进课堂、进教材、进学生头脑"工作，针对大学生的思想实际，在教学育人中，运用马克思主义指导高校哲学社会科学的教学，积极推进理论创新，解答大学生普遍关心的、改革开放和现代化建设中的重大理论和实践问题，确保高校课堂教学的正确导向①。要抓牢思想政治教育的主阵地、主渠道建设，"思想政治工作是学校各项工作的生命线"②。思政课长期以来形成的一系列规律性认识和成功经验，为思政课建设守正创新提供了重要基础。要继续支持毛泽东思想、邓小平理论、"三个代表"重要思想、科学发展观、习近平新时代中国特色社会主义思想大学生研究会、学习小组的建设，积极开展形式多样的征文，演讲、诗歌朗诵活动，深化大学生对理论的认识，把第一课堂和第二课堂结合起来，把课堂学习、校园文化和社会实践结合起来，持续做好思政课课堂理论教学和改革创新，努力提高思想政治教育的成效。

其次，要培养具有担当民族复兴大任能力、德智体美劳全面发展的新时代人才。建党之初，我们党就清楚地了解，想要确保党的事业兴旺发达，就要有人才作为基础和支撑。毛泽东曾说，中国共产党是在一个几万万人的大民族中领导伟大革命斗争的党，没有多数才德兼备的领导干部，是不可能完成其历史任务的，还须广泛地培养人才。加快推进教育现代化、建设教育强国、办好人民满意的教育，对于人才培养、国家富强、民族振兴、社会进步、人民幸福都具有重大现实意义和深远历史意义。随着中国特色社会主义进入了新时代，中国也正处于近代以来最好的发展时期，党和国家事业发展正处在一个关键时期。在复杂的国内国外形势下，我们对教育、对杰出人才、对科学知识的需要比以往任何时候都更加迫切、更加强烈。习近平总书记十分关注青年大学生的发展成长问题，作为党领导的社会主义国家，我们的教育不仅要把培养拥护中国共产党领导和社会主义制度、立志为中国特色社会主义奋斗终身的建设者和接班人作为己任，关键还要培养"德智体美劳全面发展"的有用人才。这既是对马克思主义关于人的全面发展理论的继承和发扬，也是对长期以来我们党根据新时期教育面临的形势而提出的教育方针的拓展。高校组织育人既要以立德为出发点，以促进大学生的德智体美劳全面发展为目标，培养大学生的良好的道德品质、健康的人格和美好的心灵，又要以树人为落脚点，针对大学生的特

---

① 邓军. 高校思想政治工作质量提升理论与实践：组织育人卷 [M]. 桂林：广西师范大学出版社，2019：21.

② 习近平：坚持中国特色社会主义教育发展道路 培养德智体美劳全面发展的社会主义建设者和接班人 [N]. 人民日报，2018－09－11.

点以组织育人的方式，融知识学习与组织活动于一体，在组织实践中培养本领、增强才干，使其能够担当起时代赋予的使命和责任。马克思指出，共产主义是以"每个人的全面而自由的发展为基本原则的社会形式"①。因此，个体的自由全面发展成为教育的最高追求和价值目标。一方面，组织育人要通过组织活动、组织实践等多种形式，满足大学生成长发展的需求，为大学生的全面发展创造良好的机遇和环境。另一方面，组织育人培育新时代人才的"新"体现在对劳育的重视上。习近平总书记重视"劳动育人"，多次强调"劳动是人类的本质活动""劳动创造世界"，并把"劳"列入全面发展教育理念，将劳动贯穿于整个教育过程。正如马克思在《资本论》中指出的，"生产劳动同智育和体育相结合，它不仅是提高社会生产的一种方法，而且是造就全面发展的人的唯一方法"②。习近平总书记站在战略高度把劳动育人与开创中国特色社会主义新时代、实现伟大复兴梦联系起来，不仅继承发扬了马克思主义劳动观点，还明确提出"社会主义是干出来的，新时代也是干出来的""实干才能梦想成真"，拓宽了劳动视野，开辟了马克思主义劳动思想新范畴。因此，高校组织育人不仅要重视传统的德育、智育、体育、美育，还要在组织实践活动中提高大学生的劳动素质，培育劳动精神，甘愿为社会主义事业发展贡献自己的力量③。

2. 社会层面：满足教育现代化的现实要求

现实中的困惑来自于这个时代的发展和进步，而教育的难题则来自于服务新时代国家建设和改革发展实践的深化。新时代高校的人才培养面临着诸多困难，如复杂多变的思想文化和意识形态领域的形势、多样化社会思潮的严峻挑战，以及网络化、大数据、新媒体迅速发展等。因此，"组织育人"也必须发挥其社会功效和建设功能，才能充分体现思想政治教育全员全过程全方位育人重要意义。

（1）有效提升高校思想政治工作质量

在教育过程中客观存在"重教书，轻育人""重科研、轻教学""重言传，

---

① 马克思恩格斯全集：第 23 卷 [M]. 北京：人民出版社，1972：649.
② 马克思恩格斯选集：第 2 卷 [M]. 北京：人民出版社，2012：230.
③ 项久雨，王依依. 高校组织育人：价值、目标与路径 [J]. 思想教育研究，2019（5）.

轻身教""只灌输，不启发""重专业技能，轻道德养成"的现实困境①，思想政治教育面临"孤岛"困境，与"时时育人、处处育人、事事育人"育人格局存在巨大差距。历史遗留的、现实遇到的、实践发现的、主体认识方面的、教育方式方法的"问题之踵"，接二连三成为现实难题。加强和改进高校思想政治工作有着特殊重要性和现实紧迫性，深刻影响着人才培养的质量层次和基本方向。针对当前思想政治工作存在的问题，构建以"十大育人体系"为基础的育人体系和协同育人机制，切实打通育人过程的"最后一公里"，能有效提升高校思想政治工作质量。提升高校思想政治工作质量也是"组织育人"价值追求的现实旨归。在高校大思政模式的工作格局中，由于过多强调部门、体制约束和过程控制，在某种程度上限制了思想政治教育工作有序、协调和有效开展。如何改变传统布局下的教育模式，以适应新时代多层次、多样化需求的大学生思想实际？高校"组织育人"坚持以育人为导向，发挥组织功能将教育系统内的各个组织要素整合起来，注重党、政、工、团等组织的协调配合，通过协同各类育人主体、整合育人的各种资源和载体，破解思想政治工作存在的盲区、断点，推动实现能力培养、知识传授与理想信念、价值观教育的有机结合，真正把各项工作的重点和目标落在育人效果上，以实现高校思想政治工作质量的整体提升。

（2）促进高等教育内涵式发展

2015 年国务院印发《统筹推进世界一流大学和一流学科建设总体方案》，在加快一流大学和一流学科建设、实现高等教育内涵式发展背景下，教育要根据国家和经济社会发展的需要，坚持把握学生思想特点和遵循学生成长发展规律，坚持改革创新，推进理念思路、内容形式、方法手段创新，增强高校思想政治工作的时代感和实效性。思想政治工作是高等教育工作重要组成部分，渗透于高校教育工作的方方面面，是引领大学生形成科学的人生观、世界观和价值观的主要手段。站在新的历史起点，面对复杂的新形势、新情况、新问题，我们只有深入研究新时代高等教育发展的态势和客观规律，科学把握新思想政治教育的主要问题和发展趋势，创新高校思想政治教育工作方法，优化教育内容供给，激活高校思想政治教育工作内生动力，才能促进高等教育内涵式发

---

① 张艳国，凌日飞. 论新时代高校思想政治教育铸魂育人的理论意蕴与实践路径［J］. 社会主义研究，2019（5）.

展。高等教育内涵式发展也是提升高校思想政治工作质量的必要条件。高等教育事业的内涵式发展意味着教育方法的科学性、教育资源配的多样性、教育环境的合理性等，将更加有利于提升思想政治教育工作的实际效果。高校"组织育人"直接服务于提升高校思想政治工作质量的现实要求，同时也间接性服务于高等教育内涵式发展的基本目标。统筹推进"双一流"大学建设、实现高等教育内涵式发展离不开高校思想政治工作的全面助力，高校思想政治工作的质量提升也离不开高等教育内涵式发展的实施保障，我们要善于抓住主要矛盾和矛盾的主要方面，透过现象看本质，坚持规律论和两点论，以新思路、新方法积极应对思想政治教育与实践育人的新发展、新趋势，不断促进高等教育科学化、合理化发展，实现育人目标和思想政治教育效果的最大化。

（3）服务时代发展，推动社会进步

教育从来就不是孤立的活动，而是同时代发展和社会进步联系紧密、相互作用的。当前，我国正加快形成以国内大循环为主体、国内国际双循环相互促进的新发展格局，经济社会发展和社会主义现代化建设对教育提出了新的更高的要求。我国教育发展应当具有时代特征、中国特色、国际视野等内涵，这既是对新时代我国教育内涵的丰富发展，也是对提高人才培养质量的新要求。思想政治教育作为教育的重要实践活动，直接影响着人才培养的质量和水平。同样，"组织育人"作为提升高校思想政治工作质量和促进教育内涵式发展的全新理念与育人模式，本身也间接服务于经济社会发展和社会主义现代化建设。从本质上来看，满足经济社会发展的需要是"组织育人"社会价值的体现和追求。从经济建设角度来看，社会发展的根本动力在于生产力的发展，而劳动者的素质在一定程度上决定了经济发展的质量和水平。"组织育人"坚持以育人为导向，坚持培养具有较高科学文化知识、思想品德素质和合格劳动技能的综合性人才。从政治建设的角度来看，"组织育人"就是发挥各级组织的政治属性，为社会主义建设输送具有爱国主义思想和坚定共产主义信仰的合格建设者。"组织育人"注重思想政治工作质量的顶层设计，把树人与育人统一起来，发挥"育人""树人"的价值规定作用、过程管理作用和方向引领作用，通过为我国社会主义建设培养担当民族复兴大任的、德智体美劳全面发展的合格建设者和可靠接班人，从而服务时代发展，推动社会建设与进步。

第二节　组织育人的研究现状

关于新时代高校组织育人的相关研究积累并不多，国内研究多从高校党团组织和学生组织的角度展开研究，而国外学者多以高校育人机制和学生组织事务管理等视角进行分析和探索。

一、　国内研究现状

从文献数量上看，在"中国知网"中以"高校育人"为主题进行检索，可以检索到 13226 篇文献；以"组织育人"为主题进行检索，可以检索到 384 篇文献，其中学术期刊论文 265 篇、学位论文 21 篇、报纸文献和会议论文 13 篇；以"组织育人"为篇名进行检索，可以检索到 189 篇文献，其中期刊论文 130 篇、学位论文 5 篇、报纸文献和会议论文 7 篇；以"高校组织育人"为篇名可以检索到 104 篇文献，其中期刊论文 77 篇、学位论文 2 篇、会议论文 3 篇。根据目前相关文献可见，当前学术界对"高校育人"已经开展了一定程度上的研究，而对"高校组织育人"的研究相对来说还比较少，这也是今后一段时期高校研究的方向和重点。

从研究内容上看，可以以 2017 年为时间节点进行分界：2017 年以前，"组织育人"还没有作为一个系统概念提出来，学术界对组织育人的研究还主要集中在对于学校某个单一的组织，如针对基层党组织育人、教学科研组织育人、学生社团组织育人、保卫组织育人、共青团组织育人等方面的研究。2017 年"组织育人"作为一个系统概念被提出来以后，学术界对组织育人的研究重点发生了变化，相关专家学者开始从宏观角度对高校组织育人进行系统研究。现有研究成果主要集中在高校组织育人的内涵、特征、价值、功能、现状和对策等方面①。

1. 关于高校组织育人内涵的相关研究

刘建军在《论高校思想政治工作的育人格局》中提出，组织育人是指高校通过党组织、团组织对学生党员和团员进行培养，并发挥这些先进学生的带动

---

① 吴仪. 高校组织育人的功能及实现路径研究 [D]. 景德镇：景德镇陶瓷大学，2020：3.

作用，从而实现其人才培养目标①。项久雨、王依依在《高校育人：价值、目标与路径》中指出，高校组织育人是指高校的各类型组织通过开展思想政治工作达到育人的目标，立德育德是高校组织育人的本质②。谢守成、文凡在《新时代高校组织育人的逻辑定位、现实境遇与实施策略》中指出，高校组织育人是高校党组织、群团组织和学生组织等组织依托组织建设、组织工作和组织活动发挥各类型组织的功能，发挥对师生的政治引导、思想引领、团结凝聚、联系服务功能，提升师生的思想政治素质，促进师生全面发展。新时代高校组织育人要适应时代发展要求，把握时代发展大势，顺应高校人才培养新要求，在全面加强党的领导、促进高校内涵式发展、满足学生多样化需求中突出组织的育人功能，完善组织的育人职责，创新组织的育人形式，构建新时代高校组织协同育人机制③。严帅、任雅才在《新时代高校学生组织育人的功能内涵与实施路径》中指出，高校的组织育人是通过组织来运行整个育人的全过程的，这样的组织包括诸如学生所在的党支部、团支社团等，这样的群体组织会遵循既定的目标和要求。

应开展相应的活动，力求在活动中潜移默化融入主流的价值观念、思想导向和行为规范等，从而能够直接或间接地促进世界观、人生观和价值观的形成，使得高校大学生在组织中强化理想信念，提升内涵修养，最终达到社会主义大学育人目标的总体要求。曹锡康在《高校组织育人：现状考察与机制构建》中指出，我国的高等教育肩负着"培养又红又专、德才兼备、全面发展的中国特色社会主义合格建设者和可靠接班人"的重任。高校组织育人是在以党组织为统领的基础上，通过高校党的建设来牵引带动其他组织的全面建设，特别凸显思想政治建设的价值和地位，使得各级各类的组织聚集成育人的合力，打造融合成效，不断培养德智体美劳全面发展的社会主义建设者和接班人④。吴学兵、陈燕玲在《新育人格局下高校组织育人论略认为》中指出，高校组织育人是指高校的教育管理者通过不同的组织开展各类主题活动，这些组织包括

① 刘建军. 论高校思想政治工作的育人格局 [J]. 思想理论教育，2017 (3)：17－22.
② 项久雨，王依依. 高校组织育人：价值、目标与路径 [J]. 思想教育研究，2019 (5)：115－119.
③ 谢守成，文凡. 新时代高校组织育人的逻辑定位、现实境遇与实施策略 [J]. 思想理论教育，2019 (5)：95－100.
④ 曹锡康. 高校组织育人：现状考察与机制构建 [J]. 思想理论教育，2018 (11)：91－95.

高校的党政组织、群团组织及学生自治组织，这些组织通过在活动中融入思想政治理论和道德价值观念来潜移默化提升高校学生的思想政治素养，通过一系列的实践引导当代大学生符合社会主义大学育人目标。整个的实践过程以培养时代新人为导向，对大学生产生正向影响①。

2. 关于高校组织育人特征的相关研究

吴学兵、陈燕玲在《新育人格局下高校组织育人论略》中指出，高校组织育人的育人过程中既包含了显性教育，也包含了隐性教育。他从教育过程、运行机制及活动效果三大部分全面阐释了组织育人的主要特征，认为育人的显性教育是那些固定的、有筹备的、规范的组织活动，相较而言育人的隐性教育就体现在通过内隐的文化情境和间接的活动载体对大学生进行思想政治教育。高校组织育人的运行机制兼具规范性和灵活性，有相对完整的规章制度作为整个过程运行的保障。作为育人的工作者能充分发挥主观能动性，挑选最适合的方式开展相应的活动，活动的成效不仅具有养成性，同时具有示范性，在运行过程中可以针对先进者进行表彰，起到示范引领作用，也可以对落后者提出警告，督促其不断改进完善②。米华全在《高校组织育人的基本功能和实现路径》中指出，高校组织育人是指高校党组织在遵循大学生成长成才的客观规律的前提下，充分发挥其在政治、组织、管理、服务等方面的各类优势，通过一定的组织行为来落实高校立德树人的根本任务，从而实现培养担当民族复兴大任的时代新人这一培养目标的育人行为。组织育人是一个长期性的复杂系统工程，涵盖了间接性、渗透性和全方位性等特征。组织育人是我国高校人才培养和学生思想素质、道德水平提升的重要路径，在全员育人、全过程育人、全方位育人体系中显得尤为重要③。

3. 关于高校组织育人价值和功能的相关研究

项久雨、王依依在《高校育人：价值、目标与路径》中提出了高校组织育人的三方面价值：从宏观层面来说，组织育人的价值体现在落实立德树人的根本任务上，高校的各级各类组织举办形式多样的育人活动推动我国高等教育的

① 吴学兵，陈燕玲. 新育人格局下高校组织育人论略 [J]. 教育评论，2018 (6)：72-75.
② 吴学兵，陈燕玲. 新育人格局下高校组织育人论略 [J]. 教育评论，2018 (6)：72-75.
③ 米华全. 高校组织育人的基本功能和实现路径 [J]. 社科纵横，2019 (3)：134-137.

内涵式发展；从中观层面来说，组织育人的价值体现为强化高校组织的政治属性，推进高校组织长远发展；从微观层面来说，组织育人的价值体现在提高大学生的主体地位，发挥其主观能动性从而进行自我建构①。严帅、任雅才在《新时代高校学生组织育人的功能内涵与实施路径》中指出，高校学生组织具有三方面的功能，分别是政治功能、教育功能及文化功能，高校学生组织不仅能够传播主流意识形态，交汇社会信息，形成组织力量，而且可以借助丰富的校园和社会文化元素针对学生群体开展集体主义教育和朋辈教育，坚定理想信念，充实文化体验，促进学生全方位的发展，增强育人成效②。张茂坤在《基于组织化、活动化、生活化、网络化的新时代高校融入式思政育人体系的实践路径》中指出，提出高校组织育人的价值在于结合大学生的专业发展、兴趣特长、创新创业需求等因素，引导和成立丰富多彩、形式多样的各类党团组织、社团组织，广泛开展各类有组织、有目的、有计划的活动，高校通过这些活动吸纳学生成为组织里的一员，而高校学生则通过在组织中体验各类活动获得存在感和获得感，从而增强组织中的学生在思想上、情感上和价值观上的认同感③。林华开在《新时代高校组织育人"共同体"：概念内涵、功能定位、实践逻辑》中指出，高校组织育人共同体就是高校各级组织以落实立德树人为根本任务，以培养社会主义事业的合格建设者和可靠接班人为目标，把思想观念、政治观点、道德规范潜移默化地渗透到组织生活所构成的有机体。高校组织育人共同体具有 4 个主要功能：引领共同的价值目标、规范约束意识行为、促进共同发展、形成协同育人合力④。

4. 关于高校组织育人现状及对策的相关研究

（1）基于高校基层党组织组织育人现状及对策的研究

盛春、汪力在《提升新时代高校基层党组织组织育人质量的路径研究》中

① 项久雨，王依依. 高校组织育人：价值、目标与路径 [J]. 思想教育研究，2019（5）：115 – 119.

② 严帅，任雅才. 新时代高校学生组织育人的功能内涵与实施路径 [J]. 学校党建与思想教育，2019（9）：32 – 35.

③ 张茂坤. 基于组织化、活动化、生活化、网络化的新时代高校融入式思政育人体系的实践路径 [J]. 江苏教育研究，2018（36）：55 – 57.

④ 林开华. 新时代高校组织育人"共同体"：概念内涵、功能定位、实践逻辑 [J]. 工程技术研究，2019（11）：202 – 204.

指出，目前高校高度重视将组织建设与教育引领有机紧密结合，高校各级党组织的育人工作全面铺开，育人机制逐步完善，育人保障日趋成熟，育人成果不断涌现，取得了初步成效。但是，就当前高校党组织特别是基层党组织在育人工作方面的开展现状而言，仍存在一些需要重视和改进完善的地方。文中针对高校基层党组织的育人质量展开了论述，发现党组织在开展育人工作中存在逐级弱化、层层递减的共性问题，从高校党委到二级学院党组织，再到教职工学生相关党支部，育人的重视程度和育人成效难以形成高度统一，相关的高校党务工作者们在育人的能力方面也需要进一步提升，高校基层党组织在促进青年发展上缺乏长效机制。文中指出，为全面落实立德树人根本任务，高校应该审视基层党组织在开展育人工作中的共性问题和个性问题，寻求有效方案解决相关问题，通过做好高校基层党组织组织育人顶层设计与系统规划探索提升组织育人质量的有效路径、健全以党组织建设推进育人协同联动的机制、打造政治过硬本领高强为目标的党组织育人工作队伍、贯彻落实"党管青年"原则着力育好青年等几个方面，提升新时代高校基层党组织组织育人质量[①]。尹晓娟、郭珍磊在《高校学生党支部育人功能实现的路径研究》中指出，作为高校基层的党组织，高校学生党支部是发挥组织作用的基础，也是组织育人作用成效发挥的重要构成部分。各大高校应围绕"立德树人"的根本任务，充分发挥学生党支部的积极作用。就当前而言，高校学生党支部在组织育人工作中存在育人政治功能弱化、育人能力不足、育人体系不够清晰等问题。对于目前存在的问题，文中提到 5 点举措：一是全面加强党的领导，高校党委应该营造好顶层设计，为学生党支部育人功能的协同推进提供保障；二是加强思想建设，把价值引领放在重要位置，将学生党支部的思想建设和教育引领有机结合起来，为育人功能的发挥奠定坚实的思想基础；三是加强平台建设，拓展阵地平台建设、网络平台建设、实践平台建设，充分发挥学生党支部育人职责；四是加强组织联系，加强党团组织无缝对接，积极引领学生会、社团等青年组织建设，充分发挥学生党支部在群团组织育人中的纽带功能；五是加强制度建设，围绕新形势高校党委积极发挥各级党组织的育人保障功能，充分保障学生党支部育人功

---

① 盛春，汪力. 提升新时代高校基层党组织组织育人质量的路径研究 [J]. 思想理论教育，2019 (12)：74-79.

能长效性①。张慧在《提升北京联合大学学生党组织育人作用方法探索》中，通过调研发现各类组织中，基层党组织在育人方面取得了一些成效，但是通过实际的问卷调查，发现学生党组织在开展育人工作中还是存在一些问题，主要集中在制度落实不够到位、活动形式略显单一、作用发挥不够明显等方面，导致学生党员、共青团员和学生群众在参加党组织的育人活动方面的积极性还不够，从而影响了教育效果。文中提到，通过加强落实组织生活制度、提升党务工作者相关能力水平、不断强化党员教育管理，坚持组织育人方式与服务育人相结合、与时代发展相适应、与学生成长成才的发展规律相结合，从而能够扩大高校组织育人的覆盖范围，提升育人整体成效，培养全面发展的中国特色社会主义合格建设者和可靠接班人②。

（2）基于高校共青团组织、工会组织、学生组织等组织育人现状及对策的研究

周国桥在《试析"大恩政"格局下的高校共青团改革》中认为，高校共青团进行思想政治教育的最有效方式就是组织育人，对青年大学开展好思想引领相关工作是组织育人的核心所在。作为高校共青团组织，一是要确立鲜明的组织育人观点，让青年学生融入共青团组织，兼顾组织覆盖度与活力提升度，严格落实"三会两制一课"，夯实基层团组织建设。二是要放大组织育人的优势，在贯彻落实从严治团的基础上，围绕思想、能力、制度、作风等4个方面打造学习型、服务型、创新性、创造型的共青团组织，强化共青团干部队伍的思想政治理论素养，充分发挥团组织的战斗堡垒作用。三是要坚持学生会在团委的核心指导下，发挥好自我教育、自我管理、自我服务和自我监督的职能，在"一心双环"的组织格局下发挥好其他社团协会等各类学生组织的积极作用。此外，高校共青团组织要坚持以马克思主义科学方法论为指导，不断深入优化组织职能，发挥主观能动性，创新优化工作方式方法，统筹建立育人联动机制，全面有效发挥共青团组织的育人功能③。辛立章、曾丽萍在《高校共青

① 尹晓娟，郭珍磊. 高校学生党支部育人功能实现的路径研究 [J]. 成都中医药大学学报（教育科学版），2019，21（2）：92－94.

② 张慧. 提升北京联合大学学生党组织育人作用方法探索 [J]. 智库时代，2019（34）：125，129.

③ 周国桥. 试析"大思政"格局下的高校共青团改革 [J]. 学校党建与思想教育，2019（12）：60－70，86.

团组织提升服务职能的路径探析》中指出，高校团组织建设主要包含队伍建设、制度建设和阵地建设等方面，只有始终坚持组织育人，才能为服务青年学生提供坚实保障。高校共青团应不断强化队伍建设、制度建设和阵地建设，持续保障组织育人的服务力度。在队伍建设方面，应该遵循"严进优出"的原则，充分重视团干部的选拔、聘用和培养工作。通过有计划开展团干部培训、主题沙龙、集体研讨、小组交流、素质拓展、实践考察等方式加强对团干部的锻炼培训。通过延伸团组织的有力臂膀，不断加强对学生会、社团组织等学生组织的指导，提升学生组织的存在感和影响力，充分形成组织育人合力。在制度建设方面，应该适时创新改进制度，在建立科学、系统、可操作性强的相关制度基础上，及时跟进制度监督和制度评价，优化创新适合当下发展的制度。在阵地建设方面，既要加强团报、团刊、青年活动场所等线下阵地建设，同时要加强线上团属新媒体阵地建设，通过青年学子热于接受的方式提升团组织的吸引力和影响力①。邱维蛟在《高校群团组织合力育人机制研究——充分发挥高校工会组织育人功能及其实现路径》中提出，高校工会组织是高校党委开展群众工作的重要组成部分。高校工会组织有着丰富的功能和职能，育人效果良好，在培养优秀学子、优化教育教学方式、丰富校园文化生活体系起到重要促进作用。高校工会组织应当不断推进会员引导机制，号召工会会员积极投身学生活动中，助力师德师风建设，主动关爱学生、心系学生；应当推进学生参与机制，引导广大学生参与到高校工会活动当中，进一步强化校园民主政治建设，深化师生互助、互信；应当推进困难帮扶机制，用来解决家庭经济困难学生、学业就业困难学生、心理危机困难学生的实际难题，进一步巩固和提升和谐的师生关系；应当推进权益保障机制，自觉承担指导学生群体维权、提供理论技术、社会资源支持的职责，不断健全完善维权工作机制和运行机制，为高校育人提供优良环境②。王逊、龙雨馨、黄怡宁在《高校公益支教组织的育人路径探索》中认为，作为高校思政教育的重要物质载体，大学生公益支教组织以公益思想为着力点，实现了立德树人理念在高校的落地。文中采用深入访

① 辛立章，曾丽萍. 高校共青团组织提升服务职能的路径探析 [J]. 中国青年政治学院学报，2014，33（1）：32–35.

② 邱维蛟. 高校群团组织合力育人机制研究——充分发挥高校工会组织育人功能及其实现路径 [J]. 知识经济，2019（19）：160–161，164.

谈、取样调查、分析论证、网络民族志等多种研究方法，对公益支教组织结构、支教流程及支教教师工作者等多要素进行分析，总结归纳出了在立德树人根本任务下高校公益支教组织的三条有效育人路径，并提出应该从观念育人、实践育人和文化育人这三方面入手充分发挥公益组织的育人功能①。

（3）基于高校组织育人体系协同育人现状及对策的研究

朱平在《高校"三全育人"体系协同与长效机制的建构——以全员育人为中心的考察》指出，高校组织育人的组织主要包括党团、社团和班级组织。其中，校院两级党组织是组织育人的领导者、决策者和协调者，发挥着核心作用。社团是学生自主自愿的组织形式，是大学生开展自我教育的重要载体。共青团组织是党的助手，校院两级团委开展的组织活动既是组织育人，也是学生的自我教育，具有组织性和自主自愿性的双重特征。在组织育人过程中，只有将组织性和自主自愿性相统一，才能使组织育人取得良好成效。目前，高校党组织在育人方式方面还存在较为简单的现象，主要体现为自上而下发力的单向性。高校党组织应当发挥学生党员的示范引领作用，让他们在学生组织里争当表率，将政治方向性和价值导向性体现在对共青团和学生社团组织的管理和学生党员的带头作用上。通过学生党员和优秀团员的"领头羊"作用，把党组织的思想引领性和学生的自主自愿性结合起来②。邓军在《高校思想政治工作要发挥组织育人协同效应》中提出，要从科学育人理念、明确组织育人职责和构建长效机制方面发挥各类型组织的协同育人作用。学校党委在组织育人中处于核心地位，必须通过切实顺畅的领导机制，把育人方向、育人大局紧紧抓在手上。学校党委工作部门按照党委确定的育人目标任务和部署，各有侧重，分工协作，使各种资源、各类组织围绕育人目标同向发力。组织部、宣传部、统战部等部门，分工分类指导各类组织，整合全校组织资源，保证新时代党的教育方针和育人目标得到全面贯彻执行。学生工作部、教师工作部以思想政治工作为主要抓手，将育人主体与组织资源相对接，推动顶层设计和基层实践良性互动。学校团学组织通过第二课堂与第一课堂育人环节有效衔接，将第一课堂的

---

① 王逊，龙雨馨，黄怡宁. 高校公益支教组织的育人路径探索 [J]. 学校党建与思想教育，2019（2）：38－40.

② 朱平. 高校"三全育人"体系协同与长效机制的建构——以全员育人为中心的考察 [J]. 思想理论教育，2019（2）：96－101.

知识体系和育人导向深入社会实践、生产劳动、公益活动和创新创业之中，实现育人导向和目标的习成养成。学生会一方面在党委领导下、团委指导下，提高政治领悟能力和政治把握能力；一方面依托学生会组织的最大覆盖面，最广泛最深入地激发青年学生成长成才的主体意识，营造团结、紧张、严肃、活泼的育人环境。高校学生社团生活的拓展性、体验性、趣味性、自主性，可将社团生活的吸引力和凝聚力转化为育人潜力，将思想政治教育阵地延伸到社团生活及网络空间①。陈荣武在《高校组织育人协同体系建构及其功能实现》中指出，观照高校组织育人的实践轨迹和现实情况，组织育人存在一定的各自为政、组织育人功能和实施行动"碎片化"、组织之间协同力和联系力不强，以及组织育人的政治功能、思想引领功能、管理约束功能、服务功能等出现失衡现象，组织系统协同效应存在一定的缺席、缺位和缺失现象，导致高校想政治工作组织育人整体功能没有得到有效发挥。在新时代全面推进"大思政"格局的战略形势下，强化思想政治工作的"组织存在""组织化实施"，防止出现"组织涣散"，通过构建组织育人协同体系并发挥其协同效应，以政治功能为核心提升高校思想政治工作的整体功能，亟待引起高度重视并加以研究解决。文中提到，要通过切实加强党对高校组织育人协同体系的全面领导、压紧压实高校组织育人协同体系运行责任制、有效提升组织育人协同体系的组织力、建立健全高校组织育人协同体系的述评机制、加强高校组织育人协同体系综合能力建设、深化拓展高校组织育人协同体系的阵地和平台等6个方面，优化组织内外部关系和秩序，优化组织结构和系统，优化功能实现，从而加强新时代高校组织育人协同体系的架构②。

（4）基于数据调研的高校组织育人现状及对策研究

曹锡康在《高校组织育人：现状考察与机制构建》中，为了解高校组织育人的现状与问题，对上海交通大学、东华大学、上海大学、上海中医药大学、上海师范大学、上海电机学院等6所高校进行问卷调查，访谈高校内部相关组织负责人20余人次。调查问卷的设计采用五点量表，以此作为调研结果进行数据分析，通过问卷调查、专家访谈，综合分析高校思想政治工作专项督查反

---

① 邓军. 高校思想政治工作要发挥组织育人协同效应 [J]. 中国党政干部论坛，2019（12）：43 – 45.

② 陈荣武. 高校组织育人协同体系建构及其功能实现 [J]. 思想理论教育，2018（3）：95 – 99.

馈意见，表明高校在组织育人方面既取得了实实在在的成效，也存在着不容忽视的"短板"。综合起来，其主要体现在以下三个方面：一是党组织育人整体作用发挥较好，但存在作用"层层递减"现象，一些基层党组织弱化、虚化、边缘化的问题需要进一步解决；二是各类组织在育人中不同程度地发挥作用，但提质增效空间不大；三是各高校在组织育人方面勇于创新实践，但广度深度尚显不足。文中从4个方面提出构建高校组织育人长效机制：一是构建以高校党组织建设带动其他基层组织建设机制，以提升组织力为重点，加强高校党的基层组织建设；以党的政治建设为统领，带动各类基层组织建设。二是构建强化以思想价值引领为重点的组织功能发挥机制，其中以强化思想价值引领为重点，以实现其他育人功能为支撑。三是构建强化育人责任担当的组织带头人队伍建设机制，加强高校基层党组织带头人和其他基层组织带头人队伍建设；构建全程全方位育人的组织资源整合与配置机制，要让高校党组织在育人资源整合中起主导作用，切实优化高校其他基层组织育人资源配置①。王帅在《高校党组织育人现实考察与提升路径探析》中，针对高校党组织育人的现实状况展开实证调研，立足河南省省属本科院校为调研样本来源高校，按照综合类、师范类、农林类、医科类、政法类、理工类、财经类进行随机抽样，确定21所本科高校为样本调研高校，通过开展调研问卷、座谈谈话、随机抽访、实地走访、网络访问的方式对21所本科高校的党组织育人工作进行现实考察，围绕高校党组织育人体系作用的发挥、组织制度执行情况、理论教育方式方法、育人传播途径、党务工作者理论与媒介素养进行实证调研，坚持问题导向。经过筛选和分析获得有效问卷3227份，通过调研问卷分析发现，高校党组织存在育人作用发挥不充分、组织生活制度执行不到位、育人方式简单和党务工作者育人能力相对不足的现状。文中提出，一是要充分发挥高校党组织核心主体作用，使党组织的职能与发挥的作用相衔接；二是要坚持和完善党组织生活制度，使活动效果与制度安排相一致；三是要育人方式与时代发展相适应；四是要加强党务工作队伍素质和能力，使能力与职位要求相吻合；五是要加强党员培养教育与管理，使其发挥相应的育人作用。通过以上5个方面，进一步提高高校党组织育人的有效性、实效性和针对性，提升党组织育人的吸引力、组织

---

① 曹锡康. 高校组织育人：现状考察与机制构建［J］. 思想理论教育，2018（11）：91 - 95.

力和引领力，促使党组织育人活动强化、实化、主体化，加强与改进高校党组织育人的效果①。

5. 高校组织育人其他研究

李媛媛、穆成银在《新时代高校宣传思想、工作的"十大"育人路径研究》中认为，要打造一批优秀的学生党支部和学生组织，挖掘优秀教师和学生，让其带头组织大家学习党的路线方针政策和创新理论，使党的先进思想和理论在组织育人过程中深入学生内心②。周敏在《网络热点事件融入新时代高校组织育人工作研究》中指出，要将互联网中的热点事件融入高校组织育人工作，提升学生在互联网当中明辨是非的能力，提升大学生思考问题的理性程度和社会责任感，使大学生树立科学合理的价值观，促进高校组织育人工作教育内容的开放，使其成为高校组织育人工作研究新的切入点③。

二、 国外研究现状

"思想政治教育"这一词汇可以说是中国特有的，是具有中国特色的，也是中国教育的优势所在。在大学生思想政治教育理论和思想政治教育方法的研究中，国内研究学者们围绕"思想政治教育"已经进行了比较深入的研究，形成了较为系统、成熟的研究体系，研究成果也相当丰富。相较而言，在西方国家等其他国家，高校没有开设思想政治教育相关课程，没有"思想政治教育"这一具体化的表述，也就更没有"三全育人"和"组织育人"这样的提法。一些西方国家主要通过公民教育、爱国主义教育、集体主义教育、宗教教育来宣传本国的主流价值导向，从而对学生进行思想价值引领。比较来看，西方的教育方式和手段更加隐蔽④。通过相关文献查阅，国外对高校各类组织开展育人工作的研究主要集中在机制探索和学生事务管理机构建设方面。

---

① 王帅. 高校党组织育人现实考察与：现状考察与机制构建 [J]. 思想理论教育, 2018 (11): 91 – 95.

② 李媛媛, 穆成银. 新时代高校宣传思想工作的"十大"育人路径研究 [J]. 管理观察, 2019 (28): 91 – 92.

③ 周敏. 网络热点事件融入新时代高校组织育人工作研究 [J]. 内蒙古师范大学学报 (教育科学版), 2019, 32 (1): 30 – 34.

④ 吴仪. 高校组织育人的功能及实现路径研究 [D]. 景德镇：景德镇陶瓷大学, 2020: 3.

1. 关于高校育人的理论和机制研究

对大学生进行思想教育的侧重点，我国和世界上其他一些发达国家相比有所不同。西方国家注重使学生潜移默化地接受教育者的思想，主要是通过国民教育、宗教教育来传递其价值观。美国的"思想政治教育"是通过对学生进行公民教育、道德教育、宗教教育、法制教育多渠道常态化、多平台进行的，一般通过普遍开设"社会研究"的综合性课程来实施其公民教育。美国"思想政治教育"的中心是"爱美国"。美国非常重视隐性教育的作用，他们把"思想政治教育"内容贯穿于各个看似无关的学科和活动中，学生在潜移默化中接受教育。美国通过开展丰富的课外实践活动等"隐蔽课程"向学生进行公民教育，如利用大型节日庆典、升旗仪式、发射航天飞机、举办运动会等重大活动，宣扬"美国精神"。美国充分将实践活动和大众传媒作为思想政治教育主要传播手段，并将这种"思想政治教育"称为"服务学习"。所谓"服务学习"就是让学生不断参加有组织的与课堂学校相关且满足社区需求的服务活动，并且通过日志、课堂讨论等经验活动，把服务经验与课程内容及公民责任等方面的个人成长联系起来①。

同时，美国非常注重对学生的品格教育，也注重对学生的逻辑判断能力、独立探索能力等综合素质的培养。针对美国当前教育学生的模式，作为品格教育的著名倡导者，美国纽约州立大学的托马斯·利克纳教授基于多年的研究认为，要把促进核心的道德价值观作为良好品格的基础，学校的所有人都负有品格教育的责任②。品格教育背后一系列的道德标准都是不可缺少的，它们可以为两个具体有普遍意义的概念所覆盖，这两个概念就是"尊重"和"责任心"。这两点是学校品格教育的核心，抓牢了核心，一系列问题都有可能迎刃而解。当然高校在道德教育方面有许多工作必不可少，校方应制订出一套道德教育的计划，详细阐明道德教育的重要性和方法，调动全体教职员工生的力量及使用公共资金去实现计划。学校应向所有职工，包括秘书、餐厅工人、保安等介绍道德教育的目标和实现这一目标的战略，从而把他们都调动起来，配合学校做好道德教育工作。学校应建立一个全校性的道德协会，具体负责指导广

---

① 陈燕玲. 新时代高校组织育人研究 [D]. 漳州：闽南师范大学，2019：5.
② 冯美华，冯寿怡. 道德教育刻不容缓，核心是尊重与责任心——美国心理学家利克纳呼吁迎接时代的挑战 [J]. 外国中小学教育，1990（6）：15 – 16.

大学生形成道德观念并规范自己的行动，还应通过全校性的会议或活动使学校的整体性得到加强。至于非学习环境，诸如自助餐厅、走廊、舞池等，会反映出学生在课堂上所受道德教育的效果，道德协会都应加以关注。学校应引导学生在学生会、运动员协会和班际联谊活动中为学校或团体服务，充当具有建设性和责任心的角色；学校还应鼓励家长成为自己孩子的基本道德教师，努力配合学校道德教育工作的开展。此外，为营造一个完美的、全面的品格环境，利克纳教授向教师提出 8 个方面的要求：（1）成为孩子们的良师益友，教师自己应成为讲道德的典范，还要在学生中培养和树立相互关心、相互尊重的榜样，指导学生向他们看齐；（2）使班级成为一个亲密友爱的集体，在这个集体中，孩子们相互了解、相互关心，每个孩子都感到自己是这个集体的一分子；（3）坚持培养学生对学习的高度责任心，鼓励学生努力发展自己的才能，今后对人类社会有所贡献；（4）掌握好纪律，以理服人，让学生学会用纪律自我约束，以至自觉遵守规章制度；（5）给学生提供诸如开好班会等机会，让学生都参与有关班级事务的决策并分担责任；（6）通过开展学习互助和班级活动，使学生学会与别人合作，也要使学生在解决争端的实践中学会合作；（7）通过组织对热门话题和班级中发生的问题的探讨和辩论，培养学生用道德观思考问题的能力；（8）从现实生活中或历史上选取具有吸引力的人物，引导学生正确地赞美和分析这些人物。

在对德国高校学生"思想政治教育"的研究方面，德国学者雅斯贝尔斯认为，"启蒙"是高校"育人"最主要的任务，育人即指向人对人的主体间灵肉交流活动①。高校育人包括知识内容的传授、生命内涵的领悟、意志行为的规范，是学生自由的生成，并启迪其自由的天性，并通过现存世界的全部文化导向学生的灵魂觉醒之本源和根基，而不是导向由原初派生出来的东西和平庸的知识。教育是人与人精神相契合、文化得以传递的活动。只有人的回归才是教育改革真正条件。教育的目的不是培养某一方面或只具备某种技能、能力、意识的人，而是培养"有教养的人"，是能将观念的形态、活动、价值、说话方式和能力等构成整体，是一种为了人的生成而不断打破、超越、秉承的过程。

此外，协同育人理念在德育教育中也十分明显，主要表现在构建德育教育

① 张文. 新时代文化自信视域下的高校育人机制研究［D］. 兰州：兰州理工大学，2019.

的主客体之间相互配合、教育介体的综合运用及教育环境的有效整合机制。如：Vuola O 和 HameriAP 在 *Mutually benefiting joint innovation process between industry and big - science* 中指出，高校与企业之间要构建相互协作的运行机制：一方面能够加速高校的学术产出，提升育人的效果；另一方面，也能够使得相关企业的绩效得以提高，实现高校与企业之间的双赢[①]。Muhammad Fiaz 在 *An empirical study of university - industry R&D collaboration in China：Implications for technology in society* 中指出，高校协同合作育人机制的构建要做到信息共享，只有构建起校企之间协同合作育人机制才会有助于高校科研能力的不断提升[②]。景发在《美国高校学生工作及启示——加州大学圣地亚哥分校研修报告》中，将美国高校的育人工作理念概括为关注每位学生，挖掘每位学生的潜力，对学生进行"全人"教育（指促进学生在德、智、体、美、群、情、事 7 个领域综合素质的发展）[③]。

2. 关于高校学生事务管理方面的研究

英国非常注重对学生道德行为的管理与培养，采取一种渗透式教育的路线。英国很多大学对学生日常的衣食住行都制定了严格的规定，学校老师对学生的管理也非常严。同时，英国高等教育成本分担机制的推行也给不少高校学生和家长带来了经济上的困扰，为保障入学公平，英国建立了比较完备的高校家庭经济困难学生援助服务体系，为英国高校学生事务进行"一站式"的"打包服务"。王晖、刘晓在《服务与育人：我国高校学生事务"一站式"服务中心的探索与思考——基于英国高校学生事务"一站式"服务的启示》中认为，"一站式"服务中心促进了英国高校学生事务服务的发展，将以学生为本的育人理念贯穿教育过程，侧重培养学生独立自主的能力，具有学生事务管理服务专业化、高效化、便捷化的优势特征[④]。吕宗瑛在《英国高效服务育人体系概

① Olli Vuola, Ari - Pekka Hameri. Mutually benefiting joint innovation process between industry and big-science [J]. Technovation, 2005, 26 (1).

② Muhammad Fiaz. An empirical study of university - industry R&D collaboration in China：Implications for technology in society [J]. Technology in Society, 2013, 35 (3).

③ 景发. 美国高校学生工作及启示——加州大学圣地亚哥分校研修报告 [J]. 高校辅导员学刊, 2011, 3 (2)：89 - 92.

④ 王晖, 刘晓. 服务与育人：我国高校学生事务"一站式"服务中心的探索与思考——基于英国高校学生事务"一站式"服务的启示 [J]. 南京航空航天大学学报（社会科学版）, 2016 (18)：100.

论》中认为，为迎合学生成长成材的直接需求，英国学生事务管理工作围绕学生的学习、心理、性格、能力、求职等多个方面的提升提供服务，以学生为中心，尊重学生的独立性和自我意识是英国高校学生事务管理的基本理念和指导思想，这能使学生更为便捷地获得服务。英国高校非常重视学生的活动及其体验，使学生在活动和体验中感受和形成社会主流价值观，这正是我们通常所说的隐性教育，或称为柔性教育。英国社会自由平等、民主法治、开放包容、文化多元等主流价值观即从高校学生事务服务部门的制度设计、组织架构、机构职能、运行机制等中得以体现，同时也通过具有主体性、社会性、实践性、全面性的体验式教育，潜移默化地影响和传递给学生[1]。但汪霄楠在《英国高校学生事务管理给我国高校学生工作带来的启示》中指出，英国高校学生事务管理存在缺乏精神引领、专业过度细化、整体统筹性不足、与学生情感沟通不足等问题，英国高校也切实存有高校"自治"过度、学生缺少精神引领的问题，容易使学生迷失理想，陷于颓废堕落虚无[2]。

此外，其他部分教育理念先进的国家在高校学生管理方面也存有不同的执行构想。如新加坡十分重视对学生的实践教育，保证视角教育的务实性，学校教师带领学生参观社会发展成就展览、禁毒宣传展览等，加深学生对社会生活的了解。日本则非常重视对学生的家庭教育，通过建立"家长教师协会"等组织来加强家校沟通，引导家长和老师共同对学生进行教育。

第三节　组织育人的实践现状

新时代高校组织育人方式多元化，内容充分化，将发挥学生主体意识放在首位。在人才培养的各个环节得以体现的教育理念，是推动第一课堂与第二课堂、理论与实践育人高度协调的一种育人形式，在高校思想政治工作中具有独特的教育功能。应在分析新时代高校组织育人的含义、特征、价值、功能后审视内在机理，进一步探索其实践路径。因而，总结新时期高校组织教育的实践具有十分重要的意义。根据国内学者的相关研究可以看出，高校组织育人功能

---

① 吕宗瑛. 英国高校服务育人体系概论［J］. 学校党建与思想教育，2017（3）：93 - 96.

② 汪霄楠. 英国高校学生事务管理给我国高校学生工作带来的启示［J］. 黑河学刊，2020（2）：21 - 22.

总体发挥较好，组织育人总体上取得了较好的实践成效。但是从相关研究和现实反馈来看，高校组织育人也存在一定的共性问题，要正确理解高校组织教育在实施中暴露出的问题，挖掘探析原因①。

一、 高校组织育人实践过程中存在的共性问题

1. 组织协同性不足，存在"各自为政"现象

组织育人涉及教学环节、科学研究、管理、服务、思想政治教育和共青团工作等，需要长期宏观的"站位思考"和短期微观的"精准思考"有机结合，在高校人才培养中是一个系统工程。但在当前的工作格局中，教育主体"单干"现象明显。首先，现有大部分高校育人工作主要由学生工作部门牵头负责，组织育人相关工作主要由学校组织部门和基层党组织具体落实，但是高校相关组织对组织育人工作主观能动性不足，导致互相孤立脱节；其次，高校组织育人工作不能同心协作，没有形成组织育人联动机制，没有明确组织育人工作职责，同时高校自身存在管理水平差异等问题，第一课堂与第二课堂及校园文化建设三者之间不能有效连接，甚至相互牵制。高校教师重教书轻育人，重智育轻德育，以教学科研部门为主体的教书科研体系和以党团组织为主体的育人工作体系在实现"立德树人"目标时不够默契，甚至出现争权夺利、推诿责任的现象，导致"各自为政，单打独斗"的结果。这不单单给实际工作效率拖后腿，而且使高校组织育人成效明显低于预期水平。例如，部分高校的科研部门和党团组织经常只做自己范围内的事情，完成要求的目标任务，学生这个育人主体有时候被忽略，追求某一方面成绩导致真正的育人无法进行；另外，学校各种考核制度增强了这种趋势，最终导致学生实际需求被忽略。高校党委组织和行政部门如果在组织育人工作中的位置和作用没有被明确，会使"合力育人"的目标不能真正实现，这样的组织育人工作缺乏灵魂和高度，最终将失去其应有的价值和意义，达不到预期成效。2017年印发的《关于深化教育体制机制改革的意见》强调，要"落实开放、共享发展理念，遵循教育规律，注重构建内外联动、协同推进、合力育人的体制机制，避免关门办学、单打独斗、落不下去等现象。在立德树人上，着眼于'系统化'，从'大中小幼一体化'到

---

① 陈燕玲. 新时代高校组织育人研究 [D]. 漳州：闽南师范大学，2019.

'学校教育、家庭教育、社会教育有机结合',再到'党政机关、社会团体、事业单位及街道、社区、镇村、家庭共同育人',做到全程、全员、全方位覆盖"。新时期,考虑大学生个人特性逐渐突出、选择面广泛的特点,高校组织育人工作要坚定不移沿着主导性与多样性结合的方向发展,更要每个组织之间协调合作。

2. 育人自发性不够,存在"互相推诿"现象

高校组织育人不仅要在课堂授课中体现,还要渗透到学生日常社会生活中,让组织育人成为常态化工作,提升高校组织育人工作成效。目前,高校组织育人工作中存在思想工作和专业学习相脱离现象,仅仅靠思想政治教育部门和思想政治教育工作者工作,育人工作只能浮于表面,导致"理想化、知识化、工具化"的倾向。育人工作借助组织生活完成时很难落实具体实践行为,从而出现空洞的理想主义。高校组织育人工作如果偏于思想会导致知识化,会出现本本主义、教条主义的问题。学生是知识的承载体,将育人工作与生活完全割裂,会忽视学生所处环境、感情和价值观的正确判断。在一些高校党政体系中,要进一步强调校党委的核心地位,进一步落实领导责任,不同程度的党政分家会导致党委抓思想政治,行政抓教学科研,党委抓"立德",行政抓"树人",使得思想政治与教学科研互相割裂。在部分高校中,很多教职工片面认为学生的思想政治道德问题只需让辅导员处理即可。举一个最常见的例子:一些任课老师会在课后给辅导员反映课堂纪律问题,比如有同学上课迟到、在教室吃早餐、上课玩手机或者睡觉。对这些老师来说,学工办及辅导员应该处理学生思想问题,对其批评教育。但是学生错误习惯的提出与更正、习惯的养成,需要立即就事论事对其进行教育,强调以当时当事教育之。任何教育工作者都应该强化自身的育人意识,而不是存在"应该由学工处或者辅导员来教育"的认识逻辑。高校组织育人全面开展的过程中,不应该把育人工作片面等同于行政工作,不要认为育人是某个部门某个群体需要完成的工作,更不能因为责任未明确就不作为。在共建共治、齐抓共管的合力组织育人环境下,每个教育工作者都是高校组织育人里的一分子,应该主动自觉担负起育人的职责,实现资源共享、步调合拍。

3. 育人系统性不够,存在"形式主义"现象

马克思说:"如果形式不是内容的形式,那么它就没有任何价值了。"习近

平总书记在《在党的群众路线教育实践活动工作会议上讲话》中提到："反对形式主义，要着重解决工作不实的问题，教育引导党员、干部改进学风文风会风，改进工作作风，在大是大非面前敢于担当、敢于坚持原则，真正把心思用在干事业上，把功夫下到察实情、出实招、办实事、求实效上。"高校组织育人工作改革开放 40 多年来积累了不少宝贵经验，产生了积极影响。但高等教育"现代化、产业化、市场化、大众化"的趋势没有改变，仍采用传统思维，墨守成规，没有因时因地制宜，这是脱离教育发展规律的育人。学生是高校教师的"成果转化"，是高校的"输出代表"，"优秀与否"直接关联到社会主义接班人的培养。从目前研究来看，部分高校组织育人缺少顶层设计，在组织育人作用、培养方案和组织引导等方面没有进行系统设计。高校组织育人工作在高校中的地位及作用，不是看上级文件精神学习是否端正，制定文件数目是否海量，汇编总结材料是否辞藻优美，而是看有没有将有限资源投入到思想政治工作中。在落实"全程育人""全方位育人"的任务中，任何文件的颁布、措施的出台都牵扯到方方面面，涉及高校现有资源的再分配。从高校现有具体活动内容来看，仍有许多活动没有紧密联系立德树人根本任务。虽然有些高校活动办得热闹非凡，但学生无精力有效参加各种活动，仍存在表面化等问题。一些高校的校院文化活动娱乐性强、启迪思考性差，忽视了组织生活对学生成长的内涵启发，思想引领活动、科技创新活动、人文学术活动不能真正融入学生生活。此外，部分高校思想引领类的组织育人活动也流于形式，简单的说教或是宣讲已经吸引不了学生群体，更难让学生感同身受，因而没能落实以人为本的观念，更没能为学生成长成才助力，不能做到德育启迪与组织与人结合。高校组织育人工作需要思想政治高度和细致的行动相互配合，以实现有力的效果。高校组织育人工作不是形式上的照本宣科、空洞说教，必须把真正含义放在心上。

二、 高校组织育人实践过程中存在问题的成因分析

新时期高校组织育人工作由于其扩展意识淡薄、组织结构阻滞、内部运行失衡等原因，使得一些共性问题暴露出来。为了有效提升高校组织育人教育成效，增强高校组织育人的内生动力，需要对高校组织育人存在的问题进行切实有针对性的分析。

1. 高校组织育人的拓展意识淡薄

新时期，思想政治教育主客体都产生了一些新变化。长久以来，组织育人工作处于边缘化状态，组织育人意识薄弱，是因为高校对组织育人作用缺乏真实认知，对其在育人中的思想价值引领及结构机制合力认识不到位，没有充分利用组织育人的功能，对组织育人工作规律缺乏探索，没有有力支持与指导组织育人作用。这些要素在育人过程中不够协调，使得彼此孤立无援，教书育人相分离。

高校组织育人本身具有天然的教育作用。应对学生思想政治和主流价值借助组织活动加以引领，考虑时代发展特征及中国发展大势，使其进一步明确自己要承担的历史责任与使命。高校组织育人内容范围较广，包括学生日常事务管理、教育教学、思想觉悟的提升等方面。其中，学生工作处于根本地位，教学工作处于基础地位，科研工作处于砥柱地位，后勤工作处于保障地位。可以看到，学生工作内容覆盖了从思想到心理、从日常生活到职业规划、从党团建设到学生组织等方面，涉及的工作者通过不同途径参加到学生工作的实施中；高校教学工作以教师团队、学术团队为主，进行传播知识、学术研究和人才培养，注重通识教育、素质教育、德育教育、继续教育和科研创新等；工会作为群众组织的重要组成部分，是学生工作、科研工作、教学工作和其他工作得以开展的有力后盾。

新时代的高校组织育人工作作为一项复杂的系统工程，仅仅依靠基层党组织、共青团组织或其他某个部门的独立工作模式一般都会导致配合出纰漏、成效不好。新时期需要构建"大党建""大思政"的工作格局，将高校党建贯穿其中，打造党委管总、党务主建、团学协同、多部门联动的新时代高校组织育人格局，真正实现立德树人根本目标，实现高等教育内涵式发展。

2. 高校组织育人的结构机制阻滞

高校组织育人要充分发挥党组织工作系统与行政管理系统的作用，调动共青团组织、学生组织、工会等群众组织的能动性，做到分工负责、齐抓共管，形成一个有机整合的思想政治教育工作体系。纵向上依据校院两级进行政治思想和主流价值引领的贯彻落实，横向上依据相关组织职能不同划分责任与权力，最后形成校、院两"显性"制度与组织架构。从当前高校运行状况看，高校组织育人运行机制还不合理，组织育人关系构造缺乏系统化设计，导致缺乏主次性、层次性、联动性、共生性、牵制性、互补性等中间纽带，使得育人组织暴露出机构松塌、协同力缺失、交流性不强等问题，使得各个部门彼此推卸责任，显示出组织育人主体责任划分不清晰、功能定位不周全、职责体系顶层设计不足等深度问题。特别是党政群团组织作为管理服务部门要明确自己的定位，合理规划与教学的关系，真正改掉多头管理、政出多门、单打独斗、相互推诿、各自为政的传统育人方式，逐渐提升组织管理的准确、高效性。

3. 高校组织育人内部运行失衡

大学生、高校教师、管理者分别作为高效工作的目标、核心及组织主体，彼此相互联系。这三者作为高校工作的主体，应该要形成合作共赢的关系来更好地完成教育工作。正如"系统是由相互依赖者的若干组成部门结合成的具有特定功能的有机整体，所以，整体性是系统的一个最基本的特性"。

目前，高校普遍存在无法真正落实"三全育人"要求的现象，因为高校各组织缺少整体架构，更甚者出现争权夺利、推诿责任的情况。具体而言，如果仅仅由教师完成组织育人工作，则容易削弱党团组织等行政部门职能与功效，更容易使思想政治教育工作者不作为；但如果育人工作仅借助党团组织完成，又会仅停滞在学生事务性工作服务的表面上，使得组织育人工作没有真正发挥其内涵。另外，目前教学管理不充分融合的现象仍广泛存在，"三全育人"理念没有被广泛认同，重智育轻德育的问题依然没有改变。

在高校组织育人工作中，各组织要不留余力整合育人资源，充分利用自身优势，发挥育人合力的基础性作用。各组织要牢记立德树人根本目标，通力协作。首先，党团组织要借助组织生活会、党课、团课、青马工程培训，利用重要节日节点，将主流价值与政治思想贯穿于组织生活中，让学生在潜移默化中接受党的教育；其次，学生组织要发挥好教师与学生之间的桥梁作用，以"自我服务、自我监督、自我管理"为核心目标，助力培养自尊自信自立自强、全面发展的新时代青年；最后，科研教学部门要通过课堂教学这个"主渠道"发挥好教书育人的优势，注意辨别学术观点与政治思想的问题，力求将"课程思政"融入实际教学中。

第三章　高校组织育人的机制构建

组织育人作为高校思想政治工作"十大"育人体系的育人模式之一，具有组织优势和阵地优势，进一步创新和健全高校组织育人机制，对于促进高校"三全育人"工作具有重要的现实意义。2017 年，中共中央、国务院印发的《关于加强和改进新形势下高校思想政治工作的意见》指出，加强和改进高校思想政治工作，是一项重大的政治任务和战略工程。高校要在坚持遵循教育规律、思想政治规律、学生成长规律的前提下，把握大学生思想特点和发展需求，坚持时代感和实效性。着眼于大学生思想政治教育的具体内容，如思政课教育教学、思想政治工作、校园文化建设、心理健康教育、素质教育和社会主义核心价值教育等方面，不难发现所有这些的出发点、落脚点和连接点就是"立德树人"。这就要求我们在新的历史条件下，面对新形势、新情况，从大学生思想实际出发，坚持"立德树人"的根本任务，坚持理论联系实际，把握规律性，着眼实效性，科学、系统地构建高校组织育人机制，为高校组织育人提供坚实保障。

第一节　高校组织育人机制构建的根本目标、原则和重大意义

党的十八大以来，习近平总书记高度重视教育工作，先后在全国宣传思想工作会议、全国党校工作会议、网络安全和信息化工作座谈会、全国高校思想政治工作会议、全国教育大会等会议上发表了一系列重要讲话，并实地走访许多学校，同青年学生座谈，关注青年的思想动态，关心他们的成才成长，处处体现总书记对青年一代的殷殷关怀和对教育工作的高度关切。习近平关于教育工作的讲话、论述，形成了珍贵的精神财富，对加强和改进大学生思想政治教育具有重要的指导意义，为新时期加强和改进大学生思想政治教育、促进大学

生的全面发展提供了新的理论指导。这就要求高校组织育人要全面贯彻党的教育方针，积极构建高校组织育人人本化创新发展的动力机制，为与时俱进地加强、改进和创新大学生思想政治教育提供机制保障。

一、 坚持以培养目标是德智体美劳全面发展的社会主义建设者和接班人为根本目标

大学生思想政治教育追求的目标很多，但最根本的是要将大学生培养成为德智体美劳全面发展的社会主义建设者和接班人。党的十九大上，习近平总书记从全面建设中国特色社会主义现代化强国的高度，提出"青年兴则国家兴，青年强则国家强。青年一代有理想、有本领、有担当，国家就有前途，民族就有希望"；从实现中国共产党历史使命的高度，提出"中国梦是历史的、现实的，也是未来的；是我们这一代的，更是青年一代的。中华民族伟大复兴的中国梦终将在一代代青年的接力奋斗中变为现实"；从青年大学生成长成才的高度，提出"广大青年要坚定理想信念，志存高远，脚踏实地，勇做时代的弄潮儿，在实现中国梦的生动实践中放飞青春梦想，在为人民利益的不懈奋斗中书写人生华章"。

人的全面发展的核心应是人的本质的全面发展。马克思对人的本质做了科学的概括，马克思在《关于费尔巴哈的提纲》一文中指出："人的本质不是单个人所固有的抽象物，在其现实性上，它是一切社会关系的总和。"根据马克思主义关于人的本质的有关论述，人的本质的全面发展主要有三个方面的含义：一是人的社会属性的全面发展。人的属性包括自然属性和社会属性，人不仅是生物学意义上的人，而且是社会学意义上的人，人的本质属性更多地表现为社会属性。二是人的社会关系的丰富和发展。人的社会关系是指人与自然、社会、他人的关系，人的丰富性、全面性取决于社会关系的丰富性、全面性，"社会关系实际上决定着一个人能够发展到什么程度"。三是人的社会实践活动的全面发展。社会实践是人类所特有的存在和发展方式，人的社会实践活动的全面发展是人的全面发展的本质规定和重要源泉。因此，人既要拥有生存与发展的物质条件，又要具备丰富的社会关系，还要有丰富多彩的精神生活。

在市场经济条件下，物质利益与人们的现实生活紧密相关，直接、显性。随着互联网的发展，特别是自媒体的风靡，物化量化的对象经过商业化的包

装，传播的辐射面更加广泛，相互比较更加频繁，特别是在青少年人群中具有较大的影响力，因此普遍受到重视；而精神、道德因其间接、隐性，打造推广的难度较大，所蕴含的文化价值很高，但商业价值却难于开发，因而常常被忽视。当代大学生受其影响，往往出现重物质、轻精神的倾向，一些学生思想上存在崇尚利己主义、信仰迷茫的情况，不愿意在精神和理论层面求解上下功夫；一些大学生不同程度地存在理想信念不坚定、价值取向功利化、社会责任感缺乏的问题；一些学生艰苦奋斗、吃苦耐劳的精神淡化，团队意识、集体主义观念不强；一些学生稍有不顺就怨天尤人，缺乏冷静下来从自身找原因的意识和能力；还有一些学生心理素质较差，缺乏大局意识和长远视角，拘泥于小得小失，备受精神折磨；等等。所有这些问题的存在，极大地阻碍了大学生全面发展的进程。

大学生思想政治教育在坚持以培养目标是德智体美劳全面发展的社会主义建设者和接班人为根本目标的同时，还要促进其与自我、家庭和社会的协调发展。当代大学生多来自独生子女家庭，让他们学会与人为善，融入社会十分重要。越来越多的用人单位，在面向大学生招聘时，把道德品质、是非观、团队意识、沟通协作能力作为最看重的选拔条件。从校园到职场是大学生社会化过程的关键节点，大学生只有在校期间身心协调发展，培养好自我学习、终生学习的能力，形成良好的思想道德素质，建立较强的心理素质，掌握自我保护的方法，才能谈得上可持续发展。

因此，构建组织育人机制的根本目标应当与大学生思想政治教育的根本目标相一致，通过组织的培养教育，提高学生的思想水平、政治觉悟、道德品质、文化素养、知识技能，促进大学生德智体美劳全面发展，促进大学生思想道德、科学文化、身心健康、审美能力、劳动技能全面协调发展。

二、 树立以学生为本的思想政治教育根本原则

高校的发展与学生的发展之间是相互依赖和相互促进的关系。对于高校而言，先进的办学理念不可或缺。随着时代的变迁，大学的功能不断变化。在 11 世纪的欧洲第一批大学出现时，其任务是教学（传递知识）和学术（研究学问）。到了 19 世纪，欧美的大学开始重视科学研究。第二次世界大战结束后至今，大学不仅是教育和研究的中心，同时也是经济发展的"发动机"和促进社

会平等的"助推器"。但这些变化的背后，培养高素质人才的核心使命始终未变。高校由培养人才之需而生，并因此延绵千年。正如康奈尔大学校长弗兰克·罗德斯所言："大学产生于学生对教学的需求。没有学生，可能会有研究院、学术研究中心，但绝不会有大学。"

对于高校来说，育人是高校肩负的神圣使命。育人的对象是学生，一切工作都以满足学生需要、促进学生全面发展为出发点和归宿。《高校思想政治工作质量提升工程实施纲要》规划了"十大"育人体系，其总体思路是聚焦短板弱项，坚持把破解高校思想政治工作不平衡不充分问题作为目标指向，着力构建一体化育人体系，打通育人最后一公里。其中的一体化育人，即要全面统筹办学治校各领域、教育教学各环节、人才培养各方面的育人资源和育人力量，从体制机制完善、项目带动引领、队伍配齐建强、组织条件保障等方面进行系统设计，从宏观、中观、微观各个层面一体化构建育人工作体系，实现各项育人工作的协同协作、同向同行、互联互通。打通最后一公里，就是要通过挖掘各群体、各岗位的育人元素，并作为职责要求和考核内容融入整体制度设计和具体操作环节，着力打通高校思想政治工作存在的盲区、断点，真正把各项工作的重音和目标落在育人效果上，切实做足育人大文章，唱响育人最强音，使高校思想政治工作更好地适应和满足学生成长诉求、时代发展要求、社会进步需求，不断提升工作科学化水平。因此，大学生思想政治教育必须贴近实际、贴近生活、贴近学生，增强思想政治教育的针对性、实效性和鲜活性。

一要确立大学生的主体地位，尊重他们独立的人格、自身价值、思想感情和价值追求，做好学生的引路人，提信念明灯，启发引导其内在的思想政治道德需求，在多元文化的背景下，帮助他们主体意识、自主能力、创造才能不断增长但不误入歧途。二要贴近学生实际，建立交互共进、亦师亦友的平等师生关系，启发交流接地气、互动参与有生气，多种教育教学形式激发学生的积极性和主动性。三要贴近学生，以理服人和以情动人相结合，严管和厚爱相结合，增强思想政治教育的说服力、感染力、亲和力和引领力。四要贴近生活，主动关注和研究学生喜闻乐见的内容和形式，积极创造条件维护学生的正当权益，满足学生多样化的需求和个性化的发展需要。五要更多地关心和指导经济困难学生、心理困难学生、学习困难学生，特别需要注意的是要改变以往区分类别的单一化帮扶，要关注到这三类群体往往是交叉的，如部分经济困难学生也存在一定程度上的心理困难和学习困难，因此要全方位、多角度、深层次的给予关心帮扶。

三、 构建组织育人机制的重大意义

高校组织育人机制是指组织育人的过程中各构成要素由于某种机理形成的因果联系和运转方式。构建组织育人的运行机制，是为了通过对组织育人动态运行过程的考察，对多因素、多变量的育人行为做一种整体的、动态的刻画，建立起协调、平衡、高效的长效运行机制，从而实现运行的最优化，为组织育人工作提供动力和保障。

第一，构建机制能够使组织育人工作落到实处，实现明确化、规范化、科学化。组织育人参与主体众多，如党组织、群团组织等，育人内容的核心是思想意识层面的东西。对于这些内容既不能用机械的、标准化的方式规定，又不能不加约束和引导，泛泛而谈。因此，构建运行机制的任务就是要把组织育人的目标明确化、过程规范化、方式科学化，通过构建健全、合理、有效的机制，设立明确的目标，制订长、中、短期计划和分类开展工作，以保证高校组织育人目标的实现。

第二，构建机制是高校开展好组织育人工作的重要前提，组织育人的内容需要有适应它自身发展的形式。机制作为形式是为内容服务的，但是，机制如果不能匹配内容、服务内容、升华内容，那么组织育人的目标就无法实现。当前，在我国正处于新的历史时期，对组织育人工作无论从形式到内容都提出了新的要求，为了保证组织育人的深入发展，必须对组织育人的机制加以研究，构建科学的、行之有效的机制。

第二节　高校组织育人的动力机制

组织育人是以人为对象，通过组织的各种活动和方式把思想观念、政治观点、道德规范潜移默化渗入组织生活中，对大学生产生多重积极影响，使之成为德智体美劳全面发展的社会主义建设者和接班人。《中共中央、国务院关于进一步加强和改进大学生思想政治教育的意见》指出，加强和改进大学生思想政治教育要坚持以人为本，贴近实际、贴近生活、贴近学生，努力提高思想政

治教育的针对性、实效性和吸引力、感染力，培养德智体美全面发展的社会主义合格建设者和可靠接班人。为此，就不能不研究高校组织育人的动力机制和保障体系。

一、 高校组织育人的动力特性

动力源于人的需要。组织育人推进的动力机制最基本范畴就是"需要"。需要之所以能够成为组织育人推进的动力，在于它自身的特点，在于它的内在属性。需要的内在属性和特点主要有两个：

第一，需要与满足两者之间具有对立统一性。任何需要，不管其程度如何，也不管其满足的可能性有多大，它都有一个不可遏止的、要求满足的态势或趋势。需要本身说明主体处于一种匮乏状态或隐性的匮乏状态。而这种匮乏打破了需要主体自身的平衡，要恢复这种平衡就得寻找满足物、满足需要。任何个人、组织都在需要推动下去寻找"需要—满足"之间的平衡，并根据这一目标，制订行动计划，以获得丰富的满足物。"需要—满足"的这种对立统一性，决定了需要本身必然要推动人们参与社会生活中的各种活动，成为个人、组织乃至整个社会的内在动力。

高校组织育人内部的矛盾运动是高校组织育人推进的根本动力，而组织育人内部的矛盾运动主要表现在以下两个方面。一方面，组织育人是一种社会活动，其存在三种矛盾：一是分别以组织和受教育者为主体，以及他们所要认识的教育内容和手段的需要和满足之间的矛盾；二是组织和受教育者之间互为主客体关系的需要和满足之间的矛盾；三是教育活动对于受教育者全面发展的目的的需要和满足之间的矛盾。另一方面是作为社会现象的组织育人也包含三大矛盾：一是不同的社会角色由于自身需要的层次不同，对组织育人内容和手段的需要和满足之间的矛盾；二是组织育人以合乎和满足社会不同方面（政治、经济、文化、生态等）的需要而呈现出来的矛盾；三是作为类主体的社会对组织育人的需要和满足之间的矛盾。

第二，需要之所以成为组织育人的动力，还在于它有一种永不会满足的特性。并不是说一种需要满足了，动力就消失了。如果这样，育人就会变成一种阶段性的、时有时无的割裂独立的运动。但事实上，需要是永无止境的，育人是一种持续的、你中有我、我中有你的综合性的活动。一种需要的满足总是不断引起新的需要。马克思指出："人以其需要的无限性和广泛性区别于其他一切动物。""已经得到满足的第一个需要本身、满足需要的活动和已经获得的为满足需要用的工具又引起新的需要。这种新的需要的产生是第一个历史活动。"需要的发展性质可以概括为"需要上升规律"，需要不断突破它自身的框架，从低级向高级发展的趋势。这种需要的"无限性"和"广泛性"、"需要上升规律"正是其成为组织育人动力之源的原因和根据。

二、 高校组织育人动力机制的结构

高校组织育人动力机制的结构如下：

1. 动力的发生主体和利用主体

主体具有需要并受需要的驱使努力获取能够满足其需要的收益，继而成为动力发生主体。动力是可以利用的，动力发生主体与动力利用主体并非总是同一的。比如，一个大学生对自己成长成才的追求，是其作为个体行动者的行动动力，大学生本人即动力发生主体，他利用自我激发这种动力，刻苦学习、努力拼搏，在实践中锻炼能力、增长才干，使自身成长成才的追求得到满足。在这一过程中，大学生本人既是动力发生主体，又是动力利用主体。着眼于整个组织育人的过程，如果将被教育对象的成长成才动机导入组织育人的运行轨道，使之为国家、社会创造财富，推动国家和社会的进步，国家、社会就成为个体行动者的动力利用主体。同样，在组织中，成员既可以说是动力的发生主体，又是自身的利用主体。可以这样说，动力主体既可能是发生主体，又可能是自身的利用主体。但正如社会、组织是个人的利用主体一样，高层次的动力主体总是低层次动力主体的利用主体。

2. 动力传递媒介

动力传递媒介是组织育人动力从一个动力主体传到另一个动力主体的渠道，也是组织育人动力积累和递增的主要渠道之一。恩格斯曾经指出，社会历史发展是无数个单个社会力量的合力的结果。一般认为，动力传递媒介有利益传导、文化传导、信息传导三个类型。利益传导中，利益作为一种需要的收益，承担动力受体的角色。但它又是各类动力主体共同追求的目标，在动力主体之间以一定的方式进行分配和流动。收益的分配和流动过程，正是动力在动力主体之间的传导过程。十九届五中全会的公报中提出的"十四五"时期经济社会发展主要目标之一是社会文明程度得到新提高，社会主义核心价值观深入人心，人民思想道德素质、科学文化素质和身心健康素质明显提高，公共文化服务体系和文化产业体系更加健全，人民精神文化生活日益丰富，中华文化影响力进一步提升，中华民族凝聚力进一步增强。实现这一目标，需要获得大多数社会成员、社会团体和群众的支持。高校组织育人作用的发挥，使得受教育对象——大学生的积极性、主动性、创造性显著提升，从而带动整个社会的进步和发展，进而使国家整体利益得到了保证。社会成员单个动力实际上凝聚成了实现社会整体利益的宏观运行动力。组织育人中的文化传导主要是指精神文化传导。精神文化是人类在从事物质文化基础生产上产生的一种人类所特有的意识形态，它是人类各种意识观念形态的集合。精神文化的优越性在于具有人类文化基因的继承性和在实践当中可以不断丰富完善的待完成性。这也是人类文化精神不断推进物质文化的内在动力。由于文化精神是物质文明的观念意识体现，在不同的领域，具体文化精神有不同的表现和含义。一般而言，主文化传导正向组织育人发展动力，而反文化总是传导逆向组织育人发展动力。此外，在文化传导组织育人发展动力方面，也要注意发挥亚文化的功能。信息传导中，信息作为动力传媒，指某一动力主体将动力以信息的形式传给另一个动力主体，如各种传媒的宣传，将党的政策、方针、路线向广大民众呈现、告知和解读，为政策服务、效力。

3. 动力客体

动力客体是指人们需求得到满足的对象、工具、资源等。满足需求的对象称为满足物，最简单划分是"硬性"满足物与"软性"满足物。任何以物质形式存在的满足物都被称为"硬性"满足物，大部分物质需要的满足都依赖于它，如吃、喝、住、穿等。以精神形式存在的满足物可以被称为"软性"满足物。需求满足物的硬性和软性之分，是思想政治教育动力机制采取不同手段的依据。

4. 动力方向

无论哪个层次的思想政治教育动力，都不是盲目的，它们都有一定的方向。人们可以调整不同动力主体的动力方向，这是各层次、各个动力主体的动力能够整合为统一的思想政治教育动力系统，完成思想政治教育整体的运行目标的一个重要原因。动力的大小和程度影响了动力的方向。在社会主义社会，人们都有财富、地位、权力、金钱、荣誉等的需要，但是，任何需要都必须是适度的，超过一定限度，则为社会整体所不允许，或者极大妨碍其他大多数动力主体的需要满足。动力方向直接关系到动力主体的动力性质。

5. 动力贮存体

就微观的组织育人发展的动力主体而言，其贮存体就是个体行动者的能力。个体在自身内在需求的推动下，到外界获取需要满足物的同时，也使自己的生产技术、经验、文化教养水平得到提高，社会交往经验也丰富起来，获得需要满足物的方式也得到改进。这些都作为一种个人能力而贮存积累下来，同时也刺激了后来的新的需要的产生，并为获得新的需要之满足准备条件。因此，人们任何一种新的能力的增长，都提供了产生新的需要、新的动力的可能性。就动力主体而言，其动力贮存体就是组织的凝聚力和物质实力。组织凝聚力表征个人对组织力量的感受性。在宏观动力主体层次，动力贮存体包括国家的经济实力、科技实力、国防实力，以及与之相适应的上层建筑。

三、 高校组织育人动力机制的主要内容

高校组织育人动力机制主要由政策导向机制、精神动力机制、利益导向机制和创新机制4方面构成。

1. 政策导向机制

组织育人的政策导向机制，主要应从两方面考虑出发。一是从满足作为受教育对象的大学生的合理正当需要出发，基于现有条件和组织育人目标应当纳入的应在政策中有所体现和鼓励，以此调动受教育对象的积极性和认同感，对于最终目标的顺利实现起到正向促进的作用。二是从引导和调节需要出发，在充分研判受教育对象需要与组织育人目标矛盾所在的基础上，对于不合理、不正确的需要，如享乐主义、利己主义等，必须通过政策导向加以抑制和纠偏，积极引导其逐渐回归到与育人目标一致的轨道上来。对某一种需要的抑制，要通过政策导向的代偿和激励作用，用同一层次需要的其他内容来弥补，防止因需要得不到满足而产生逆反心理，向消极方向转移需要。在当前多元文化冲击的背景下，大学生的世界观、人生观和价值观还未牢固树立，更加需要组织的

积极引导，帮助其不断提高思想觉悟和认识能力，从实际出发，理性地认识自身的需要，努力完善需要的内容和层次，激励和强化高层次需要，正确看待付出和收获，从自身的小得小失中跳脱出来，将个人的追求上升到为国家和社会多做贡献。

2. 精神动力机制

提高人们尤其是高校学生的思想道德素质，激发人的积极性、主动性、创造性，为人们的社会实践活动提供强大的精神动力，是组织育人的基本职能。十九届五中全会提出，繁荣发展文化事业和文化产业，提高国家文化软实力。坚持马克思主义在意识形态领域的指导地位，坚定文化自信，坚持以社会主义核心价值观引领文化建设，加强社会主义精神文明建设，围绕举旗帜、聚民心、育新人、兴文化、展形象的使命任务，促进满足人民文化需求和增强人民精神力量相统一，推进社会主义文化强国建设。要提高社会文明程度，提升公共文化服务水平，健全现代文化产业体系。何谓精神力量？精神力量就是思想、理论、理想、信念、道德、情感、意志等精神因素对人从事的一切活动及社会发展产生的推动力量。

在新的形势下，精神文化已成为公认的社会资源之维。组织育人发展要更加注重精神动力的开发。开发精神动力，最根本的就是要加强科学动力、理想信念、价值观念的教育与引导。要坚持以人为本，努力提高高校学生及全民族的思想道德素质和科学文化素质，实现大学生思想和精神生活的全面发展。尊重劳动、尊重知识、尊重人才、尊重创造，营造鼓励人们干事业、支持人们干成事业的社会氛围，对高校学生而言就是要把组织育人工作做细、做实、做活、做深入。要注意精神激励，通过各种方式尊重人、关心人、爱护人、帮助人，加深高校学生与学生之间的情感和友谊，满足人的情感需要、精神需要。要开展积极的思想教育，坚持马克思主义在我国意识形态中的指导地位。

3. 利益导向机制

中国共产党人的初心和使命，就是为中国人民谋幸福。党的十九大报告开宗明义，表明了在马克思主义政党领导下的人类共产主义运动的价值目标，并体现了中国共产党一以贯之的价值取向，那就是一切以人民群众的根本利益为主旨，也就是习近平总书记始终强调的"人民对美好生活的向往就是我们的奋斗目标"，并以这一红色主线贯穿了报告的始终：必须始终把人民利益摆在至高无上的地位，让改革发展成果更多更公平惠及全体人民，朝着实现全体人民共同富裕不断迈进。组织育人是用思想政治教育的方式以组织的形态反映和维护一定的利益关系，是服务服从于一定的社会群体谋取利益的工具。利益是组织育人工作的根本出发点，组织育人工作要引导利益追求的方向，培养人们正确的价值观和利益观，调节各种利益关系的矛盾，使各种利益都能适当兼顾，特别是要正确处理物质利益的追求和提高人们思想境界的关系。

4. 创新机制

组织育人工作要获得发展，必然要不断创新。创新是一个民族进步的灵魂，是一个国家兴旺发达的不竭动力。创新的本质特点就在于创造前所未有的新东西，即它的新颖性、首创性。组织育人的发展，既是中国共产党 100 年来实践经验的总结，也是中华民族优秀传统文化的积淀，还是世界各国优秀文明成果的借鉴。新时代高校组织育人机制亟待创新，要不断适应时代发展要求，把握时代发展大势，顺应高校人才培养的新要求，在全面加强党的领导、促进高校内涵式发展、满足学生多样化需求中突出组织的育人功能，完善组织的育人职责，创新组织育人的内容、形式、方法、手段，在增强时代感、时效性、主动性上下功夫。

第三节　高校组织育人的运行机制

我国高校中存在各级各类师生组织，主要包括党组织、群团组织、学生组织等，它们在思想政治教育工作中起着重要的作用。利用各级各类组织开展思想政治教育，既有利于发挥组织的育人作用，也有利于促进组织自身的持续健康发展。高校组织育人运行机制的构建有助于统筹党团学群协同发力，在此基础上建立和完善高校组织育人发展体系，为高校组织育人提供坚实的保障。

一、 构建高校组织育人运行机制

高校组织育人是一个系统，需要建立的运行机制很多，主要由领导组织机制、考核激励机制、内容运营机制、保障机制等子系统组成，组织育人运行的过程就是 4 个主要机制协调作用、合理配置有限资源要素的过程。

1. 领导组织机制

坚持党对高校的领导，是我们党一以贯之的优良传统。中国共产党从成立之日起就重视党对高校的领导，重视高校党的组织建设和思想建设，重视党对青年学生的培养。在我国高校思想政治教育工作体系中，各类组织自建立以来，一直承担着不同的育人功能，它们长期承担着对师生进行思想引领、价值引导、能力拓展、文化熏陶等育人任务，形成了高校教育教学和人才培养优势。新时代必须在加强党对高校的全面领导的前提下，发挥各类组织的育人功能。

高校组织育人应加强学校党委的统一领导，并将组织育人工作真正摆上重要议事日程，纳入学校的工作全局，统筹考虑，着重研究指导思想、工作目标等宏观问题。根据既定的目标、规划，将组织育人工作涉及的各个部门卓有成效地组织起来，形成分工明确、协同运行的工作机制。具体指：在党委的统一部署下建立和完善管理体制，负责组织育人的全面实施。院系应建立相应的领导小组。党委宣传部、党委研工部、党委学工部、团委、关工委、教务处是主要职能部门，负有指导、组织、宣传、贯彻、落实等职责。党委组织部和党委教师工作部（人事处）是组织育人队伍建设的管理部门，要做好人员配备和培训工作，形成党委统一领导、党政齐抓共管、职能部门组织协调、二级单位具体落实、全校各方积极参与的"组织育人"工作格局。各单位要把"组织育人"摆在全局工作突出位置，引导全体教职工当好"育人者"，推动知识传授、能力培养与理想信念、价值理念、道德观念教育的有机结合，各自守好一段渠，种好责任田，实现育人全担当。

高校组织育人的领导组织机制构建一定要突出党团组织的政治思想引领功能。高校党委要把方向、管大局，各级院系党组织、基层党支部及高校共青团组织要牢牢掌握思想政治工作主导权，尤其要突出政治思想引领，保证高校始终成为培养德智体美劳全面发展的社会主义建设者和接班人的坚强阵地。

2. 考核激励机制

建立组织育人发展的考核激励机制，是社会主义市场经济的客观要求。它有助于增强组织育人的活力和权威性，有助于人们对于工作成效的深入检视和分析，对于工作观念的更新和升级，达到解放思想的目的。考核激励机制还可以破除平均主义的弊端，使得努力作为的、做出贡献大的得到充分肯定，进而调动起更大的积极性。此外，考核激励机制使得个体的自我意识得到强化，潜能得到激发，才能得到展现和认同，这对于大学生更高层次的个性发展和自我完善，以及人的全面发展起到了很大的推动作用，也有利于社会进一步向前发展。

建立高校组织育人的考核激励机制，必须以效果为导向，充分发挥考核的引导、促进、鞭策和约束作用，科学地设计考核内容和考核程序。将考核激励的认定根本落在育人成效上，是发挥高校组织育人考核激励机制功能的根本保证。规范考核的的内容、指标、规则、要求及整个程序，增加考核的透明度，形成考核的动员机制，广泛动员和发动组织育人主体积极参与考核，对考核结果所匹配的激励要精准公平适度。当然，组织育人发展的考核激励机制是无法解决一切问题的，竞争万能也是错误的。

根据激励的内容不同，激励可分为物质激励和精神激励。物质激励是激励的基本手段，用物质手段作为激励更加直接可感。如对有突出贡献的单位、部门和个人给予奖金、奖品等物质奖励，再如对有突出贡献的教学科研人员，给予破格晋升职务和专业技术职称，提高他们的政治待遇和工资待遇；对有突出贡献的工作队伍，如院系团委、院系学生会和社团组织等，提供经费支持等，均属于物质激励的形式。精神激励是激励的重要手段。精神激励即内在激励，是指精神方面的无形激励，包括授权、对工作成效给予组织认可、提供学习和发展的机会等。精神激励是一项深入细致、复杂多变、应用广泛，影响深远的工作，它是运用思想教育的手段倡导精神文化，从而调动积极性、主动性和创造性的有效方式。要善于运用精神激励，建立榜样激励机制。榜样的力量是无穷的，榜样的实践探索是值得推广和学习的，学校要大力宣传、表彰组织育人工作的先进集体和先进个人，使广大师生学有榜样，提高组织育人认可度和影响力。

3. 内容运营机制

通过系统打造、持续推广形式多样、丰富多元的组织育人文化产品，不断提升组织育人工作的聚合效应和社会效应。

在内容设计方面，首先，要突出党团组织的政治思想引领功能。高校党委要把方向、管大局，各级院系党组织、基层党支部及高校共青团组织要牢牢掌握思想政治工作主导权，尤其要突出政治思想引领，保证高校始终成为培养德智体美劳全面发展的社会主义建设者和接班人的坚强阵地。其次，要突出各类组织的价值引导功能。高校党团等组织是传播马克思主义的主要阵地和载体，要做好马克思主义的宣传教育，培育社会主义核心价值观，通过组织规章、组织程序、组织活动来培养师生的规约意识、合作精神、集体主义精神，引导师生树立正确的世界观、人生观、价值观。再次，要突出各类组织的能力拓展功能。高校各类组织要通过组织教育培训、学习、科研、社会实践、创新创业等活动来拓展学生的社会实践能力，在学生参与组织生活的过程中为他们提供社会化引导。最后，突出各类组织的文化熏陶功能。高校不同的组织都有着自身的文化，对大学生进行潜移默化的影响。加强各类组织的文化建设，既可以丰富大学生的文化生活，又可以营造良好的校风学风，实现以文化人、以文育人。

在内容加工方面，要建设内容研发团队，认清组织育人的特点和组织、队伍、资源等各方面优势，对现有的组织育人的丰富知识理论和时间探索进行整合、开发和包装，打造匹配学生群体需求、符合组织育人目标的内容产品和项目。拓展组织育人的方式，提升组织育人效率。探索出把教育思想融入教育实践过程中的内容载体，把组织育人工作渗透到高校学习、科研、工作和生活的各个方面，与各项具体工作有机地结合起来，融合各种教育因素及中介，通过潜移默化的形式循序进行。

在内容输出方面，要具备产品化、项目化的意识和能力。在内容设计和加工的基础上，输出成体系的、有影响力的载体，如精品课程、特色活动、品牌项目等，营造组织育人内容创作的环境氛围。高度重视组织育人理念和实践的传播培育，引导师生关注组织育人，形成创造传播融入组织育人的环境氛围，不断扩大接受组织育人内容输出的市场和空间。

4. 保障机制

高校组织育人的有效运行必须以一定的条件为基础，包括经费与物质保障、完善的法规制度及监督作为保障。经费投入的范围包括经常性教育经费、大型宣传活动经费、组织理论研究和实践调研的经费，以广大师生培训提高、社会考察、表彰奖励和相关工作部门基本建设（如图书资料、现代化设备）所需经费。还要把教育设施、设备和活动场所、基地建设纳入学校总体建设规划，并从基本建设和设备费中给予保障。此外，还应将组织育人实施过程中的经验做法提炼上升为制度，注意把握制度的系统性、层次性和操作性，找准制度之间的内在联系，使各种制度、规定环环紧扣、相互配合，形成实用化、程序化的制度体系。

二、 完善高校组织育人发展体系

改革开放以来，我们党对大学生思想政治教育工作进行过许多有益探索，积累了丰富的经验，也取得了一定的成效。但随着社会的发展，特别是随着以人为本的教育理念的确立，大学生组织育人工作应该在继承过去成功经验的基础上，提出新的思路和对策，逐步建立和健全以人为本的大学生思想政治教育体系，这是高校组织育人不断发展创新的基本保障。构建这样的体系，只有做好以下几个方面的工作，才能使我们上文构建的动力机制和保障机制由制度要素转化为制度体系，为高校组织育人人本化提供坚实的保障。

第一，确立学生主体地位，建立大学生参与的组织育人教育体系。主体性作为人的一种特性，集中体现为人的自主性、主动性和创造性。人的主体地位的确立和弘扬，既是人类历史发展的基本趋势，也是我国社会主义市场经济体制的逐步建立和完善的客观要求，更是以人为本的大学生组织育人教育体系构建的前提和条件。确立学生的主体地位，就是要尊重学生在整个组织育人教育过程中的主动性的发挥，给他们以平等自由参与的机会，让他们能充分地自我认识、自我管理、自我服务、自我激励和自我完善，从而学会对自我负责、对他人负责、对社会负责，以达到组织育人发展的目的。

确立学生主体地位，就是要引导和鼓励学生主动地参与组织育人教学活动，如引导大学生在课堂教学中开展社会热点问题的讨论、辩论、演讲、情景模拟等活动；利用课余和寒暑假让大学生进行社会调查与实践，开展社会服务活动与义务劳动，参与校内外的志愿者活动，参与学校校园文化建设，参加系、班级组织的各项主题活动等，促使大学生主动认识问题、分析问题和解决问题，做出正确的判断和选择，促使大学生身心健康和谐发展，从而有效地实现高校组织育人的发展目标。

确立学生主体地位，建立大学生参与的组织育人发展机制，还应该充分尊重学生的知情权、决定权、参与权和选择权。学生权利必须得到充分的尊重和理解，否则，就谈不上其主体地位的确立，也谈不上以人为本的大学生的组织育人体系的构建。

第二，注重人文关怀，健全大学生就业指导服务体系。加强对大学生的人文关怀，理解学生，尊重学生，爱护学生，关注学生的实际需要、困难和疾苦，为学生的发展创造条件，是构建以人为本的大学生组织育人教育体系的重要基础。因为，只有在得到爱护、获得尊重、保证身心健康的前提下，学生才能充分发挥主体性，主动地参与到组织育人的各项活动中。这种人文关怀的内容是丰富的、多方面的，其中尤其要健全大学生就业指导服务体系。

随着大学生就业制度改革的不断深化，严峻的就业形势和就业竞争日益激烈。从相对单纯轻松的校园迈入纷繁复杂的社会，毕业生难免有紧张、焦虑，甚至恐惧的情绪，因此，进一步完善就业指导服务体系，提高学生的择业能力，调节就业压力，已成为高校组织育人工作的一项重要任务。在完善就业指导服务体系方面，作为学校应着重抓好以下 4 方面的工作：一是根据就业实际适当调整课程结构，促进知识转化学以致用。企业对高素质人才的需求是持续的。人才市场中，知识结构健全、业务能力较强、综合素质较高的人才选择空间更大。为此，高校在制订专业培养计划时，应当充分考虑专业的就业前景，科学调整专业的授课内容、学科的知识结构，提升毕业生能力与就业需求的匹配度，缓解学生的就业压力。二是拓宽就业信息渠道，建立就业信息共享服务平台。在校学生在进入毕业季前，对专业就业信息普遍存在了解不深入、关注度较低的问题，就业信息的获取渠道相对较窄。为此，高校应针对学生的能力结构、就业意向、择业态度等，定期推送有针对性的就业信息，培养学生主动关注的习惯，提前做好准备，提升综合就业实力。此外，应发挥高校就业资源整合优势，提高高校在促进就业方面的主动性，利用暑期时间，组织各学院赴全国地市开拓就业市场，为学生开发多样化的实习岗位，在实际锻炼中成长。三是深化校企联合，加大就业实习基地的建设投入。校企联合是高校提升学生就业比例的重要途径，企业结合具体的岗位人才需求，向高校提供一定的教育指导，加强资金、技术与设施等方面的投入；为学生提供更多的实践参与机会，与专业课程内容相结合，教育内容包括技术层面、人文素养层面等，既提升大学生的人际交往能力，也同时为企业甄选人才、培训项目打下基础；为学生提供更多的实训机会，有针对性地训练学生的工作适应能力，为后期的岗位对接打好基础，提升学生的就业竞争力。四是实现大学生就业能力的分类指导，加强就业指导工作流程规范性。首先，应该明确学生的职业规划目标，结合其自身能力表现、特长、就业意向等进行教育指导，保证就业服务的有效性与专业性；其次，教师可以将学生的职业规划分为短期规划与长期发展目标，以便于制订详细、明确的就业计划，保障自身在职业规划过程中能够应对不同程度的困难，对于危机具备充分的考虑，具有相应的应对能力；再次，为保证高校就业教育改革的有效落实，应建立起配套的教育服务、管理机制，聘请有经验的从业者、管理人员、优秀毕业生等进行演讲，分享职业发展经验，让学生了解就业市场的前沿信息与相关学科就业前景等，提升学生的岗位适应力，更好地实现就业对接。

第三，利用现代传播手段，建立互动式学生组织育人教育平台。信息技术的空前发展和互联网的迅速普及为我们开展组织育人工作提供了现代化手段，拓展了组织育人工作的空间和渠道。一是高校应积极主动利用网络开展组织育人工作，整合教育资源，建立一个内容丰富多彩、形式活泼多样的互动式学生组织育人教育平台，用正确的、积极健康的教育内容占领网络阵地。例如，通过"在线党校""在线团校""党建园地""互动专栏"等栏目，构建一个内容丰富、更新及时的网上组织育人教育平台，满足学生的需要。二是拓展组织育人线上活动形式。如开展线上的征文、空中课堂、主题辩论等活动。三是架通网上桥梁，利用"校长信箱""处长信箱""意见留言板"等，及时了解学生对组织育人工作的意见建议，倾听学生的呼声，了解学生的需求，对学生的困难和需求及时解决关心。四是开展线上服务。通过开设"毕业生就业指导平台""心理咨询热线""考试指南""一站式服务小程序"等栏目，有针对性地做好专项服务工作。

第四，依托班团、宿舍、社团等，创建组织育人教育管理工作新体系。以行政班级为基础的班委会、团支部、党支部在组织育人实施中发挥着重要作用，承担了大量以行政班级为基础的学生活动，此外，学生宿舍、学生社团组织在学生教育管理中的地位和作用也日益突出。加强学生宿舍的管理和建设，以寝室、楼道为组织单位，在生活秩序、行政事务等方面实行统一的、规范的、科学化、人性化的管理，采取有效的措施重视和支持学生社团，将组织育人理念和成果融入学生社团活动也是组织育人的重要路径补充。

第四章 江苏大学党组织育人的实践探索

新时代，江苏大学党委全力担负治学办校、为党育才之责，牢牢把握育人方向，全面统筹办学治校各领域、教育教学各环节、人才培养各方面的育人资源和育人力量，加强体制机制、项目布局、队伍建设、条件保障等方面的系统设计，研究解决重大问题，协调推进重点任务落实；将"三全育人"综合改革和思想政治工作纳入学校整体发展规划和年度工作计划，明确路线图、时间表、责任人，坚持校党委常委会，以及各二级单位党委会、党政联席会定期研究"三全育人"和思想政治工作，充分发挥学校"三全育人"工作领导小组的统领作用，统筹推进制度拟定、过程协调、监督考核和成果验收。学校以党的政治建设为统领，强化各基层党组织政治功能，严格落实党团组织生活各项制度，按照党建带团建工作要求，充分发挥党支部战斗堡垒和团支部先锋模范作用，切实将"三全育人"和大学生思想政治教育工作与学校、学院、单位事业发展、人才培养工作要求、目标任务相关联，做到工作有抓手，落地有实效；优化支部设置，实施教师党支部书记"双带头人"培育工程，建强党支部书记队伍，开展生动丰富的组织育人实践。

第一节 学校党委统领育人方向

一、落实党委主体责任

高校党委落实管党治党主体责任，是全面从严治党的题中应有之义，是加强和改进高校党的建设的现实需要。必须把抓好党建作为最大政绩，树立精准发力意识，认真履行主体责任，扎实推进政治建设、思想建设、组织建设、作风建设、纪律建设，把制度建设贯穿其中，不断提升党建工作质量，切实当好把握社会主义办学方向、凝聚师生共识、引领学校事业发展的坚定主心骨。

党的十九大报告把坚持和加强党的全面领导贯穿全篇，强调"党政军民学，东西南北中，党是领导一切的"。习近平总书记在全国高校思想政治工作会议上也指出："高校党委对学校工作实行全面领导，承担管党治党、办学治校主体责任，把方向、管大局、作决策、保落实。"管党治党责任是最根本的政治责任，是高校党委的职责所在、使命所至，是贯彻落实全面从严治党要求的重要着力点。高校党委只有切实担当从严治党主体责任，坚定不移地抓好党的建设，持续深化对"为什么要管、管什么、怎么管"的认识，做到敢于管理、严于管理、善于管理，才能推动形成自上而下的全面从严治党之风，涵养风清气正的高校政治生态。

回顾学校办学历程，江苏大学从单科性院校发展为多科综合性大学，从以教学为主逐步转变为教学研究型，直到今天建设高水平研究型大学。办学以来，学校初心不改、矢志不渝，紧紧围绕"培养什么人、怎样培养人、为谁培养人"这一根本问题，遵循教育规律和人才成长规律，把立德树人贯穿到教育教学全过程，努力培养社会主义建设者和接班人，始终朝着一流大学的目标不断奋进。特别是近年来，坚持"国字头"工程和"国际化"战略等，学校的人才培养质量、综合实力、核心竞争力大幅提升，国际权威大学排行榜从无到有并稳步前移进入 TOP1000，走出了一条具有江大特色的高水平大学发展之路。可以说，学校始终坚定为党育人的初心和为国育才的立场，始终坚定建设高水平一流大学的目标愿景。

（一）把准落实党委主体责任的战略方向

我们是党领导下的高校，是中国特色社会主义高校，必须旗帜鲜明讲政治，坚持社会主义办学方向，坚持立德树人根本任务，自觉把讲政治贯穿于全面从严治党、办学治校全过程。高校党委落实主体责任，最根本的就是要坚持党管办学方向、党管改革发展全局，切实把党的领导落到实处。正是从这一逻辑出发，江苏大学党委全面履行职责，树立"抓好党建是最大政绩"的理念，对照高校党委书记基层党建工作责任清单，党委书记履行第一责任人职责，其他班子成员履行"一岗双责"，把习近平新时代中国特色社会主义思想作为办学治校的根本遵循，坚持党的领导，使学校党委更好地肩负起管党治党、办学治校的政治责任和主体责任。着力抓好政治领导和思想领导，坚持党管办学方向，确保党的路线方针政策得到不折不扣的贯彻落实，进一步增强党委的创造力、凝聚力、战斗力，把学校党委建设成为把方向、管大局、作决策、抓班子、带队伍、保落实的坚强领导核心。

1. 落实领导班子集体责任

（1）加强党的统一领导。按照中央和省委的部署要求，研究制订全面从严治党工作计划、目标要求和具体措施；通过召开年度全面从严治党工作会议，分解和部署工作任务，签订责任书；及时听取工作汇报，加强督查指导，推动各项工作任务落实。

（2）加强党的政治建设。把握政治方向，加强政治领导，坚决做到"两个维护"。严明政治纪律和政治规矩，坚持党的教育方针和社会主义办学方向、落实立德树人根本任务，切实履行把方向、管大局、做决策、抓班子、带队伍、保落实的领导职责，确保办学治校正确政治方向。严肃党内政治生活，严格执行《新形势下党内政治生活若干准则》，进一步规范落实民主生活会、组织生活会等制度，营造校园风清气正的干事创业环境和良好政治生态。

（3）加强党的思想建设。弘扬马克思主义学风，深入学习习近平新时代中国特色社会主义思想、党的十九大精神、全国高校思想政治工作会议和全国教育大会精神，坚持用科学理论武装头脑。推进"两学一做"学习教育常态化制度化，扎实开展"不忘初心、牢记使命"主题教育，筑牢理想信念，涵养精神家园。落实意识形态工作责任制，加强意识形态阵地建设管理，健全意识形态领域情况分析研判和通报制度，做好网上舆情的监测引导和管控处置工作，牢牢把握意识形态工作领导权、话语权。

（4）加强干部队伍建设。贯彻新时代好干部标准，严格执行《党政领导干部选拔任用工作条例》，落实《关于防止干部"带病提拔"的意见》，坚持"凡提四必"，树立正确用人导向。坚持党管干部、党管人才原则，突出政治标准，注重培养专业能力、专业素养、专业精神，从严教育、从严管理、从严监督。制定实施鼓励激励、容错纠错、能上能下"三项机制"，提高干部考核的科学性、精准性，调动广大干部干事创业的积极性、主动性、创造性。

（5）加强基层组织建设。充分发挥基层党组织的战斗堡垒和广大党员的先锋模范作用。认真贯彻落实《中国共产党支部工作条例（试行）》，推进党支部标准化规范化建设，抓好支部带头人队伍、基层党务工作者队伍建设，严把发展党员入口关，严格党员教育管理，严格组织生活。

（6）加强党的作风建设。深入整治"四风"突出问题，严格执行中央八项规定及《实施细则》精神和省委《具体办法》，深入开展形式主义、官僚主义集中整治，以"钉钉子"精神打好作风建设的攻坚战和持久战。落实好校党委《关于进一步改进工作作风密切联系群众的规定》。认真对待群众反映强烈的问题，坚决纠正损害师生利益的行为。

（7）加强党的纪律建设。开展党章党规党纪教育，增强教育针对性实效性，使党员干部知敬畏、存戒惧、守底线，习惯在受监督和约束的环境中工作生活。坚持抓早抓小、防微杜渐，积极践行校党委《综合运用监督执纪"四种形态"的实施办法》，尤其在运用"第一种形态"上下功夫。强化日常监督执纪问责，做到真管真严、敢管敢严、长管长严，使纪律始终成为带电的高压线。

（8）加强制度体系建设。根据全面从严治党形势任务变化，本着于法周延、于事有效的原则，做好相关制度的存、改、立、废、释工作。健全权力运行监督制约体系，重点强化招生录取、后勤管理、附属医院管理等方面内控管理，推进学校重要业务活动和经济活动的内控机制建设，把权力关进制度的笼子。强化制度执行，坚决纠正随意变通、恶意规避、无视制度等现象，维护制度的严肃性和权威性。

2．领导班子成员个人责任

（1）党组织书记切实履行"第一责任人"责任。坚持全面从严治党重要工作亲自部署、重大问题亲自过问、重点环节亲自协调、重要案件亲自督办，主动加强对班子成员及下级党组织主要负责人的监督，发现问题及时提醒、纠正。主动与领导班子成员及下级党政主要负责同志进行廉政谈话，及时做好履责记实。

（2）领导班子其他成员主动担当"一岗双责"责任。领导班子其他成员根据职责分工，认真履行"一岗双责"，把全面从严治党要求贯彻落实到分管工作当中，定期研究、布置、推动、检查和报告分管范围内的全面从严治党工作，主动与分管联系单位负责同志进行廉政谈话，及时做好履责记实。

（3）严格教育管理。加强政治学习和教育，带头讲党课，督促党员、干部完成规定学习任务。突出党性锻炼，落实双重组织生活制度，带头开展批评和自我批评。强化组织观念，工作中重大问题和个人有关事项按规定按程序如实向组织请示报告。

（4）加强督促检查。坚持原则、敢抓敢管，党组织主要负责人督促检查领导班子成员、下级领导班子主要负责同志廉洁从政和履行全面从严治党责任情况。领导班子其他成员要督促检查分管范围内党员干部廉洁从政和履行全面从严治党责任情况。

（5）密切联系群众。带头执行校党委《关于进一步改进工作作风密切联系群众的规定》，深入教学科研管理一线，加强调查研究，总结经验、研究问题、指导工作。认真落实领导干部接访制度，多渠道了解师生诉求，协调解决师生员工反映强烈的突出问题。

（6）带头执行规定。模范遵守党纪国法，带头践行社会主义核心价值观，带头执行廉洁自律准则，带头落实中央八项规定及《实施细则》精神，带头贯彻民主集中制，带头建立健康的工作关系。强化自我教育、自我管理、自我完善，做到知行合一，注重家庭家教家风，教育管理好亲属和身边工作人员，主动接受各方监督。

（二）贯彻落实党委领导下的校长负责制

1. 充分发挥党委领导核心作用，不断完善党委领导下的校长负责制

学校实行党委领导下的校长负责制。学校党委是学校的领导核心，统一领导学校工作，集体研究决定重大事项，支持校长依法独立负责地行使职权。一是全面强化党的领导核心作用。学校党委把主要精力放在把方向、管大事上，谋划全局性、战略性的重大事项。认真执行党委全委会、党委常委会、校长办公会议事规则，对学校改革发展等全局性大事做出决策。组织召开党委常委（扩大）会议研究疫情防控、落实习近平总书记重要批示精神、党的建设、干部任免、全面从严治党工作等重要事项；研究学科评估、学位点申报、基本建设等重要事项，校领导班子认真推动各项决策部署落地落实。二是加强党委对纪委的领导。担负起统一领导、直接主抓、全面落实的主体责任，全力支持学校纪委执纪办案，集中开展整治形式主义官僚主义、作风建设自查自纠和专项治理等行动。

2. 健全完成党委领导、校长负责、教授治学、民主管理、依法治校、社会参与的内部治理机构

一是学校着力构建党委统一领导、党政分工合作、协调运行有序的工作机

制。学校班子注重团结，按照"集体领导、民主集中、个别酝酿、会议决定"的原则研究决定重大事项。党委书记和校长经常通气、沟通思想、统一认识，特别是对重大问题都能做到相互沟通形成共识。学校党委书记坚持参加校长办公会，支持校长依法治校、科学治校。校长自觉接受党委集体领导，认真贯彻执行党委决定。领导班子成员能自觉维护集体领导，各司其职、抓好落实，把主要精力集中到干事创业上，全面提高了领导班子办学治校能力。二是完善内部治理结构和治理体系，不断强化内控机制建设。修订完善各类制度文件，建立健全科学规范的制度体系和制度监督落实机制。校长依法开展行政工作，牵头做好学校发展规划，定期召开校长办公会和教学、科研等条线工作推进会，推动学校政策制度落地见效。及时修订《江苏大学学术委员会章程》，适时调整成立新一届学校学术委员会和二级单位分学术委员会，积极探索教授治学有效途径。定期召开学校学术委员会会议，充分发挥教授在学术审议、学术评议、学风建设等学术事务中的积极作用。师生员工参与民主管理和监督的工作机制不断健全。

3. 着力完善议事决策机制，保证党委科学决策

学校党委高度重视校领导班子议事决策机制建设，坚持和完善党委领导下的校长负责制和"三重一大"决策制度，根据中组部、教育部党组文件要求修订完善党委全委会、党委常委会、校长办公会议事规则。印发了《中共江苏大学委员会全体会议议事规则》《中共江苏大学委员会常务委员会会议议事规则》《江苏大学校长办公会议议事规则》及《江苏大学"三重一大"决策制度实施办法》，及时认真贯彻执行，全面提升了党的领导核心作用。学校坚持以"集体领导、民主集中、个别酝酿、会议决定"的原则研究决定重大事项，建立健全议题上会前的研究论证和征求意见机制、会后决策的督办落实和责任追究机制，确保常委会议大事、谋大事、成大事。

二、 完善党内制度， 把握重大育人决策

为坚持和加强党对学校的全面领导，贯彻落实全面从严治党要求，加强党风廉政建设，进一步规范学校决策行为，防范决策风险，根据《中共中央国务院关于加强和改进新形势下高校思想政治工作的意见》《江苏省委教育工委省教育厅关于进一步推进学校贯彻落实"三重一大"决策制度的意见》等文件精

神，学校建立党委重大决策征求意见制度，进一步推进学校党委重大事项决策的民主化、科学化、规范化。

1. 强化贯彻执行"第一议题"制度的意识

坚持旗帜鲜明讲政治，坚持党对教育事业的全面领导，不断增强"四个意识"，坚定"四个自信"，坚决做到"两个维护"，严明政治纪律和政治规矩。学校党委全面加强党的政治建设，出台学校党的政治建设文件，严格落实"第一议题"学习制度，深入贯彻《关于加强省属高校领导班子政治建设的若干措施》要求，把学习贯彻习近平新时代中国特色社会主义思想作为首要政治任务，在党委常委会上首先传达学习习近平总书记重要论述、指示批示精神和党的教育路线、方针、政策。"第一议题"传达学习习近平总书记重要论述和指示批示精神，主要涉及落实习近平总书记给涉农高校的重要批示精神、疫情防控、党建工作、干部队伍建设等主题，党中央关于教育的决策部署和党的教育方针得到充分有效落实。

学校定期开展习近平总书记对高等教育、对江苏工作重要指示批示贯彻落实情况"回头看"。认真贯彻落实习近平总书记视察江苏时提出的"发达地区要在实现农业现代化上带好头、领好向"重要指示精神，将贯彻落实总书记在学校信件上的重要批示精神作为当前和今后很长一段时期最重要的政治任务和头等大事，积极对接江苏"两个率先"发展需求，深入推进政产学研用协同发展，更好地服务"强富美高"新江苏建设。学校成立了贯彻落实习近平总书记重要批示精神领导小组和工作组，研究制定了贯彻落实习近平总书记重要批示精神（"095工程"）行动计划，建立了推进落实情况双周报、月度总结制度。召开"进一步贯彻落实习近平给全国涉农高校书记校长和家代表的回信暨对江苏大学重要批示精神"大会，并积极向国务院办公厅、教育部、农业农村部、省委省政府等上级部门汇报落实情况，切实将贯彻总书记批示精神落到实处。学校与徐工集团、南京农业高新技术示范区等省内农机企业龙头、政府部门、园区开展深度合作，成立江苏大学—徐工集团农业机械研究院，筹建国家农机装备创新中心镇江分中心等高端平台，大力推动涉农领域创新成果转化，更好地服务国家和江苏农业农村现代化。

2. 明确"三重一大"制度的具体事项

学校不断探索建立符合工作实际和运行规律的党政议事决策制度和机制，

明晰落实重大决策、重要人事任免、重大项目安排和大额度资金运作事项（以下简称"三重一大"）制度的具体事项范围，做到事权明确、边界清晰。

（1）重大决策事项，主要包括：学习贯彻习近平新时代中国特色社会主义思想，贯彻执行党和国家的路线方针政策、法律法规和上级重要决定的重大措施；党的建设、思想政治工作、意识形态工作、党风廉政建设、省委巡视整改等重要事项；学校总体发展规划，以及教师队伍建设、学生培养、学科建设、校园建设、国际交流合作等学校内涵发展的重要工作规划及学校年度工作计划；学校重大改革方案和措施的制定与调整等重大决策事项。

（2）重要人事任免事项。

（3）国家、省、市、区等重大项目安排事项。

（4）大额度资金运作事项。

3．强化重要决策部署督查检查

校党委领导班子认真贯彻"调查研究要坚持问题导向，着眼解决实际问题"的部署要求，深入部门、学院、课堂、宿舍，通过座谈交流、现场调查、参加学生活动等多种形式开展专题调研，进行分析研判，提出整改措施。围绕贯彻落实习近平新时代中国特色社会主义思想、习近平总书记关于教育的重要论述，围绕贯彻落实中央、省委重大决策部署和学校事业发展等大事要事开展调查研究。坚持问题导向，带着任务"走下去"、怀着诚心"蹲下来"、谋得良策"提上来"，把调研成果转化为工作成果、制度成果、理论成果，推动学校高质量内涵式发展各项工作任务落实落地。高质量召开校领导班子民主生活会，直奔问题，深入剖析。校纪委不定期约谈二级党政主要负责人，督促职责有效履行。

4．深化新时代思想政治理论课改革创新

学校完善思政课教材体系，打造思政课课程群，开设以习近平新时代中国特色社会主义思想为核心内容的马克思主义基本原理等5门必修课，出版《毛泽东思想和中国特色社会主义理论体系概论实践导读》等教辅材料；依托网络教学平台，面向本科生开设优质思政课慕课。健全思政课教师选聘培养机制，深化思政课教师队伍建设；开展校内转聘，鼓励符合条件的教职工转任思政课教师；每年组织思政课教师开展国内学习研修；实施思政专项博士计划，完善青年思政课教师"助理教学制"。学校党政主要领导每年带头讲授思政课，马克思主义学院入选江苏省示范马克思主义学院。

5. 深入贯彻落实意识形态工作责任制

学校成立以党委书记和校长为组长的意识形态工作领导小组，建立"党委统一领导、党政齐抓共管、职能部门组织协调、相关部门各负其责、二级单位具体实施"的意识形态工作领导体制和责任机制。校党委定期召开专题会议推进防范化解意识形态风险工作，严格落实"一会一报""一事一报"制度，建立情况排查、形势研判、信息报送、危机预警、应急处置等工作机制，坚持排查、监督、管控、打击相结合，做实做细防渗透工作。

6. 不断完善破"五唯"教育评价机制

（1）克服"唯分数"。学校多维度开展学生素质测评，将测评结果作为评奖评优的重要依据。实施"第二课堂成绩单"制度，修订学校年度目标任务综合考核办法，将"三全育人"作为重要指标。

（2）克服"唯文凭"。学校严把人才引进关，坚持以品德和能力为人才引进和使用导向，突出对新教工思想政治状况的考察，全面修订校内人才引进办法。

（3）克服"唯论文"。学校将竞赛指导和创新创业教学活动纳入教学业绩考核和激励。完善职称评审办法，聘用教学型资格教授。

（4）克服"唯帽子"。学校实施"金山学者计划""青年英才培育计划"等四大人才计划。在各级各类人才项目申报中，主要考察政治素质评价、立德树人成效、服务国家战略及其他学术创新贡献。

三、 统筹推进高校党的建设

高校党建工作是党的建设工作中的重要组成部分。高校党建是教育培养发展党员、保证党新鲜血液的纯洁性、扩大党的新生力量的重要有效途径。新时代党的组织路线的新要求为高校党建工作指明了新方向，也赋予了新使命和新担当。

（一）强化政治忠诚，贯彻落实党中央决策部署

1. 以党的政治建设铸魂立根，忠诚践行新思想

学校党委制订《关于加强二级党组织领导班子政治建设的若干措施》，建立"第一议题"学习制度，规范二级党组织委员会会议议题顺序，凡研究重要

问题和重点工作，首先传达学习习近平总书记有关重要论述特别是最新讲话和指示批示精神，再讨论决定其他事项。推行集体学习领学方法，二级党组织理论学习中心组集中学习时由班子成员轮流领学、重点发言，其他班子成员谈学习体会，二级党组织书记作总结点评。学校及时成立校"095工程"领导小组，认真学习贯彻习近平总书记给全国涉农高校的书记校长和专家代表的回信，以及在学校信件上的重要批示精神，制订三年行动计划和政治监督实施方案，推进政治责任落实。学校领导班子成员带头参与《习近平新时代中国特色社会主义思想学习纲要》宣讲团，组织开展习近平新时代中国特色社会主义思想学习践行、习近平新时代中国特色社会主义思想"四进四信"等活动。学校常态化召开中心组学习会，印发《江苏大学党委理论学习中心组学习规则实施细则》《二级党组织理论学习中心组学习制度》，制定《江苏大学二级党组织理论学习中心组巡学旁听实施办法》，推进党组织理论学习中心组学习的制度化、规范化。

2. 以完善机制推动强基固本，形成工作强合力

学校坚持和完善党委领导下的校长负责制和"三重一大"决策制度，修订完善党委全委会、党委常委会、校长办公会议事规则；制订《江苏大学二级党组织委员会会议议事规则》《江苏大学二级党组织工作规定》《江苏大学学院党政联席会议议事规则》《江苏大学党内评比表彰工作规定》等制度，建立健全"三会一课"、民主生活会、组织生活会、民主评议党员、谈心谈话、领导干部双重组织生活等基本制度。学校成立以校党委书记和校长为组长的校意识形态工作领导小组，制定《落实意识形态工作责任制实施办法》《二级党组织意识形态工作履职情况报告制度（试行）》，与二级党组织签订"落实意识形态工作责任制责任书"，明确责任，落实任务。学校全面加强舆情监控，制定《二级党组织意识形态舆情报送管理规定（试行）》，开展宣传思想文化阵地意识形态表述问题自查自改。

3. 以改进作风实现提质增效，以上率下抓落实

校党委定期研究全面从严治党、党风廉政建设工作，每年召开全面从严治党工作会议，制定落实全面从严治党"两个责任"实施办法和责任清单，签订全面从严治党责任书。修订党委巡察工作实施办法，制定校党委巡察工作五年规划、年度党委巡察工作方案。深化纪检监察体制改革，纪委（监察专员办）

内设"一办三处"，配备专职纪检干部，人员、场地、机制全部到位。校党委领导班子认真贯彻"调查研究要坚持问题导向，着眼解决实际问题"的部署要求，深入部门、学院、课堂、宿舍，通过座谈交流、现场调查、参加学生活动等多种形式开展专题调研，进行分析研判，提出整改措施。校领导班子带头上好思政课，每年9月初新生报到后，校党委书记为全校新生开讲入学思政第一课；每年6月毕业季，校长为全校毕业生上毕业前最后一堂思政课，思政育人首尾相贯，形成了闭环。学校建立校领导班子成员联系学生党支部、班级团支部、担任学业导师制度；成立"知农爱农，强农兴农"师生宣讲团，打造"田野思政课"，鼓励把课堂搬到田间地头，进一步培养师生"知农、爱农、为农"情怀，为学校"双一流"创建提供强大的思想保证和精神动力。

（二）突出"三个注重"，凝聚干部队伍向心力

1. 注重作风建设，提升担当力

一是立足政治维度，用好一张"体检表"。全面推行政治素质考察，坚持把旗帜鲜明讲政治作为干部选任的第一标准，制订《关于加强二级党组织领导班子政治建设的若干措施》，出台《江苏大学处级领导干部任前政治素质考察办法》，紧扣政治忠诚、政治定力、政治担当、政治能力、政治自律5个维度，运用"四步六必"考察法，对新提拔领导干部开展任前"政治体检"，将"体检"结果作为干部提拔或重用的重要依据。对每位提任干部进行"德"的正反向民意测评，建立领导干部"一人一档"党风廉政档案。完善"三考一体"的中层领导班子和领导干部考核机制，将日常考核、年度考核、任期考核有效整合。制订实施《江苏大学处级干部兼职管理办法》《江苏大学关于处级干部报告个人有关事项的规定》《江苏大学处级领导干部出国（境）管理办法》等制度文件，严格干部档案核查、请销假等工作，切实贯彻"严管就是厚爱"的原则。

二是立足能力维度，落实系列"培训班"。修订《江苏大学干部教育培训学分制管理规定》，进一步完善由必修学分、选修学分和附加学分构成的干部教育培训学分制管理体系。举办新一届处级领导干部培训班、科级领导干部培训班，突出对习近平新时代中国特色社会主义思想的深刻理解和准确把握。

2. 注重结构优化，增强攻坚力

学校对内设机构进一步调整完善，新成立党委考核办公室、机关党委、基

建处、法律事务办公室、信访办公室等职能部门，以及数学科学学院、物理与电子工程学院、生命科学学院、知识产权学院等一批教学科研机构，优化调整了安全保卫处、校友会与对外联络办公室等机构职能，撤并了部分行政和教学单位。

学校深化落实"五突出五强化"选人用人机制，严格政治标准，严格落实年轻干部专项预审制度，着重抓好中层领导干部尤其是优秀年轻干部的培养选拔和政治历练。按照干部队伍"年轻化"用人导向，大胆提拔使用一批优秀年轻干部。围绕建设高素质专业化干部队伍需求，组建年轻干部数据库，结合巡视整改、班子调研等工作，了解掌握优秀年轻干部、女干部和党外干部的思想政治状况。注重在基层一线和困难艰苦的地方培养年轻干部，帮助他们开阔视野、磨炼意志。近3年组织选派30余人参加省、部级干部进修学习。加强教育培训，坚持把党外干部纳入干部培训工作总体规划，把党的十九大精神和习近平新时代中国特色社会主义思想等作为重要学习内容，突出政治引领作用，不断提升党外中层干部政治能力。注重实践锻炼，通过交流轮岗、到地方锻炼、参政议政等，不断丰富党外干部的工作经历，增强其处理矛盾和解决实际问题的能力。

3. 注重多措考评，激发驱动力

学校制定《江苏大学加强和改进处级及以上领导干部深入基层联系学生工作的实施办法》，并将落实情况纳入领导干部任用依据，纳入党员领导干部民主生活会对照检查重要内容。学校成立年度目标任务考核"党的建设"工作组，制定"党的建设"年度目标任务考核指标体系，涵盖5个一级指标、19个二级指标、49个三级指标，将考核情况和年度述责述廉相结合。制订《江苏大学干部鼓励激励实施办法（试行）》《江苏大学建立健全容错纠错机制实施办法（试行）》《江苏大学推进领导干部能上能下实施办法（试行）》，引导领导干部自觉践行新时期好干部标准，建立健全不适宜担任现职的领导干部调整退出机制。

（三）立足"三抓三促"，打通基层党建"最后一公里"

1. 抓队伍促落实

学校在每个二级学院设立党务办公室，配备科级实职，实行专岗专责。每月召开各二级党组织书记工作例会，部署推进党建工作。常态化举办二级党组织书记、基层党支部书记专题培训班及管理干部英语口语培训班，增强岗位履职能力。建立二级党委书记带头建立党支部工作联系点制度，在本人党组织关系所在党支部外，联系 1 ~ 2 个基础相对薄弱、情况相对复杂的党支部，切实履行党建第一责任人职责。建立健全党建专员工作制度，按照动态聘任原则管理，深入联系基层党组织提供"1 + N"的党建专项服务。

2. 抓标准促规范

深入推进《新时代江苏大学党支部建设"提质增效"三年行动计划（2019—2021 年）》，开展江苏大学新时代党建示范创建和质量创优工作，大力推动党支部"标准 + 示范"建设，出台党建"标杆学院""样板支部"等建设办法，紧密围绕一流学科创建、一流专业、一流"三全育人"，打造党支部建设示范岗，计划通过 3 年集中攻坚行动，推进全校 400 个以上党支部全面达标，培育 50 个左右建设质量高、作用发挥好的优质党支部，打造 10 个左右彰显学校特色、创新成果突出的特色党支部（简称党支部建设"451 计划"）。遴选征集党建工作典型案例，推动党支部从"制度建设、党员教育、党员管理、活动载体"等方面梳理提炼优秀经验，推动形成"一支部一特色、一支部一品牌"。

3. 抓项目促发展

学校借鉴项目化管理思路，实施"校—院—支部"三级党建书记项目制度。一是扎实调研细化"选项"，按照"点题、选题、破题、结题"的思路，突出"切口小、有难度、示范性强"，指导基层党组织书记精准选题，科学立项。二是三级联动牵头"立项"，校党委书记、二级党组织书记、党支部书记带头"挂帅"，把"书记项目"作为"责任田"，形成一级抓一级、层层抓落实的工作局面，实现基层党建"书记项目"全覆盖。

第二节　二级党组织构筑育人保障

党的十九大报告指出：党的基层组织是确保党的路线方针政策和决策部署贯彻落实的基础。江苏大学以提升组织力为重点、突出政治功能，把二级党组织建设成为宣传党的主张、贯彻党的决定、领导基层治理、团结动员群众、推动改革发展的政治保障。

一、 二级党组织育人的顶层设计

为全面落实立德树人根本任务，提升组织育人质量，必须坚持高校党建工作的全线推进与层层深入，改善当前高校党委、院系党组织与师生党支部三级架构纵向落实不力、责任传递不畅的现象。

1. 贯彻落实好"党政共同负责制"

在现实工作中，由于契约不完备、目标不一致，存在部分党组织书记"边缘化"现象。现代大学治理结构的理想模式是"党委领导、校长负责、教授治学、民主管理"的和谐运行，这种治理结构需要认真落实二级党组织政治建设若干措施，加强班子政治建设；严格落实党政联席会议事规则、二级党组织委员会议事规则等制度，落实好基层党建、意识形态工作责任制、全面从严治党等制度。

学校以二级党组织委员会与党政联席会制度为抓手，推动院系党政协同机制建设，着力将校党委关于组织育人的工作部署和院系建设发展与专业人才培养充分融合，围绕国家发展需求与社会发展需要推动院系改革发展，构建政治方向清晰、学科特色鲜明的专业人才培养体系。

学校坚持和完善学院党政共同负责制，学院党组织与行政共同决策重要事项，共同负责落实各项工作，同步接受工作考核，协同推进事业发展；建立健全集体领导、党政分工合作、协调运行的工作机制；明确党政联席会议议事决策范围，完善议题决定、酝酿沟通、方案调研等规定，建立健全学院党政班子成员之间，特别是党政正职之间的工作沟通交流制度。重大问题决策前，党政主要领导应加强沟通酝酿，充分听取班子成员意见，基本形成共识后再上会讨论；贯彻民主集中制原则，坚持"一把手"末位表态；对党政联席会议决定的事项，按照党组织、行政的职责和党政领导班子成员分工，责任到人，确保落实。学校推行党政班子成员交叉任职，党员院长同时任党组织副书记，党员副院长进入党组织领导班子。各院（系）修订完善本单位《党政联席会议事规则》《党委会议事规则》等，通过党政联席会议讨论和决定院（系）重要事项，进一步规范完善院（系）党组织会议，健全学院集体领导、党政分工合作、协调运行的工作机制，提升班子整体功能和议事决策水平。

2. 优化党组织治理体系

学校党委加强党组织组织育人的顶层设计，强化组织育人的逐级落实。首先，学校在每个二级学院设立党务办公室，配备科级实职，实行专岗专责；明确各二级学院团委书记科级实职岗，大胆选聘富有朝气、事业心强、干劲足的"90后"年轻干部，使党建带团建的基层组织体系更富活力、更具动力。其次，积极探索党组织组织育人的具体模式，指导和监督各级基层党组织发挥好思想政治引领作用，学校以党建聚人心，整合力量和资源，不断提升党组织凝聚力。一是构建"X＋"大党建体系。以"思政课程"为抓手，成立思想政治教育研究院；以实践实训为引领，确保课程思政同行同向，将"干巴巴的说教"转化为"热乎乎的教学"。药学院药剂系教工党支部作为全国党建工作样板支部，将课程与思政交融，在课堂上传承教育的"药味"。化工学院绿色化学与化工技术创新团队成立"横纵结合型"党支部，以"支部＋"研究生培养模式不断践行"以生为本，不忘初心"育人使命。二是创新"1＋N"党建服务制度。学校将多个二级基层党组织划分为一个党建片组，推进"党建专员"挂牌行动，引导党建专员成为基层党组织书记的"服务员"，推动基层党组织争先创优的"调研员"和"引导员"，全力打造全员参与的组织育人新格局。

3. 党的建设工作与业务工作同部署、同谋划

在全面从严治党背景下，党的建设与业务工作可以比喻为"鱼"与"水"的关系，而不是"油"与"水"的关系，浮在表面、融不进去都不可取。学校坚持"围绕中心抓党建、抓好党建促发展"的工作思路，不断改革创新，全面推进党的建设工程，为推动二级党组织事业发展提供有力的组织保证。每年开展基层党组织书记抓基层党建工作述职评议考核，明确考核办法、考核对象、考核内容、考核程序，切实落实好基层党组织书记履行党建工作第一责任人职责，以强化"两个主体责任"落实为抓手，做到始终把党建工作摆在重中之重的位置，与业务工作同部署落实、同检查考核。深入研究解决党建工作推进中的困难和问题，高质量落实各项党建工作任务。建立健全二级党组织班子成员联系支部的制度，经常联系、及时指导，在为师生做好事实事过程中接地气转作风，增强与师生的感情。

二、 二级党组织建设统领推进其他组织协同联动育人

高校基层党组织组织育人的实效性，不仅仅体现在党组织自身建设的加强与育人职能的强化上，更体现在基层党组织引领高校协同育人，指导与组织高校各单位各部门发挥自身工作中的隐性育人功能上。学校以党建为引领，构建多方联动的组织育人共同体。一是建立健全校党委书记、二级党组织书记联系党支部工作制度，处级及以上领导干部带头深入课堂、班级、社团、宿舍，将党建育人责任传递到每个"神经末梢"。二是围绕"组织强基"主线，构建团支部、学生会组织、大骨班、青年学习社、青智库"五位一体"团学组织育人体系，实施"巾帼建功""女性发展""幸福守护""文化繁荣""贴心关爱""能力提升"六大群众工程。三是做优做特关工委"教学督导组""关爱报告团""关爱谈心屋""创新工作组""四点钟学校"等工作平台，充分发挥老同志的资源菜单功能。

1. 发挥政治核心，激发二级党组织内生力

学校建立"第一议题"学习制度，规范二级党组织委员会会议议题顺序，凡研究重要问题和重点工作，首先传达学习习近平总书记有关重要论述特别是最新讲话和指示批示精神，再讨论决定其他事项。推行集体学习领学方法，二级党组织理论学习中心组集中学习时由班子成员轮流领学、重点发言，其他班子成员谈学习体会，二级党组织书记做总结点评。领导班子和成员注重联系实际以改促学，主动检视用新思想解放思想统一思想、推动新思想进课堂进教材进头脑等方面的差距和不足，切实解决"理解不深入、行动跟不上、落实缺乏创造性"等问题。二级党组织积极开展"思政大讲堂"，深入交流研讨"思政课程"与"课程思政"协同育人的典型案例，放大思政教育示范引领效应。按照《江苏大学"三全育人"综合改革建设方案》，抓好示范引领，不断强化理论创新、举措创新和制度创新，为学生开好主题班会、上好基层党课，主动开展思想政治教育工作。加强学院辅导员队伍建设，全力做好大学生思想政治教育工作。

2. 党建带团建，党团建设共生共融

学校实施党建带团建"三大工程"，努力发挥大学生党员在思想政治教育

中的骨干带头和先锋模范作用，在大学生中形成"比、学、赶、帮、超"的良好氛围。一是大学生党建"三个一"工程。通过开展大学生党建"三个一"工程，充分发挥学生党支部战斗堡垒作用和学生党员干部、入党积极分子先锋模范作用。一个党支部建好一个班，负责指导班风、学风建设；一名党员带好一个宿舍，负责文明素质养成；一名入党积极分子帮助一名学习困难同学，负责关爱帮扶，共同进步。活动中，学生党员以党性的力量把青年学生凝聚在一起，通过骨干作用的发挥，有力提升了党员的先进性形象，带动促进了学生、班级、宿舍的和谐进步。二是"党建带团建"工程。学校出台《江苏大学"党建带团建"工作量化考评标准》，把共青团工作纳入各级党组织的整体建设格局统一安排，做好党建带团建，不断增强基层组织的吸引力、凝聚力和战斗力。学校党委书记、校长带头给专职团干部、大学生上党课、团课，各学院书记、党支部书记经常性地为学生骨干和全院学生开设讲座。建立中层干部、教工党员联系学生班级制度，全面带动思想政治教育、班风学风建设、校园文化建设等各项工作；积极探索与学校改革发展相适应的团建工作新路子。三是旗帜引领与榜样示范工程。坚持用成功校友、先进青年的事迹作为生动教材，教育、引导和激励青年。精心打造"人文大讲堂""杰出校友论坛"等校园文化品牌。积极开展"感动江大人物""十佳青年学生"和大学生优秀党员评选活动，经常举办先进事迹报告会。通过网络、报纸、广播、橱窗等媒体，宣传大学生先进典型的先进事迹，为全校大学生树立典范；号召广大青年向身边的典型学习，在全校范围内形成崇尚先进、正气引领的良好氛围。

3. 打造党建引领群团共建新格局

党的十九大报告指出："推动工会、共青团、妇联等群团组织增强政治性、先进性、群众性，发挥联系群众的桥梁纽带作用，组织动员广大人民群众坚定不移跟党走。"学校以"党建引领、群团共建"为抓手，坚持问题导向和实效导向，以党建带工建、带团建、带妇建，以新理念指导群团工作，坚持将群团建设与改革相结合，引导群团组织围绕学校改革和发展建言献策、献计出力。

一是突出党建引领。学校始终突出"群团姓党"第一属性，深入开展"不忘初心、牢记使命"主题教育，把学习贯彻新思想作为群团学习的首要政治任务，把做到"两个维护"作为根本政治准则，把群众听党话跟党走作为根本政治目标，不折不扣贯彻执行中央和省市委决策部署，确保群团组织各项工作沿着正确道路向前推进，推动群团组织在思想行动上讲政治、守规矩。

二是突出组织引领，着力织密党建带群建组织体系，推动党建与群建资源整合、优势互补、共同提高。学校积极落实中央党的群团工作会议精神，深化群团改革，在改革组织设置、管理模式、工作方式和干部管理等方面采取有效措施。创新工作模式，引领全校妇女在社会生活和家庭生活中发挥独特作用，开展符合学校女性特点的品牌和亮点活动，切实代表好维护好全校妇女的合法权益。加强对社团的管理，发挥各类群团组织的育人纽带功能；加强团学组织建设，按照《共青团江苏大学委员会改革实施方案》《江苏大学学生会组织改革实施方案》和团中央、团省委最新文件要求，进一步加强制度建设，推进团学组织改革；开展五星级社团、五四红旗团支部、文明宿舍的评比创建工作，开展十佳青年学生暨百优学生评选工作，举办大骨（大学生骨干，简称"大骨"）班校友返校活动；制定《江苏大学学生社团管理办法》《江苏大学教师社团管理办法》，支持各类师生社团开展主题鲜明、健康有益、丰富多彩的活动；举办文体活动，组织学校教职工代表队参加上级各类文体活动及比赛，积极促进学校教职工文化体育活动的健康发展，努力提高教职工的文化素质和身体健康水平。

三是突出服务引领。学校始终坚持"群团姓群"导向，发挥各类群团组织的育人纽带功能，推动工会、共青团、学生会等群团组织创新组织动员、引领教育的载体与形式，更好地代表师生、团结师生、服务师生。学校始终牢固树立以人民为中心的发展理念，坚持把广大师生的生命安全与身体健康放在首要位置，坚决贯彻落实习近平总书记关于疫情防控工作的重要指示精神，全面落实上级关于疫情防控的各项决策部署，按照"坚定信心、同舟共济、科学防控、精准施策"的原则，第一时间谋划、第一时间部署、第一时间行动，及时成立了学校疫情应对领导小组和 16 个工作组，根据疫情变化先后制定多个版本的防控方案，建立健全了校内校外联防联控机制，以及全员、全环节的防控体系，切实织紧织牢了统一领导、组织有序、协同紧密、措施有效的疫情防控网，坚决防止疫情向校园输入扩散。学校疫情防控经验、做法被省政府报送至国务院办公厅，疫情防控工作方案 2.0 版本被列入教育部《高等学校新型冠状病毒肺炎防控指南》参考文献（全国唯一）。学校关工委从实际出发，在"充实、规范、优化、创新"现有平台的基础上，不断寻找与学生、青年教师工作的契合点，做优做特"教学督导组""关工委合唱团""时雨社""关爱超市""给我一个家"等工作平台，充实与学生、青年教师学习工作生活密切相关的平台力量，使工作平台充满活力，取得实效。

三、 构建以典型示范为引领的育人平台

学校以习近平新时代中国特色社会主义思想和党的十九大精神为指引，围绕基层党的建设质量提升计划，组织开展主题鲜明、广泛参与的"六个一"主题党建活动，大力弘扬党的优良传统，充分发挥基层党组织的战斗堡垒作用。

1. 开展党内评比表彰工作

为全面加强学校党的建设，充分发挥基层党组织的政治核心作用、战斗堡垒作用和共产党员的先锋模范作用，学校党委成立由校党委书记任组长，校党委副书记和分管学生工作的副校长任副组长，校党委各相关部门主要负责人参加的党内评比表彰工作领导小组，开展先进基层党支部（每年1次）、优秀教职工（每2年1次）、优秀学生共产党员（每年1次）的评比表彰工作，大力推进党员素质工程建设，充分发挥党员主体作用，激发党员保持先进性和纯洁性的内在动力，实现党员队伍整体素质的提升。

2. 开展基层党建"书记项目"申报工作

为落实新时代党的建设总要求，不断推进高校党建工作重点任务落实落细，进一步突出基层党建工作问题导向、需求导向、效果导向，培育有特色、有成效的工作品牌，充分发挥优秀成果的示范引领作用，"书记项目"以各基层党组织为主体进行项目申报（1年1度），由学校党委遴选立项，经过为期一学年的项目建设，集中进行项目验收和评优表彰。将开展"书记项目"建设作为学校推进"两学一做"学习教育常态化制度化工作和实施教育部"对标争先"建设计划的重要载体，发挥示范带动作用，进一步推动提升基层党组织建设的规范化、科学化、制度化水平，真正使基层党组织以政治建设为统领，以质量攻坚为动力，以提升组织力为重点，以推动事业发展为落脚点，严格对标看齐，勇于改革创新，努力争创先进。

3. 开展党建创新创优申报评审工作

以习近平新时代中国特色社会主义思想为指导，不断推动基层党建工作创

新，及时总结、宣传和推广党建工作的新经验，切实增强党组织的创造力、凝聚力和战斗力，使党建工作体现时代性、把握规律性、富于创造性。全校各二级党组织在推动高校党建工作理论、制度、工作机制和方式方法等方面的探索和创新方面已取得实效的，均可申报江苏大学党建工作创新创优奖（每 2 年 1 次）。校党委组织部对获奖的有关材料进行汇编下发，条件成熟的，将通过召开现场会、经验交流会等形式在全校推广、宣传。

4. 开展党建工作标杆学院创建工作

学校按照新时代党的建设总要求，坚持培育为基、重在建设、典型引领、整体推进，以政治建设为统领，以质量攻坚为动力，以提升组织力为重点，以推动事业发展为落脚点，面向全校教学、科研单位培育创建"党建工作标杆学院"，建设周期为两年，以点带面发挥引领带动作用，推动全校各级党组织全面进步全面过硬，推动学校党建质量全面创优全面提升。党建工作标杆学院培育创建工作以江苏大学新时代党建"双创"工作重点任务指南为标准，按照申报认定、创建达标、评估考核、验收巩固 4 个步骤开展。

5. 开展党建工作典型案例评选工作

为大力宣传学校党建工作先进典型，总结交流和宣传党的十八大以来学校基层党组织工作的创新方法和成功经验，推进学校党建工作高质量发展，学校面向各级党组织征集关于政治建设、思想建设、组织建设、作风建设、纪律建设和制度建设等方面的改革创新及工作方式方法、体制机制创新的案例，主要包括理想信念教育、基层党组织建设、干部队伍建设、党建工作责任制落实、党员教育管理及作用发挥、组织生活开展、"互联网＋党建"等。

6. 开展党建研究专项课题和党建论文申报工作

为推动学校党的建设研究理论与实践创新，全面提高党的建设科学化水平，学校开展党建研究专项课题和党建论文申报工作（每年 1 次），积极推进新时代党建理论的"顶天立地"研究。"顶天"就是要自觉聚焦新时代新主题，紧紧围绕习近平新时代中国特色社会主义思想，以及习近平总书记关于党的建设和高等教育的重要论述；"立地"就是要坚持一切从实际出发、以实际问题为导向的党建研究取向，进一步坚持思想建党、理论强党、制度治党，不断提高党的建设质量，促进党建工作科学化、制度化、规范化。

第三节　基层党支部打造育人堡垒

基层党支部是党联系师生的最基层组织。在"十大"育人工程中彰显党支部的凝聚力和战斗力，是实现组织育人的一项基础性任务，也是实现立德树人根本任务和弘扬社会主义核心价值观的重要育人工程。

一、　加强基层党支部队伍建设，　实现强基固本和功能发挥相结合

（一）以"党的一切工作到支部"为宗旨，夯实组织建设基础

学校依据全面优化和科学设置原则，配齐配强党支部班子成员，针对党支部调整设置或换届等情况，进一步加强管理和教育培训。修订出台《江苏大学基层党组织选举工作规定》《江苏大学党支部工作规定》，严明党内政治生活准则，选聘基层党组织换届选举工作督导员队伍，确保基层党支部换届选举工作风清气正。修订《江苏大学党内评比表彰工作规定》等制度，建立健全"三会一课"、民主生活会、组织生活会、民主评议党员、谈心谈话、领导干部双重组织生活等基本制度。认真贯彻执行《中国共产党发展党员工作细则》，严格按照控制总量、优化结构、提高质量、发挥作用的总要求，坚持政治标准，严格发展程序，认真落实《江苏大学发展党员工作规定》和《江苏大学发展党员工作九项制度》，扎实做好在优秀大学生中发展党员工作。开展发展党员工作回头看和执行情况年中专项督查，一是重点对发展党员工作开展回头看，排查发展党员工作会议记录、入党条件、入党程序、入党材料等；二是重点排查是否存在带病入党、弄虚作假、徇私舞弊、严重违反入党程序等问题；三是重点听取基层关于加强和改进新形势下发展党员工作，增强发展党员工作质量，优化党员队伍结构的对策建议，严把入口关、质量关，确保计划用足用好，不断提升工作规范性。

学校以提升党支部组织力、强化党支部政治功能为重点，全面推动各二级党组织书记结合现有工作联系点，在本人党组织关系所在党支部以外，联系1个基础相对薄弱、情况相对复杂的党支部，推动党支部建设质量不断提升，并在党支部联系点做到"五个带头"。一是带头发挥表率作用。列席指导"三会一课"、组织生活会、主题党日等组织生活，每年列席联系党支部活动不少于1

次。二是带头宣讲理论政策。宣讲党的理论和相关政策，宣讲党中央决策部署和省委、市委工作要求，引导广大党员干部忠实践行习近平新时代中国特色社会主义思想。三是带头开展调研走访。开展调查研究，走访党员群众，了解党中央决策部署和上级工作安排贯彻落实情况，听取党员群众的意见诉求。四是带头发现、解决问题。帮助分析、查找工作中存在的差距、不足，研究提出加强和改进工作的意见建议，每年帮助解决 1～2 个突出问题。五是带头推广典型经验。帮助联系点党支部及时总结好经验，推广好做法，努力争先进位、提高党支部星级。

（二）深入实施教师党支部"双带头人"培育工程

学校党委深入学习贯彻习近平新时代中国特色社会主义思想和党的十九大精神，按照新时代党的建设总要求，制定《江苏大学推进教师党支部书记"双带头人"培育工程的实施意见》，完善建设标准，强化教育培养，深化改革创新，严格监督问责。

一是在选拔标准上突出"三高两强"，即政治素质高、师生威信高、专业学历高，以及党务能力强、专业能力强，着力破解"两张皮"难题。2019 年，学校教师党支部书记"双带头人"比例已达 100%；2020 年以基层党组织换届为契机，优化教研室、研究所、学科组、实验室、课题组等设置方案，共有教师党支部 135 个，实现了双带头人全覆盖。

二是在人选培养上突出"三个引领"，即思想引领、培育引领和业务引领。学校党委发挥教师党支部书记示范带动作用，引导他们深入学习习近平新时代中国特色社会主义思想和党的十九大精神，贯彻落实党的教育方针，坚持社会主义办学方向，强化思想政治建设，加强党支部标准化建设，认真落实"三会一课"、组织生活会、民主评议党员等组织生活制度，创新支部生活内容和形式，活跃支部生活。学校党委丰富教育培训内容，加大培养锻炼力度，通过党校培训、进修研修、挂职锻炼等多种形式，实现教师党支部书记党务工作与教学科研业务的联动式培养。完善教育培训体系，突出精准化、差异化，坚持分级负责、分类实施，校党校负责制订总体培养规划和年度培训计划，定期开展任前培训、示范培训、专题培训和集中轮训，同时，二级党组织负责实施支部书记的日常培训。校党委引导教师党支部书记把党建工作与教学科研工作有机融合，找准党建工作与教学科研的结合点，做到党建工作与教学科研同规划同落实；充分发挥教师党支部书记的学术威望和影响力，把一大批教学科研能力突出的业务骨干团结带动起来，增强党支部的创造力凝聚力战斗力。发挥好教师党支部书记在团队建设中的"领头雁"作用，推动教学科研创新创优，形成争做教学科研骨干的良好氛围。学校充分发挥党支部书记"头雁效应"，大力推动党支部"标准＋示范"建设，1个教师党支部获评教育部第二批全国党建工作样板支部，1个教师党支部书记工作室入选教育部第二批高校"双带头人"教师党支部工作室建设名单（省属本科院校唯一），并受邀在"全国高校教师党支部书记带头人研修班"上作交流发言。全校135个教师党支部书记负责落实1个"书记项目"，学校立项建设示范型"书记项目"工作室，推动形成"一支部一特色、一支部一品牌"。学校坚持新任书记必学、连任书记轮学的原则，通过集中授课、案例教学、专题研讨、现场体验、进修研修等形式，引导教师党支部书记解决"抓什么、干什么、怎么干"的实际问题。

三是在责任担当上突出"三个强化"，即强化政治担当、典型示范、管理考核。校党委每学期至少开展1次专题研究，开展专项督查。列为校党委"书记项目"的予以重点推进，作为年终二级党组织书记抓党建工作年度述职评议考核的重要内容，纳入党建工作考核。学校实行教师党支部书记任期目标和年度工作目标责任制，建立党建工作和教学科研"双目标管理"机制。完善考评体系，重点考评支部党建工作和业务工作，变单一考核为综合考评。校党委还把教师党支部书记"双带头人"培育工程实施情况，作为二级党组织党建工作考核的重要内容，作为二级党组织书记抓党建工作年度述职评议考核的重要内容。学校贯彻落实好《江苏大学推进教师党支部书记"双带头人"培育工程的实施意见》，从制度层面保障贯彻实施。推荐符合条件的教师党支部书记加入学院教授委员会等组织，通过列席学院党政联席会议等，发挥其在本单位教职工职称评审、干部使用、表彰奖励等方面的积极作用。建立校院两级党组织委员会委员、党委职能部门负责人联系教师党支部制度，加强工作指导，帮助解决问题。建立教师党支部与学生党支部、团支部、社团、班级等结对联系制度，充分发挥教师党支部的示范带动作用。学校建立教师党支部书记信息库，把教师党支部书记的履职情况和工作实绩作为职称评聘、职级晋升、表彰奖励等重要参考内容，把教师党支部书记任职经历作为学校选拔处级党政干部的重要条件；建立党建阵地、活动经费等专项保障制度，保证教师党支部书记、副书记、委员的工作待遇。

（三）积极探索基层党支部党建工作创新

学校认真贯彻落实《中共教育部党组关于高校党组织"对标争先"建设计划的实施意见》和《新时代江苏高校党支部建设"提质增效"三年行动计划（2019—2021年）》等文件精神，大力支持和推动基层党支部党建工作的创新。

一是组织开展基层党支部"书记项目"的申报工作。各党支部书记本着切口小、可操作、可推广的原则进行设计。围绕品牌创建，针对基层党建工作面临的新形势、新情况、新要求，建设创新探索型项目；围绕榜样带动，针对如何发挥基层党支部、党员的典型示范引领作用，营造学、赶、超的良好氛围，建设典型示范型项目；围绕长效机制，针对日常工作实践进行成果凝练和升华，建设制度推广型项目。每个基层党支部书记负责牵头申报1个"书记项目"。

二是开展"双带头人"教师党支部书记工作室创建工作。面向全校教师党支部，以3年为一个周期支持建设一批"双带头人"工作室。"双带头人"工作室所在党支部需成立3年以上，以教学科研一线的党支部为主，由符合"双带头人"条件的教师党支部书记作为负责人主持开展工作。"双带头人"工作室重点围绕以下建设任务创新工作方法，创建平台载体，创立典型示范，着力发挥党支部战斗堡垒作用和党员先锋模范作用：（1）抓好党建主责主业。认真宣传执行党的路线方针政策和上级党组织的决议，严格执行"三会一课"、组织生活会、民主评议党员等制度，做好在高层次人才、优秀青年教师、海外留学归国教师中发展党员工作，做好党员组织关系管理、党费收缴、党员激励关爱帮扶和党纪处分、组织处置等基础性工作，加强调查研究，探索解决党支部建设重点难点问题。（2）强化支部政治功能。紧扣习近平新时代中国特色社会主义思想入脑入心这个重点，推动"两学一做"学习教育常态化制度化，积极探索、总结凝练加强支部政治建设、开展支部政治生活、组织教师政治学习、发挥政治把关作用等方面的经验举措，引领带动基层党组织全面进步、全面过硬。（3）提升思想政治工作质量。发挥"双带头人"教师党支部书记的独特优势，增强思想政治工作亲和力与针对性，按照"四有好老师""四个引路人""四个相统一"的要求，着力做好教师思想政治工作和新时代知识分子工作，使教师成为先进思想文化的传播者、党执政的坚定支持者、学生健康成长的指导者，以教师"供给侧"思想政治工作的加强引领带动学生"需求侧"思想政治工作质量的提升。（4）促进学校事业发展。把党的建设作为落实立德树人根本任务、建设高水平人才培养体系的重要牵引，推动党建工作与教学科研工作相互结合、有机融入，及时把政治素质好的骨干教师培养发展为党员，把专业基础好的党员教师培养发展为教学科研骨干，做好组织师生、宣传师生、凝聚师生、服务师生工作，把党组织的领导力和组织力转化为推进中心工作的强大动力，实现基层党建工作与教学科研工作双促进、双提高。（5）抓好支部班子建设。着力健全和配强支部班子，完善"双带头人"教师党支部书记后备人才长效培养机制，注重配备熟悉和热爱党务工作的青年党员学术骨干担任支部副书记或委员。强化班子政治、业务学习，加强教育引导、搭建锻炼平台、拓宽发展空间。支部书记以身作则当好"领头雁"，指导支委提升履职尽责能力，增强班子凝聚力，提升支部战斗力。

三是创新开展学生党支部的协同教育。对于大学生党员的教育是学生党支部工作的重点，学校始终注重大学生在每个阶段的培养和教育，针对不同的对象采取差别教育方式：（1）对于刚进大学的低年级学生，要求各二级党组织书记为新生进行一节党课教育，增强大学生对于党的了解和认识。对于递交了入党申请书的新生，定期对其进行理论教育和学习，端正其入党动机，积极引导其向正确政治方向发展。（2）印发《江苏大学推荐优秀团员为入党积极分子工作实施细则》《江苏大学推荐优秀团员作党的发展对象工作实施细则》，加强对入党积极分子的教育、培训和管理。各二级党组织下设的学生党支部定期组织入党积极分子进行经典红色著作的阅读并分享心得体会，开展红色电影的观看并撰写观后感，举办各式各样的志愿活动和社会实践，结合每个人的专业特点进行理想信念教育，组织入党积极分子参观红色基地，参与志愿者活动等实践。（3）针对预备党员要抓好考察和考核，制定"三公示一答辩"预备党员考核制度，定期对其进行考核。（4）指挥正式党员、高年级正式党员的"传、帮、带"作用，定期开展高低年级学生党员的座谈会和经验交流会，增强学生党支部的凝聚力。

二、 加强创优争先工作质量建设， 实现选树典型和价值引领相结合

党的十九大报告强调："党支部要担负好直接教育党员、管理党员、监

督党员和组织群众、宣传群众、凝聚群众、服务群众的职责，引导广大党员发挥先锋模范作用。"江苏大学全面落实新时代党的建设总要求，以政治建设为统领，以提升组织力为重点，以立德树人为根本，充分发挥各级党组织的战斗堡垒作用和党员先锋模范作用。按照"抓典型、树标杆、强示范、促发展"的工作思路，围绕中心，服务大局，扎实推进党支部"提质增效"建设、"评星定级"建设和先锋典型工作，以高质量的党建助推学校事业高质量发展。

（一）推进党支部"提质增效"工程，扎实推进党支部标准化、优质化、特色化建设

1. 总体思路

学校确定 2019—2021 年分别为党支部"标准化建设年""优质化建设年""特色化建设年"，通过 3 年集中攻坚行动，推进全校 400 个以上党支部全面达标，培育 50 个左右建设质量高、作用发挥好的优质党支部，打造 10 个左右彰显江苏大学特色、创新成果突出的特色党支部（简称党支部建设"451 计划"），努力构建"党委抓牢支部、支部严管党员、党员带动群众"的新时代党建工作机制。

2. 目标任务

一是实现政治功能更加突出。把政治建设摆在首位，坚持用习近平新时代中国特色社会主义思想武装师生员工，教育引导党员提高政治站位，增强"四个意识"，坚定"四个自信"，做到"两个维护"，不忘初心，牢记使命。严肃党内政治生活，严守党的政治纪律和政治规矩，弘扬积极健康的党内政治文化。坚决贯彻执行党的路线方针政策、上级党组织决议和学校党委决定，积极做好本单位师生员工思想政治工作。

二是推进中心工作更加有为。党支部工作主动融入中心、服务大局。引领带动师生员工投入学校中心工作和重点任务，推进学校改革发展。围绕立德树人根本任务，积极服务学校人才培养、科学研究、社会服务、文化传承创新、国际交流合作。党支部的战斗堡垒作用和党员的先锋模范作用在教学、科研、管理、学习生活中充分显现。

三是教育管理监督党员更加有力。政治理论教育、党章党规党纪教育、党的宗旨教育、革命传统教育、形势政策教育等主题鲜明、内容充实、形式新

颖、效果明显。发展党员、党员培训、党籍管理、党费收缴、党务公开、党内激励关怀帮扶、流动党员管理等工作扎实有效。坚持把纪律和规矩挺在前面，监督党员履行义务、遵规守纪及时到位，不合格党员处置处理等措施有效运用。

四是组织宣传凝聚服务师生员工更加有效。学习传达上级党组织和校党委决策部署及时到位，善于统一思想、凝聚人心、增进共识，组织引领师生员工听党话、跟党走成效突出。常态化了解师生员工困难诉求、倾听师生员工意见建议、帮助师生员工排忧解难，师生员工有困难找支部、有问题找党员的帮扶机制健全有效。

五是支委会建设更加优化。党支部设置规范、调整及时、有效覆盖。支委会健全、作用发挥好，班子成员团结和谐、战斗力强。党支部书记选优配强，"头雁"作用突出。

六是组织生活更加规范。党支部成员党的意识、组织观念强。"三会一课"、组织生活会、谈心谈话、民主评议党员等质量高、效果好。党支部活动内容丰富、形式多样，党员参与积极性高。

七是支持保障措施更加完善。校党委、二级党组织对党支部工作的领导全面加强，联系党支部机制健全、工作到位，破解党支部建设难题精准有效。党校、党支部书记工作室、党员活动室、党员教育网站、党员教育实境课堂、党员实践服务基地等阵地建设不断加强。党支部活动场所配套设施完整齐全，管理制度规范有效。党支部工作经费和活动经费稳定增长。党支部书记待遇落实到位。

3. 实施原则

（1）以查促建，重在建设。定期对党支部建设情况进行检查，检查结果作为学校年度目标任务综合考核、各类评先评优、党支部书记培养使用和待遇落实、各级党组织书记年度党建工作述职评议考核等重要依据。通过检查，达到以查促建、以查促改、以查促管、查建结合、重在建设的效果。

（2）全面覆盖，综合检查。检查全面覆盖在职教职工党支部（以下简称教工党支部）、学生党支部、离退休党支部等各类党支部。坚持定量与定性相结合，设置"党支部工作" A 类指标、"上级党组织支持" B 类指标等 2 类指标，综合检查党支部建设的各个方面。

（3）整体推进，分年展示。根据年度工作重点，逐步推进党支部标准化、优质化、特色化建设，分年度展示党支部建设成效，发挥示范带动效应，树立大抓基层、严抓基层的鲜明导向，推动全校党支部建设质量整体提升。

（4）动态管理，一票否决。加强督促检查，强化跟踪管理，推进滚动发展，确保3年之内全校党支部建设全面达标、整体提质增效。对党支部标准化建设中的重点任务和关键环节设置6个"一票否决"指标，作为标准党支部核定及参选优质党支部、特色党支部的必备条件。

（5）服务中心，注重实效。坚持把党支部建设与学校"双一流"创建高水平研究型大学建设、"三全育人"综合改革、教职工教学科研管理、学生学习生活等紧密结合，与落实高校党建工作重点任务紧密结合，充分调动各级党组织和党员的积极性、主动性、创造性，提升工作推进的科学性、针对性、实效性。不做表面文章，不搞形式主义，不增加基层负担。

4．实施步骤

（1）"标准化建设年"

一是学深悟透，明确建设标准。组织学习《中国共产党支部工作条例（试行）》，以及省委组织部、省委教育工委发布的《江苏高校党建工作重点任务》《江苏省普通高等学校基层党支部工作标准》和省委教育工委发布的《新时代江苏高校党支部建设"提质增效"三年行动计划（2019—2021年）》等规定，统一思想，提高认识，深入理解把握党支部工作基本要求和建设标准，增强工作的自觉性、针对性、有效性。

二是对标看齐，细化工作内容。根据文件规定，坚持高标准、严要求，逐条逐项对照检查，找准差距和不足，明确自我定位，确定推进目标，理清工作思路，落细落实建设任务。

三是查漏补缺，推进全面达标。坚持问题导向，抓住关键环节，紧盯弱项短板，一项一项地整改落实，力争早日达标、全面达标。

（2）"优质化建设年"

一是巩固提高，扩大达标成果。已达标党支部在巩固建设成果的基础上，认真落实高校党建工作重点任务，积极推进大学生党员素质工程、教师党员先锋工程、教师党支部书记"双带头人"培育工程等重点工作，推动党支部建设质量再提升。未达标党支部加大工作力度，继续推进整改落实，确保 1～2 年内达标。

二是培育创建，提升建设质量。对照教育部党组高校党组织"对标争先"建设计划、"双创"工作和省委基层党建"五聚焦五落实"建设计划等要求，积极开展样板支部、党员标兵、党支部书记工作室、党员教育实境课堂等培育创建工作。广泛开展争先创优活动，培育选树先进典型，组织"两优一先"评比表彰，不断推进党支部优质化建设。

三是示范引领，充分发挥作用。突出政治功能，以提升组织力为重点，大力开展学习型、服务型、创新型党支部建设，不断推进党支部建设内涵式、优质化发展，真正把党支部建设成为团结师生员工的核心、教育党员的学校、攻坚克难的堡垒。充分发挥党支部的战斗堡垒作用，引领带动党员在推进学校中心工作和重点任务、遵章守纪中发挥先锋模范作用。

（3）"特色化建设年"

一是创新探索，形成经验做法。在组织设置、职责履行、队伍建设、组织生活、活动开展、作用发挥等方面进行探索创新、取得实效，形成可复制、可借鉴、可推广的经验做法。

二是总结凝练，打造特色品牌。结合自身实际、特色和优势，形成优秀党建工作方法和典型案例，努力在各级各类党建评比创建活动中争先进位，在全国、全省、全市基层党建工作中彰显学校特色，打造学校品牌。

三是宣传推广，扩大建设成效。充分利用传统媒体、"两微一端"新媒体等平台，加强对党支部建设先进典型、经验做法、特色品牌的宣传，提高知名度和影响力。通过会议交流、现场观摩、案例选编等方式推广党支部建设成果，全面提升党支部建设水平，着力促进全校基层党组织全面进步、全面过硬。

（二）开展党支部"评星定级"工作，实施先进党支部建设工程

1. 总体思路

落实全面从严治党新要求，以学习型、服务型、创新型党组织建设为统领，以思想引领先进、支部班子先进、党员队伍先进、工作机制先进、作用发挥先进为主要标准，在基层组织建设年开展的党支部分类定级基础上，以星级考核管理为抓手，全力实施先进党支部建设工程，不断提升基层党建工作科学

化水平，为学校转型发展提供坚强的组织基础。通过实施先进党支部建设工程，把各类党支部逐步建设成政治坚定、基础坚实、作用明显的基层党组织，成为学校服务群众、凝聚人心、促进和谐、推动发展的战斗堡垒。对党支部实行"五星"级考核管理，全校先进党支部（"四星"党支部及以上）占比分别达到15%以上。

2. 建设标准

全校先进党支部建设工程实施主体为各基层党支部，具体分为教学科研教职工党支部、行政机关教职工党支部、直属单位教职工党支部、学生党支部等类型。建设标准如下：一是思想引领先进。党支部建设强化政治功能、注重政治引领。始终坚持宣传和执行党的路线、方针、政策，注重用先进理论、时代精神教育党员，引导党员坚定理想信念，带领基层群众认真践行社会主义核心价值观。坚持以党章为根本，教育党员带头学习和遵守党规党纪、法律法规，树立牢固的尊法守法理念。二是支部班子先进。党支部班子具有创造力、凝聚力、战斗力。班子健全，结构合理，按期换届，分工明确，民主团结，工作协调，务实清廉。党支部书记党性强、作风正、威信高，有较高的法治素养，较强的创新意识、奉献精神和服务能力。三是党员队伍先进。严格执行党内法规制度，严肃党内组织生活，严格党员教育管理。党员队伍保持先进性、纯洁性。党员意识强，自觉履行党员义务，正确行使党员权利，发挥先锋模范作用，维护党的形象。党性观念强，自觉参加党支部活动，遵守党纪党规。宗旨意识强，发挥专长优势，主动联系服务身边群众。四是工作机制先进。制度建设注重规范性、科学性。党支部工作制度简便易行、务实管用，各项工作有序有力、落到实处。组织生活规范、有效，组织活动灵活、多样，党员参与率高。五是作用发挥先进。工作业绩突出服务中心、群众满意。党支部将战斗力、先进性转化为推动所在单位中心工作的具体业绩。工作富有特色，逐步创立工作品牌，有较大影响力和示范性。在学校转型发展、联系服务群众中充分发挥战斗堡垒作用，有较高的群众满意度。

围绕"五个先进"标准，分类制定量化考核办法，按照"党支部自评、党员群众测评、上级党组织考评"的程序，由二级党组织对党支部分评星定级。60分以下不予评星，60～69分为"一星"，70～79分为"二星"，80～

89 分为"三星"，90 分及以上为"四星"。其中，"四星"党支部由学校党委审核认定；"五星"党支部由市委党建办采取学校党委推荐、复核评审、公众投票、媒体公示等程序认定。实行动态管理，对已授星党支部每年复查，优升劣降；把未授星党支部列为软弱涣散基层党组织，开展集中整顿，促其整改提升。

3. 建设举措

围绕先进党支部建设工程，开展五大行动：一是理想信念培育行动。教育引导广大党员干部做共产主义远大理想和中国特色社会主义共同理想的坚定信仰者和忠实践行者，把立德树人作为教育的根本任务，牢牢把握社会主义办学方向。抓好思想理论建设，大力培育和践行社会主义核心价值观，推动广大党员干部坚定理想信念，增强道路自信、理论自信、制度自信，真正做到坚定不移、矢志不渝。抓好党性教育，教育党员自觉维护中央权威，始终同以习近平同志为核心的党中央保持高度一致。开展学《宪法》、学《党章》活动，充分利用共产党员、镇江先锋微信平台等新媒体上的"法治专栏""法治微党课"等，大力弘扬法治文化。二是党内生活规范行动。严肃党内政治生活，认真贯彻中央和省委关于加强和规范党内政治生活的要求。深化党内民主，推进党务公开，规范党支部议事规则程序。坚持周三组织生活制度，认真落实"三会一课"、民主评议、党性分析、领导干部双重组织生活会等制度，通过主题党日活动、警示教育、微型党课、书记讲堂、网络课堂等，不断增强党组织生活的科学性、吸引力，推进党内生活制度化、常态化。三是党员素质提升行动。根据高校自身实际和人才成长规律，坚持把政治标准放在首位。围绕增强政治意识、组织意识、法治意识和提高服务能力、履职能力，实施基层党支部书记集中轮训，做到党支部书记培训率 100%。按照民主公开的要求，规范发展党员工作流程。定期举办本科新生党员、预备党员、毕业班党员和研究生党员培训班，每名党员每年参加集中培训时间一般不少于 16 学时，预备党员参加集中培训时间大学生一般不少于 16 学时，青年教职工一般不少于 24 学时，不断提高党员队伍的整体素质。四是服务师生拓展行动。以服务型党组织建设为抓手，围绕班子建设好、服务队伍好、服务机制好、服务阵地好、服务载体好、服务业绩好的"六好"基层党组织建设标准，深入开展"四育人四促进"系列实践活动，教师党支部开展教书育人促进转型发展实践活动；机关部门党支部开展管理育人促进作风转变实践活动，直属单位党支部开展服务育人促进服务保障质量提升实践活动；学生党支部开展朋辈育人促进同学成长成才活动。围绕人才培养、科技创新，引导教职工、大学生成为法治理念的传播者与法治建设的参与者。五是转型发展助力行动。围绕建设高水平、有特色、国际化研究型大学建设目标，坚持分类指导，发挥党支部在人才培养、科技创新、管理服务等方面的战斗堡垒作用和党员的先锋模范作用。各党支部要不断探索服务学校转型发展的新途径。教学科研党支部要建立党员结对互助制度，不断提高教学科研团队的凝聚力和战斗力。机关、直属单位党支部要立足本职岗位，切实转变作风，为不断提高工作效率、谋划好条线工作、提升工作成效提供坚强的思想和组织保证。

（三）选树先锋模范，发挥榜样教育的育人优势

习近平总书记指出：青年要学习英雄人物、先进人物、美好事物，在学习中养成好的思想品德追求。江苏大学大力推进先进基层党组织和优秀个人的评选工作，把一个个先进典型树立为广大师生的标杆。

1. 树典型，突出立德树人根本任务

榜样作为先进典型，代表着社会的主流价值取向，在人们和社会中起着广泛的示范和引领作用。榜样教育通过对这些先进典型的示范、宣传，潜移默化地影响着广大受众，进而教育每一个人不断地提高自己的思想认识和道德水平。中国共产党在革命、建设和改革的不同历史时期，树立了像刘胡兰、雷锋、张海迪这样的先进典型，通过他们的言传身教来对广大人民群众进行示范、宣传教育，在引领社会风尚、塑造个体人格方面都起到了重大作用。习近平总书记也曾强调："要大力弘扬和宣传先进典型，充分发挥其示范引导作用。"

2015—2020 年，全校共评选出 115 个先进基层党组织、663 名优秀共产党员、106 名优秀党务工作者、192 个先进基层党支部。学校采取线上线下共同推进的方式，大力宣传榜样的先进事迹，在全校形成了学习先进、赶超先进、争当先进的热潮，为推进学校内涵式发展凝聚了磅礴力量。榜样的力量是无穷的。大学生榜样更是高校学生身边最可亲可敬可学的典范，是优秀人格的化身，蕴含着丰富的育人价值。榜样精神是社会发展趋势和主流价值观的集中体现，是大学生学习的生动教材。育人为本，德育为先，榜样精神是高校立德树人的重要价值资源，与思想政治教育的基本规律具有内在契合

性。学校通过开展"三全育人"先进个人、"感动江大"人物、师德先进个人、师德标兵、十佳青年教职工、十佳青年学生、优秀辅导员、三好学生的评选，以及教书育人楷模、辅导员年度人物、大学生年度人物、自强之星等的选拔推荐，引导师生提高干事创业的精气神，树立刻苦钻研、脚踏实地、立志报国的人生信念。

2. 扬精神，形成"三全育人"工作合力

习近平总书记指出："抓典型，更具意义的是要树立精神上的榜样，让人们学习典型所体现的精神，让典型身上的精神发扬光大。"榜样教育最深刻的内涵就是教育人们不断提高自己的思想道德水平，最终养成榜样身上的崇高精神，去规范自己的一言一行。中国共产党在长时期的榜样教育过程中，宣传和弘扬了许多优秀的榜样，他们身上最打动人、让人最为印象深刻且一直广为流传的往往是那些崇高的精神，每个时代都有属于自己的特定的主流价值去引领方向，但是总有一些是我们中华民族长久不变的、共同的价值追求，譬如那些榜样身上展现出来的无私奉献精神、爱国主义精神等。

学校坚持以习近平新时代中国特色社会主义思想武装学生，加强"四史"学习教育，强化学生思想引领和家国情怀教育，培养信念坚定的青年马克思主义者。以党的政治建设为统领，发挥党团组织在思政教育中的政治核心作用，不断加强大学生党员发展工作和教育工作，确保思政教育的政治性、科学性。健全思政教育组织引领体系，建好用好"学校—学院—班级（党支部、团支部）—党小组（团小组）"组织引领体系，充分发挥各级各类学生组织、学生社团、大骨班、青年学习社的辐射带动作用，拓展思政教育的有效覆盖面。强化价值引导，通过开展大学生年度人物、自强之星等选拔活动，选树宣传先进典型的优秀事迹，引导学生树立刻苦钻研、脚踏实地、立志报国的人生信念。学校依托重大活动、开学典礼、五四典礼、表彰典礼、毕业典礼、重大纪念日、主题党团日等契机，举行升国旗、唱国歌仪式，有效利用校园文化基础设施，开展爱国主义教育；坚持以伟大抗疫精神为指导，帮助学生坚定中国特色社会主义制度自信，激发师生建功新时代的强大奋进动力。

第四节　江苏大学党组织育人模式创新案例

一、校党委组织育人工作案例

突出"五强"　聚焦"五力"
助力基层党组织提质增效建设

1. 实施背景

为深入学习贯彻习近平新时代中国特色社会主义思想，贯彻落实党中央"大抓基层"战略部署，江苏大学党委确定以"五强"（强组织、强队伍、强活动、强制度、强保障）示范基层党组织创建为 2020 年度书记项目，聚焦"改革攻坚"主线，全面推进基层党组织提质增效，以立德树人为根本，以强农兴农为使命，不忘初心，以更大力度、更实举措、更扎实的成效向中国共产党成立 100 周年献礼。

2. 主要做法

（1）强组织，增添动力。学校党委主要领导带头为师生上专题党课、信仰公开课、新生第一课、毕业生最后一课。每月召开各二级党组织书记工作例会，部署推进党建工作。印发《新时代江苏大学党支部建设"提质增效"三年行动计划（2019—2021 年）》，遴选 5 个党建标杆学院和 10 个党建样板支部进行重点培育（标杆学院按每年 10 万元，样板支部按每年 2 万元进行专项经费支持），开展"研究生样板党支部"和"研究生党员标兵"创建工作，开展"党建带团建"先进单位申报评选工作，开展"最佳党日活动""党建工作创新创优奖"评选工作，以点带面逐步推进基层党建工作全面创优。严肃基层党组织换届工作纪律，成立督导员队伍，加强过程监督，确保教师党支部书记"双带头人"100% 全覆盖。实施"校—院—支部"三级党建书记项目制度，校党委书记带头开展"书记项目"和"履职亮点项目"，各二级党组织书记、各基层党支部书记负责牵头确定和落实 1 个党建"书记项目"。

（2）强队伍，提升实力。学校积极落实党管干部原则，以新时期好干部标准为导向，坚持人岗相适、人事相宜。按照"大学习、大培训、大普法"工作要求，建立健全学分制管理体系，分级分类实行精准化培训。学校在每个二级学院设立党务办公室，配备科级实职，实行专岗专责。常态化举办二级党组织书记、基层党支部书记专题培训班、管理干部英语口语培训班等，着力增强广大干部政治能力、履职能力和整体活力。实行校院两级领导班子联系党支部制度，切实履行党建第一责任人职责。遴选征集优秀党建工作典型案例，实施教师党支部书记"双带头人"培育工程和党支部书记工作室建设，推动党支部建设质量再提升。

（3）强活动，彰显魅力。学校着力构建"X＋"大党建体系：一是打造"课程＋"模式。以"思政课程"为抓手，成立思想政治教育研究院，推进思政课改革；学校药学院许颖老师所在的全国党建样板党支部，以"课程思政"为抓手，以实践实训为引领，将党建工作与人才培养深度融合，将课程与思政交融，传承着教育的"药味"。央视《新闻联播》多次专题报道学校创新开展思政课教学的特色做法。二是打造"支部＋"模式。以课题组为单位探索设立"横纵结合型"党支部模式，把党支部建在课题组，促进党建、思政、科研的深度融合。学校化工学院闫永胜团队以生为本、不忘初心，打造着指尖上的思政和科研的"师生共同体"，获得了江苏省首届"十佳研究生导师团队"提名奖。三是打造"涉农＋"模式。围绕"党建引领、人才推动、教研共进、师生共联、共推双一流"的工作思路，不断丰富"党建＋"工作内涵，厚植"知农爱农"情怀，着力打造涉农版块特色党组织和学校党建工作标杆学院。

（4）强制度，提高能力。学校坚持学院党政共同负责制，规范党组织会议和党政联席会议制度。以"书记项目"为抓手，推动二级党组织书记切实履行"第一责任人"职责。修订《江苏大学二级党组织工作规定》《江苏大学二级党组织委员会会议议事规则》《江苏大学学院党政联席会议议事规则》，进一步完善议事决策规则，提升班子整体功能和议事决策水平；修订《江苏大学基层党组织选举工作规定》《江苏大学党支部工作规定》，为二级党组织在组织领导到位、政治把关作用到位、思想政治工作到位、基层组织制度执行到位、推动改革发展到位方面提供制度保障。

（5）强保障，凝聚合力。学校以教育部"三全育人"综合改革试点高校为契机，创建"三全育人"创新发展中心，成立13个育人工作组，形成"校—院—专业—团队—岗位"的育人联动机制，将党建育人责任传递到每个"神经末梢"。加强党建阵地人员、经费、场所"三重保障"建设，实施党建专员工作制度，按照动态聘任原则管理，将多个二级基层党组织划分为一个党建片组，由党建专员深入联系基层党组织，帮助找差距、理思路、创先进。学校成立年度目标任务考核"党的建设"工作组，制定"党的建设"年度目标任务考核指标体系，涵盖 5 个一级指标、19 个二级指标、49 个三级指标，与"业务工作"考核同部署、同落实。

3. 工作启示

"围绕中心抓党建，抓好党建促发展"是党领导下社会主义高校的应有之义，这就要求我们要把准方向，把学校党建工作放在国家坐标中来谋划，树牢一流党建理念，着力探索江大党建工作的新思路、新模式、新实践，以高质量党建引领学校"双一流"创建和高质量发展。

二、 基层党组织育人工作案例

"铸魂育人　积分亮绩"
入党积极分子积分制管理的探索与实践

1. 实施背景

为把政治标准放在首位做好发展党员工作，帮助入党积极分子端正入党动机，加强入党积极分子教育培养，提升发展党员质量，江苏大学××学院积极开展"铸魂育人 积分亮绩"入党积极分子积分制管理的探索与实践，并将之列为"书记项目"，深入推进实施。

入党积极分子积分制管理是学院落实立德树人初心、遵循人才培养规律、满足同学个性化成长成才需要的创新举措，也是注重青年学生思想引领、突出分类引导的一次尝试，以"自我管理和过程督促并举、自主学习和集中教育并行、目标管理和量化考评并重、探索总结和逐步实施并进"为工作原则。

2. 主要做法

以"经过组织推优的所有入党积极分子"为积分对象，以"思想政治、现实表现、道德品行、民主测评、表彰奖励"5 个方面为积分内容，以 1 年为 1 个积分周期实施积分管理。按照"一人一册"的要求，由个人填写"入党积极分子积分登记手册",实事求是、及时准确地做好积分登记工作,党支部进行核实,学院党委通过公开栏等形式对积分情况进行公示,接受党员群众监督。积分情况将运用到入党积极分子的培养环节。

（1）以制度规范推进流程。2019 年 4 月,《关于开展入党积极分子积分制管理工作的通知》和《入党积极分子积分内容及计分办法》发布。积分制管理工作启动仪式上,对工作开展的背景、依据、总体思路和具体要求,以及细化出台的入党积极分子积分制管理办法,对 5 个方面 18 个二级指标进行了详细解读,进一步明确了积分内容和计分办法。

（2）印制发放积分手册。学院设计积分手册,积极分子人手一册,便于随时记录、查阅,有利于自查、自我督促,将积分内容和要求融入日常、带在身边,实时记,便捷、高效、实事求是,尽量不增加额外负担。

（3）举办入党积极分子培训班。10 月,学院发布《关于举办××学院2019 年入党积极分子培训班的通知》,系统推进教育引导走向纵深,学习培训内容丰富、指导性强,涵盖了习近平新时代中国特色社会主义思想、党章、党的纪律和规矩意识、廉洁教育等。培训班的学习,除参加 4 个专题的集中培训外,还要求同学们用好"学习强国""青年大学习"等平台自学相关内容,要求各学习小组认真组织有关学习讨论。通过专题培训,使入党积极分子进一步提升理论水平,明确努力方向,增强责任意识,明确使命担当。

（4）阶段性积分汇总。为了增强过程性把控,按学期对入党积极分子的积分情况进行阶段性统计。10 月对 3—8 月的积分情况进行统计,可喜地看到,虽然只有一学期,即半个积分周期,绝大部分入党积极分子的积分已经在 70分以上,充分说明大家对积分工作开展的重视,也为积分工作的进一步推进提升了底气。

（5）座谈反馈总结提升。聚焦工作推进,评估工作成效,为了客观真实地了解积分试点的整体情况,倾听入党积极分子对积分工作的心声。11 月,学院组织召开入党积极分子代表座谈会,听取反馈。座谈会上,入党积极分子畅所欲言,对积分管理工作的开展给予了一致肯定,认为积分制管理对积分对象的德智体美劳提出了具体的量化要求,充分体现公平性;同时积分运用又不局限于数据本身,充分避免了教条僵化。此外,大家也从积分规则、积分内容、积分运用、积分过程中遇到的难点等方面提出了建设性的意见和建议。例如本研毕业班的荣誉相对较少的问题、本科新生班级四六级英语加分的问题、志愿公益捐款捐物加分的核实问题等，这些意见和建议为学院下一步更好地完善积分办法提供了重要的参考。

3．工作启示

（1）党支部的工作量大。不同于党员积分亮绩的人员基数，入党积极分子队伍人数较多，支部开展过程性的个性化指导和督促有难度，积分数据审核的任务量也不小。学院打算结合党团支部共建，发挥团支部力量协助工作推进。就全校范围而言，建议慎重推广。

（2）积分体系有待优化。目前积分办法一级指标和二级指标量化给分，且设定上限。这有可能限制或忽略入党积极分子某方面的特长，对个性化争先创优不利。学院打算进一步完善积分办法。

以微型党课教育为载体　构建党员教育长效机制

1．实施背景

党课是加强党员先进性教育的重要形式，是"三会一课"重要内容之一，也是党支部日常建设的一项重要工作，更是党员队伍建设的一项重要抓手，在党组织建设中发挥着十分重要的作用。然而，传统的党课教育逐渐显现出教育安排缺乏计划、授课形式单一、吸引力不强、学习效果不明显等突出问题。江苏大学××学院党委坚持在实践中探索，在探索中思考，围绕解决党员教育的"中梗阻"，在健全"三会一课"传统学习教育方法和形式的基础上，进一步延伸党课触角，把活动、学习和工作等内容融入党课教育全过程，以微型党课教育为载体，构建党员教育长效机制，采取"党员干部带头讲、普通党员轮流讲、党员线上线下深入讲"的办法，实现了从集中性教育向经常性教育延伸，从关键少数向广大党员拓展，推动党员教育常态化、制度化、长效化。

2．主要做法

（1）坚持党员干部带头讲党课，实现党员教育制度化

"微党课"以促进党员教育管理常态化、规范化、具体化为目标，是充分发挥基层党组织坚强战斗堡垒作用的有效平台。一是领导班子成员以上率下，结合工作实际、学习体会、调研心得等，带头讲专题党课，激发全体党员的学

习热情。二是党支部书记结合自己学思践悟，向所在支部党员讲专题党课，确保党员教育全覆盖。三是党支部书记负责制订年度党课教育计划，就党课具体组织安排、评价党课教育效果等工作要求进行部署，做到年有计划、季有安排、月有活动，实现党员教育制度化。

（2）坚持普通党员轮流讲党课，实现党员教育常态化

学院党委高度重视党课教育的效果，在学院领导班子先学一步、学深一步的基础上，创新党课宣讲模式，探索建立普通党员轮流讲党课机制，实现党员教育常态化。第一，形式改活，形成合力。轮流讲党课打破了主要领导讲党课的惯例，采取"一人一讲"的形式，即每周由一名普通党员围绕中心、聚焦一个党建主题、讲一堂小党课。许多党支部已经实现每名党员讲过一次"微党课"，人人有"微党课"作品。第二，内容改精，讲求实效。一是深入调研，结合群众路线教育实践活动，党员深入师生群体开展调查研究，把师生普遍关心的"热点焦点"问题作为党课的切入点，科学设计"微党课"主题，制定"'微党课'学习课表"。二是精心备课，把党员亮身份、做表率、悟道理的实践作为"微党课"的素材，精心备课，制作出内容翔实、图文并茂的课件，从身边事说起，完成一事、一思、一议、一党课。第三，效果改实，提质增效。一是创新学习显成效。创新学习模式，督促学生党员从"学"向"讲"延伸。每次党课明确一个主题，设置"讲、议、评"三个环节，把在专业教学中"翻转课堂""交互问答""小组讨论"等先进方法运用到"微党课"中，由授课党员讲感受、听课党员谈体会、支部书记作点评，保证支部内高交流、高参与、高互动。二是规范管理抓落实。及时将党课教案课件、学习笔记、心得体会等，交予党支部归档进行综合考评，实现党员学习管理可跟踪、可量化、可考核。三是对标先进促提升。组织党员观看学习"微党课"获奖作品，党员们将示范党课与自己的党课对比，在对比中找差距，在差距中获提升，让"学"不再枯燥，使"做"有了榜样，形成"比、学、赶、超"的好势头。

（3）坚持党员线上线下讲党课，实现党员教育长效化

①"线上"推送，开展"空中微党课"活动。一是优选内容，增加可读性。党支部书记通过浏览学习强国"党课—二级平台相关内容"，优选针对性和可读性强，适合师生党员的"微党课"专题学习材料，定期进行线上推送，将党的创新理论送到师生的心坎上。二是精心准备，确保高质量。各基层党支

部结合专题学习讨论，对"空中微党课"主题、内容和方式等做出具体安排，并采取集中备课、组织在一定范围内试讲等方式精心准备。三是扩大覆盖，提高影响力。将党员、发展对象、入党积极分子等列为"空中微党课"的教育对象，并定期运用学习强国、企业微信、腾讯等视频会议功能，组织党员开展"微党课"线上巡讲活动，有效扩大"微党课"教育的覆盖面。

②"线下"推进，开展"宿舍微党课"活动。一是前期广泛讨论，凝聚共识。学院以学生党支部为入口，通过召开支部大会，组织学习有关党建精神，探讨"宿舍微党课"活动部署情况，实现对广大青年党员的思想凝聚、组织凝聚和工作凝聚。二是中期全员参与，细化方案。通过"党员—宿舍—入党积极分子"模式，组织党员每两周至少一次进入党积极分子宿舍，参加"宿舍微党课"活动，讲述党的理论知识、介绍入党流程，细致做好入党积极分子的思想引领和政治引领工作。三是后期深化成果，常态管理。制订并实施学生党员宿舍挂牌制度，把党建和思想政治工作"搬"进宿舍。

③"党团"共建，开展"微党课进团支部"活动。一是"线上"联合开展活动。举行"微党课"比赛，党团支部联合参与，参赛队伍以"党支部书记＋党员＋团干"形式开展，保证党支部书记理论指导、党员主讲党课、团干传播思想。二是"线下"结对共建支部。校党委书记带头与基层团支部结对，依托党建带团建，统筹实施"微党课"与"团支部风采展示"，将"微党课"元素融入基层团建中，通过喜闻乐见的情景剧方式呈现让党课"活"起来。

3. 工作启示

"微党课"为高校加强"学习型、服务型、创新型"党组织建设提供了新的载体，有效实现了党员理论学习与实际工作深度融合、党员从被动学习向主动学习的实质性转变。党支部要逐步完善"微党课"的运行模式和管理方式，逐步形成有理论高度、实践深度、现实角度的课程体系，"微党课"才能不断在服务师生、服务社会的过程中发挥更大的作用。

在课程思政中传承"药味"

1. 实施背景

江苏大学××学院教工党支部目前共有教师党员 20 人，支部先后获评江苏大学"党员示范岗"、镇江市"五星支部"、教育部全国党建"样板支部"等荣誉称号，药学实践活动"健康中国，我们在行动"获评江苏省委教育工委"最佳党日活动优胜奖"，发挥了高校党员教学群体的强有力作用。多名党员教师获得国家级教学大奖，在教学理念、教学方法和手段、实践教学、教材建设、科研反哺教学等方面取得了一系列成果。

习近平总书记在全国高校思想政治工作会议上强调，思想政治工作关系到高校培养什么样的人、如何培养人、为谁培养人这个根本问题。药学院教工党支部的党建工作始终牢记为党育人的初心、为国育才的立场，努力在专业教学中实践"课程思政"，探索全过程、全方位育人的途径与方法。

专业教师只有真正理解并领会课程教学的核心价值，才能自觉地在课程教学中履行"课程思政"。支部尝试通过不断引导、加强专业教师的德育能力，使得支部教师能够根据药学类专业的特点和课程性质深入挖掘"药味"、提炼课程的德育元素和价值资源，着重在文化自信、科学精神、国情观念、职业情怀等4个方面实现药学专业学生的价值观塑造和引导。

2. 主要做法

（1）讨论中药质量标准的发展及中药在新冠肺炎疫情中的实际作用，引导学生正确认知我国的中药文化，树立中医药是当代中国"独特的卫生资源、潜力巨大的经济资源、具有原创优势的科技资源和优秀的文化资源"的学科自信。

（2）在药剂学、药物分析学等具体专业案例的基础上，认知药学技术方法的创新、发展，引导学生崇尚科学精神。

（3）探讨"健康中国"上升为国家战略及一系列医药调整政策的落地，要求药学专业教育需与我国区域医药产业发展的国情相契合，使药学生认识到面临的更多挑战和更高要求。

（4）通过案例和课外实践，将知识技能与职业价值观塑造结合，与相关药学行业的职业道德、社会公德形成统一的整体，引导学生思考职业道德，培养药学工作者的责任感和使命感，并愿意为"健康中国"医药事业投入毕生精力。

典型做法列举如下：

① 疫情期间，"中药制剂研究进展"课程教师讲解中药试剂概述时，穿插介绍国家卫健委有关新冠肺炎疫情的中医药防治文件，分析国药大师周仲瑛的

建议和处方，并让学生深入讨论中医药在新冠肺炎疫情中的预防与治疗作用。

② 疫情期间，"药物分析"课程的试卷以连花清瘟胶囊中有效成分测定为试题。"体内药物分析"课程中介绍我国核酸、抗体检测的产品。以上均从具体技术方法出发，引导学生认识我国医药技术的巨大发展，提升专业认可度。

③ 在"药物分析"课程的"药品质量标准"章节中，教师从电影《我不是药神》出发，讨论中国仿制药的质量问题，引导学生分组讨论"一致性评价"政策的意义、对"健康中国"带来的积极影响。"药学导论"课程介绍新冠肺炎诊疗方案，分析中国大健康产业趋势，增强学生对药学的学习热情和国情思考。

④ 疫情期间，支部党员教师多方奔走于市区各大药房采购原料，为复课返校的中外学生赶制中药防疫香囊。"正气存内，邪不可干"，蕴含缕缕药香的护身符是老师们的专业守护，也是药学文化的传承。

⑤ 党员教师参与策划本科生"寻药记""小手拉大手"等暑期主题社会实践活动，将专业理论应用于实践活动，让学生学以致用、用以致学，树立对人民健康负责的药品质量意识，以自身优势和特色为社会服务，践行药学工作者的担当。

3. 工作启示

（1）党员教师的德育意识与教学能力需共驾齐驱

支部通过集体备课、教学沙龙等形式引导、强化党员教师的德育意识，始终牢记为党育人的初心、为国育才的立场，充分挖掘专业课程思想政治教育元素，并从互动效果中让广大专业教师认识到在课程中开展思想政治教育并不耽误教学时间，而是起着促进作用。本案例对专业教师如何在坚守专业定位的同时，服务国家战略、行业要求，考虑如何为国家战略、行业需要服务，为社会主义核心价值观服务提供了有益思路。

（2）专业人才的培养目标与路径创新可双管齐下

本专业系列课程思政的实施拟同时达成的目标包括：① 知识目标。熟悉药学专业基本规律与方法；熟悉主流药学技术并了解其技术进展；了解本专业基本现状与进展。② 能力目标。具备运用主流专业技术的实践能力，对经典药物或剂型进行质量评价及制剂学研究的能力；查阅、研读及运用药学文献的能力；具有探索性解决药学专业问题的基本思路和基本能力。③ 素质目标。培养学生"质量源于设计"等理念和科学精神；具有团队协作能力；认知中医药文化的独特优势，具备追求创新发展的意识和职业道德素养；认同"健康中国"的重任，具有专业使命感。

"党支部+团队"建设新模式的探索与启示

1. 实施背景

党的十九大报告明确指出，党支部要担负好直接教育党员、管理党员、监督党员和组织群众、宣传群众、凝聚群众、服务群众的职责。长期以来，图书馆党总支高度重视党支部建设，多次荣获"江苏大学先进基层党组织"称号。

随着图书馆事业的发展和人员的变动，基层党组织也面临一些问题，比如各部门党员年龄结构差异较大、各部门业务交流较少、团队建设遭遇瓶颈等。在这样的背景下，图书馆党总支开展了"党支部+团队"建设新模式，着力优化支部党员的年龄结构促进业务交流，加强党在图书馆业务工作中的领导，更好地发挥基层党支部和广大党员在图书馆业务团队建设中的支撑引领和先锋模范作用。

2. 主要做法

党支部是党的基础组织，是落实党的路线方针政策的"最后一公里"，是感受群众心声的"神经末梢"，如何找准党支部建设的出发点、发力点，强化其政治功能，不断提升其组织力，是新时代党的建设的一个重大命题。对此，图书馆党总支实施了"党支部+团队"建设模式，主要分以下三个步骤：

（1）第一步，注重科学设置与顶层设计

科学合理设置党的基层组织是体现党的先进性、发挥基层党组织战斗堡垒作用和党员先锋模范作用的必要前提和重要保证。

与教学科研单位不同，工作人员一是年龄结构整体老化，二是各部门之间的年龄结构差异较大。图书馆40岁以下人员占比仅有14%，50岁以上人员占比45%，缺乏年轻馆员。部门之间党员年龄上、学历上都存在不均衡现象，比如流阅服务部共有党员3名，最年轻的都已经快50周岁，而科技查新站共有党员4名，其中1名"80后"、3名"90后"。基于这种情况，图书馆全面深入分析人员结构，综合考虑年龄、党龄、馆龄、学历，以及部门之间的业务相关性，对支部设置、支部书记选配、各党支部的人员构成进行科学设置与顶层设计，做到支部书记"能带头"，人员兼顾"老中青"，业务注重"传帮带"。

（2）第二步，融合支部建设与团队服务

在科学组建基层党支部的基础上，党总支围绕图书馆中心工作，着力释放党支部内在活力和动力，以"党支部＋团队"模式融合支部建设与团队服务。以下是其中两个典型案例。

案例一：图书馆教工第一党支部＋阅读推广团队

图书馆教工第一党支部共有13名党员，主要来自流阅服务部、特藏服务部和科技查新站。阅读推广是图书馆的一项具有挑战性的服务工作，是图书馆传统的读者服务工作的延伸和创新。在党支部党员骨干的带动下，阅读推广服务团队不断推陈出新，内联外合，借助新媒体平台、读者协会，不断探索文化育人、服务育人的实践模式。"读书节"、"诗词大会"、三季活动（迎新季、毕业季、考试季）、"辉煌一课"、"耶鲁公益课"等活动已成为颇有影响的校园品牌活动，团队获批校级党员示范岗。

案例二：图书馆教工第二党支部＋学科服务团队

图书馆教工第二党支部共有13名党员，主要来自学科服务部和馆办。图书馆学科服务特色鲜明，因此教工第二党支部致力于结合学科服务团队，充分发挥党员骨干作用。支部带动团队中的非党员面向教学科研、学科建设、国际化等卓有成效地开展"数据＋情报"服务，团队入选江苏大学"三全育人"综合改革管理服务示范岗和校级党员示范岗。

（3）第三步，强化制度保障与长效机制

图书馆党总支持续推进制度建设，在激发党建工作活力的同时，确保各项工作"不走样变形"。一是对行之有效的经验进行制度化；二是堵塞管理漏洞完善制度，修订制度80余条，涉及党建、宣传、管理、资源、服务、科研等图书馆工作的方方面面。各支部组织"学制度、用制度"活动，让"守制度"成为习惯、"用制度"成为自觉。

3．工作启示

图书馆党总支秉持坚持"党政一心、共谋发展"的办馆理念，坚持党建引领和事业发展互融互促、协同发展。通过机制联结、资源整合、优势互补形成跨部门团队组织整体优势，形成以党的建设为核心的纵横体系，实现党建和业务"双谋划，双丰收"。在积极探索"党支部＋团队"建设新模式的过程中，主要有以下几个启示：

（1）"党支部＋团队"有机融合党建与业务工作

通过党建引领、支部牵头，利用"党支部＋团队"模式统领各项工作，推进支部建设与团队服务深度融合、共同发展，有效克服"两张皮"现象，把党的政治优势和组织优势充分体现在图书馆业务工作中。不仅如此，还以制度化、常态化党建工作，推动各项工作健康发展。

（2）"党支部＋团队"激活党员和群众活力

科学合理的党支部人员构成及"党支部＋团队"模式放大了党员同志的先锋模范作用，带动团队成员中群众的活力，提高了团队成员的角色意识，工作能动性和积极性都得到了提高。党支部和业务团队的组织力和战斗力都得到了加强。

（3）"党支部＋团队"践行育人初心

"党总支＋团队"建设始终不忘育人初心。学科服务和阅读推广等服务团队都是图书馆"三全育人"工作的中流砥柱，团队建设孕育了江苏大学"三全育人"先进个人及"三全育人"示范岗。通过这种模式的创新可以有效推动"三全育人"工作。

党建融合育人　师生共同成长
——构建独立学院"教管学"联合党支部 提升"三全育人"实效

1. 实施背景

"三全"育人理念下，高校党组织建设要全员发挥力量、全程覆盖成长、全方位作用于学生，知行合一、立德树人。基于年级管理的横向管理模式，以各年级辅导员兼支部书记，在年级内部跨专业建立，对全员参与、全程覆盖、全方位作用具有现实的局限。院系纵向设立党支部的模式，有利于管理人员、专业课教师、高年级党员共同成立一支政治强、业务精、素质高、作风正的支部管理队伍，有利于站在学生四年学业生涯的全程去管理和培养，有利于从学生思想、学习、生活全方位去发挥作用。

2. 主要做法

学院党委围绕"融合党建"的目标理念，从"联合""融合""创新"三个维度出发，探索创新符合时代发展要求，满足党员学习进步需要，形成全员育人、全过程育人、全方位育人的新型基层党建模式。具体如下：

（1）构建"教管学"师生联合管理模式，搭建全员参与育人平台，实现组织结构的稳定性与优势作用的互补性相结合。在院系纵向设立党支部的模式下，建立辅导员、专业课教师、高年级学生党员担任支部委员的支部管理体制，搭建教育管理、专业学习、组织生活互联互通的平台。

联合党支部的师生党员共同参加支部活动，实现了基层党组织的矩阵型结构管理，既简化了组织结构的复杂度，又提高了组织工作效率。同时，师生党员的联合打破了教师党员的疲态，弥补了学生党员的流动，将教师党支部的稳定性和学生党支部的活跃性结合起来，既可焕发组织流动性带来的新鲜活力，又保持了组织稳定性形成的有序传承，有利于发挥教师党员和学生党员优势互补作用。充分调动支部成员思想、学习、生活各方面的积极性，发挥党组织凝聚人心的作用，营造团结友爱、互相帮助的协作氛围，提升全员育人能力。

（2）构建"教管学"师生联合活动模式，打造全程覆盖育人体系，促使教师党员主导性与学生党员能动性相结合。在以专业为主体设立师生联合党支部的背景下，建立低年级思想引领为主、二年级三年级专业水平提升为主、高年级自我素质完善为主的系统化育人体系。

低年级侧重由教管思政工作者开展思想政治学习教育活动，二、三年级侧重由专业课教师开展学业拓展活动，高年级侧重由党员学生干部自主组织开展面向职业生涯的活动，教管人员、专业课教师、高年级党员在低、中、高不同阶段分别担任主角，形成有梯级、有体系、有长效的支部活动模式。教师党员与学生党员实现组织生活内外的联系与沟通，打破原来"相见不相识"的陌生，为教师党员发挥教书育人作用提供新时空，为学生寻求思想进步创建新天地。教师党员能够充分发挥自身优势和主导作用，从课堂教学、技能竞赛、实习实训、就业创业等方面指导和帮助学生，发挥教师党员传帮带的"人生导师"作用，还可以在组织生活中对学生党员进行思想政治教育，发挥政工人员工作范围延伸不到和互相补台的作用。同时，学生党员思想活跃，掌握新信息新技术迅速，能够推动教师党员教学理念、方法和知识的更新，促进学生党员思想政治素质和专业知识技能双提升，实现"育人"与"成长"的深度融合。

（3）构建"教管学"师生联合服务模式，打造全方位协同育人环境，推动师生党员和谐共处与融合发展相结合。在专业为主线、纵向架构的支部形式下，教、管、学多方共同以立德树人为中心，全方位开展教育、管理、服务，把育人的环境营造得更好，育人的合力凝聚得更实。

在思想政治教育方面，辅导员、两课教师、学业导师形成合力；在学业成长方面，教管人员、专业课教师、优秀学生党员形成合力；在素质成长方面，教管人员、专业课教师、社区服务人员、学生党员干部分别从课堂、社区、网络、生活等各方面协同开展育人。以学生为中心，营造"协同育人"文化，师与生、教与学融合发展，师生之间在党组织平台上实现双向互动。目前学院实施的"思政课程与课程思政建设""导师制""学长制""社区党员服务岗""学生党员义工服务岗""朋辈帮扶"等全方位发挥各自的优势，助力学生解决在思想、学习、生活、情感、心理、人际交往等方面的问题。发挥"课程思政"育人功能，构建党建工作品牌化建设长效机制，做到凝聚师生有力，通过联合支部活动培养专业课教师思政育人的能力。让学生在追求知识、独立实践、突出特长的过程中，提高思想政治、专业职业等综合素质，实现知识、能力和素质的有机结合。时刻加强思想教育，推动"不忘初心、牢记使命"主题教育常态化、制度化。

3．工作启示

教管学联合党支部的成立实现了"资源联享、活动联办、党员联培、阵地联用"，成为促进党员融合发展、作用提升的有效载体。实践证明，建立以专业为依托的师生联合基层党支部模式，促进了教师党员和学生党员各自在学习、服务、创新方面优势的充分发挥；实现了专业知识传授、专业技能培养、党的理论知识学习与思想政治品德塑造的完美结合；深入推动了师生融合互动，让党的声音融入教学科研管理的日常中去，积极运用典型力量来感染人、教育人，让教学科研所取得成绩激励师生，营造积极向上的文化氛围，让教师真正能够潜心学术，静心育人，让学生更加能够安心学习、学有所成。同时不可否认的是，由于教师党员之间存在岗位、职责、能力乃至性格、兴趣差异，加之学生党员流动性大、分布零散，可能会出现"联而不合""联而不活""联而不精"的情况。作为一种新生事物，"教管学"师生联合党支部还需要进一步探索，需要在实践中不断总结和完善。

第五章　江苏大学群团组织育人的实践探索

第一节　共青团组织激发育人活力

一、　推进学校团组织规范化建设

高校共青团工作是全团工作的重要组成部分，是团员组织意识的基础，是团员队伍的重要主体。在全面"从严治团"的指导下，共青团组织的建设、团员队伍素质的提升，是进一步加强团员队伍建设，增强团组织对团员青年吸引力、凝聚力的必要路径。习近平总书记在党的群团工作会议上强调，要切实保持和增强政治性、先进性、群众性，开创新形势下党的群团工作新局面；党的群团工作只能加强，不能削弱；只能改进提高，不能停滞不前。

江苏大学团组织规范化建设始终坚持以习近平新时代中国特色社会主义思想和习近平总书记关于教育的重要论述为指导，深入贯彻落实团的十八大，十八届二中、三中、四中、五中全会，江苏省第十五次团代会和江苏大学第四次党代会精神，深入贯彻落实《中共中央关于加强和改进党的群团工作的意见》《高校共青团改革实施方案》《江苏高校共青团改革实施方案》文件精神，围绕学校党政中心工作，坚持以立德树人为根本，以保持和增强政治性、先进性、群众性为目标，以培养社会主义合格建设者和可靠接班人为任务，以牢牢把准政治方向、尊重学生主体地位、突出重点聚焦问题、统筹推进上下联动为原则，聚焦主责主业，加强高校团组织规范化建设，切实提升高校团组织凝聚力、战斗力和影响力。学校历来注重共青团组织规范建设，促进工作有制可循、有序开展，突显基础制度创新和组织活力提升，巩固全团基础性、战略性、源头性地位和作用。在长期的实践过程中，江苏大学团组织规范化建设取得了一定经验和成效，其主要举措如下：

1. 坚持青年主体，提升团组织凝聚力

江苏大学团组织规范化建设注重加强全校团干部、团员日常教育，依托团支书培训班、基层团支书沙龙、团校培训、大学生骨干培训班、主题团日活动等平台，开展团员和团干培训、交流，提升全员工作水平；深入推进"1＋100"团干部直接联系青年制度，落实团干部对接团支部制度，形成团员和团干协同发展局面；持续开展"我与校领导面对面"座谈会、学生干部座谈会、普通学生座谈会等各级各类学生座谈会，深入基层关注青年需求与发展，做青年发展的知心人；依托江苏大学作为江苏省高校"新思想青智库"平台优势及"江苏省青年学习社"阵地优势，优化青年马克思主义者培养工程，打造"指导、学习、实践、服务"四位一体的立体化发展机制，塑造政治坚定、学养深厚的青年马克思主义骨干；引导团干部以个人或团队参与调研或调查研究，完善学生干部选拔、考核、培养和评优等制度，精简学生干部队伍，提升学生干部能力，提高团组织凝聚力。

2. 坚持内涵发展，提升团组织战斗力

江苏大学一直注重团组织活动项目化、特色化、品牌化的发展，深入实施团支部"活力提升"工程。在团组织"三纵四横五协同"项目建设方面，以"项目化"运营方式，鼓励基层团委大胆尝试、先行先试，助推形成"一院一品"的工作局面；持续开展优秀主题团日活动、团支部风采展示大赛、十佳活力团支部、"五四"红旗团支部、标兵团支部、活力团支部、魅力团支书、优秀团干、优秀团员等先进集体和先进个人的评选，发挥组织示范引领作用；完善"第二课堂成绩单"学分认证机制，以学分方式客观记录每位学生参与"第二课堂"活动的经历和成果；常态化开展校院两级信仰公开课、各类主题的线下学习分享会等活动，通过集体学习活动提升全体青年团员的理论学习意识和素养，切实开展思想引领工作；完善校、院两级"青年学习社"，积极构建"党政干部领学、团学干部研学、团员青年共学"的分层分类学"习"体系，号召各基层团支部和团员青年以主题团日活动、学习读书分享会等多种形式，深入学习、研究、宣传习近平新时代中国特色社会主义思想；将"青年大学习"线上主题团课作为青年师生学理论、强信念的重要平台，与主题团日活动相结合，通过分享会、知识竞答等方式巩固学习成果，形成团干部领学与团员青年跟学、集中学习与自主学习相结合的良好氛围，鼓励团员青年学原著、读原文、悟真理，切实提高政治理论素养。

3. 坚持组织强基，提升团组织影响力

夯实基础团务工作，加强班团一体化建设，规范做好"基层团支书工作手册"记录，按照"三会两制一课"制度严肃团的组织生活，强化团员意识培养，做实团籍注册、团员发展、团费管理、团内推优、团员信息数据采集、团组织关系转接等基础团务工作；推动基础团组织工作规范化、标准化建设，结合新形势新要求，完善二级团组织量化考核标准，制定基层团组织工作清单制度，开展团支部评星定级活动，规范化形成以二级团组织为单位的团情档案；推进团组织建设智慧化，规范管理"智慧团建"系统，将线上团员信息录入、团组织转接纳入二级团组织年度考核指标，定期开展系统操作指南线上指导培训，明确工作责任，实时掌握并通报工作进度，紧抓工作落实，确保团支部、团员、团干部系统中应录尽录及团组织关系转接工作顺利完成；落实和完善团的代表大会制度，进一步夯实基础团务，提升基层团组织的组织力与战斗力，努力扩大团工作的有效覆盖面。

经过多年发展和实践，江苏大学团组织凝聚力得到显著提升。其体现为：团组织规范化建设中坚持学生主体地位，坚持围绕学生、关照学生、服务学生，坚持发挥团组织联系青年的桥梁和纽带作用，以建设"青年身边的共青团"为目标，以加强思想政治工作为抓手，以凝聚、服务、引领青年学生为标准，主动适应学生特点，主动对接学生需要，主动服务学生成长，开展适合青年特点的独立活动，关心青年的工作、学习和生活，保护和促进青年的健康成长，多渠道提升高校团组织凝聚青年的向心力。

同时，学校团组织战斗力也得到加强。共青团作为党的助手和后备军，在经济社会发展中发挥着生力军和突击队作用。团组织规范化建设在顶层设计上为学校基层团组织建设提供指引，在突出重点聚焦问题上为学校基层团组织建设指明方向。团组织建设坚持以战斗力提升为标准，坚持围绕中心、服务大局为方向，坚持与时俱进、改革创新为动力，把握高校团组织建设深层原因和工作机理，深化团组织改革，增强团组织建设针对性、有效性，多维度提升学校团组织攻坚克难的战斗力。

此外，学校团组织规范化建设在全省乃至全国具备了一定影响力。团组织规范化建设始终注重基层组织制度改革规范，加强工作方式方法改革创新，加强干部选用培养制度改革完善，切实围绕夯实基础团务、提升团组织活力、增强团组织覆盖面和有效性，以思想引领为核心，以目标引领为导向，以团学活动为载体，明确目标责任，狠抓工作落实，创新工作形式，打造品牌活动，多形式提升团组织影响力。

二、 推进二级团组织规范化建设

高校二级团组织是高校共青团工作的重要一环，在校级团委和基层团支部之间起着承上启下的作用。推进高校二级团组织规范化建设，有助于充分发挥团组织的政治属性，展示团组织的强大战斗力。江苏大学在推进二级团组织规范化建设中取得了一定经验和成效。

1. 坚持党建带团建，提升团员意识

江苏大学二级团组织规范化建设始终坚持以习近平新时代中国特色社会主义思想为指导，全面贯彻落实社会主义核心价值观，积极推进二级团组织党建带团建工作，按照加强和改善党的领导的步伐，以着力解决实际问题为基本原则，坚持服务青年、服务大局，实现党建和团建的相互促进、共同提高。学校各二级团组织严明团的纪律要求，严格按照程序发展团员，规范组织入团仪式；明确团内推优程序，规范开展"团内推优"等工作，推荐优秀团员作为党的积极分子和推荐优秀团员作为党的发展对象，有效地推动大学生骨干学理论、进头脑，提高"推优"建党对象的理论水平和政治思想素质。学校各二级团组织认真落实团旗、团徽、团歌使用管理规定要求，在团的代表大会、团员大会、新团员宣誓仪式等会场，悬挂团旗，团员佩戴团徽。此外，学校二级团组织带领各基层团支部认真开展"青年大学习"网上主题团课的学习，在全校范围内形成"比、学、赶、超"的学习氛围，不断提升团员青年的理论水平。

2. 加强团务管理，落实从严治团

团务管理是团的基础属性工作，是团组织区别于其他组织的核心任务。为了加强团的建设，发扬党的优良传统和作风，富于创造性地开展工作，把共青团建设成为团结教育青年的核心，江苏大学不断加强对二级团组织的团务管理。在基层团组织工作中严格落实"三会两制一课"制度，组织各团支部每季度召开 1 次团员大会，每月召开 1 次支部委员会，根据需要随时召开团小组会议。在组织团员青年过好组织生活会的同时，把团员日常的教育评议与团员年度团籍注册制度结合起来。落实"智慧团建"团员管理系统，做好学社衔接各项工作，全力做好毕业生团员团组织关系转出和新生团员团组织关系转入工作，团组织关系转接严格按照程序办理，团籍团员档案专人保管、规范管理。认真开展团费收缴工作，组织各团支部足额缴纳、上缴支部团费。定期开展团支部"评星定级"工作，将团支部"评星定级"工作与团内评优相关工作结合，奖优罚劣，针对目前基层团支部存在的问题制定整改措施，进一步推进基层团组织规范化建设。

3. 推进团支部建设，提升组织活力

基层团支部是共青团的根基和活力所在。江苏大学重视基层团支部建设，采取一系列措施组织各二级团组织不断提升基层团支部活力。大力推进团支部建设，实行班团一体化，将班级与团支部的工作目标、管理机制、工作职能等方面结合起来，班委纳入团支委中，班长兼任副团支书，使团员意识融入班级建设中，形成以团支部为主导、班委会为主要执行机构的一体化工作机制，在彰显各基层团支部个性特征的同时，提升团支部文化，增强团员青年的集体意识和凝聚力。创新团支部活动形式，增强活动对青年学生的吸引力，将思想政治教育与主题团日、青年志愿者活动、专业实践等相结合，通过团支部风采展示大赛、班徽班旗设计大赛、优秀主题团日活动的评选和创意征集等，用团员青年喜闻乐见的形式，不断提高团支部的集体性和活力。此外，通过团校培训、团支书沙龙等加强对基层团干部的培养，提升基层团干部的综合素质和工作能力；通过"两红两优"评选等团内表彰，调动和激发广大共青团员、团干部的学习热情和工作积极性，促进二级团组织共青团工作的深入开展。

4. 打造网上共青团，夯实思想根基

互联网的发展让团员青年的思想、学习、生活都离不开网络空间。在这种新形势下，全面推进从严治团，必须将抓手放在团员队伍这个主体上，并延伸到网络空间上。通过把握主流媒体，掌握青年群体关注的焦点，引导团员青年在网络空间上传播正能量、弘扬主旋律，不留从严治团的"空白地带"，在网络空间上守护团的先进性，筑牢从严治团的基础。在互联网全面覆盖的新形势下，江苏大学各二级团组织立足新时代，把握新趋势，结合时代发展要求和大学生时代特点，利用丰富多彩的形式，以学生喜闻乐见的方式积极探索互联网育人的新模式，构建学生团建网络平台，有效发挥网络平台的育人作用，充分利用微信公众号、微博、QQ群、PU口袋校园、抖音、B站等平台，以思想引领、理论学习、信息发布、舆情引导等为主要内容，通过团员身份认同、时政热点学习、团员风采展示、志愿服务活动整合网络资源，发挥组织优势，着力打造互联网背景下基层团组织理论宣传和管理服务的好途径。

团的组织是共青团事业的根基。江苏大学大力推进二级团组织规范化建设，立足团员青年特点，抓好团员意识建设的源头，拓展基层团组织建设的领域，发挥各二级团组织的政治属性，展示团组织的强大战斗力，发挥好共青团作为党的助手和后备军的作用。

三、 推进团支部特色化建设

团支部是团的基础组织，是团组织开展工作的基本单元，是团工作和战斗力的基础，担负着直接教育团员、管理团员、监督团员和组织青年、宣传青年、凝聚青年、服务青年的职责。近年来，江苏大学注重共青团特别是团支部特色化建设工作，以期有效推动团的基层组织建设和基层工作，增强对广大青年的吸引力和凝聚力。江苏大学农业工程学院作为学校争创农机特色一流学校的先锋院系，建立起"知农爱农、强农兴农"特色化的团支部建设模式，为全校各团支部特色化建设树立起典范作用。

1. 学生干部体系建设

江苏大学农业工程学院各团支部在校团委领导、学院团委指导下，各团支部不断总结支部工作经验，完善学生干部队伍建设，坚持"团结合作、务实创新"的工作精神，紧密围绕团支部"自我教育，自我管理，自我服务"的方针，加强内部建设，激发支部活力，以提高团员青年综合素质为重点，营造良好的支部氛围。众所周知，团支部建设需要有一支有激情、有活力、有闯劲、有干劲的学生干部队伍，因而江苏大学农业工程学院建立起一套以团支书、班长（副团支书）、组织委员、宣传委员、生活委员为根本的学生干部体系。

团支书：负责支部团员的思想引领工作，定期组织团员青年学习，不断提高支部团员青年的政治思想觉悟；积极慎重地做好团支部的发展计划和工作，落实"三会两制一课"工作，定期组织开展团日活动，充分发挥团员青年在专业学习、志愿服务和社会实践等工作中的先锋模范作用。

班长兼任副团支书：负责班级工作，安排与协调各班委的具体工作，协调班级外部关系，为同学提供一个较好的发展空间；发挥联系学院老师和同学之间的桥梁纽带作用，及时传达学校、学院信息并及时完成各项任务；负责调动同学的积极性，活跃班级氛围，组织开展对同学切实有益的各项活动。

组织委员：负责了解支部团员青年的思想动态，增强大家的集体的意识和荣誉感，定期与同学们谈心，掌握大家最新的情况和思想动态。

宣传委员：负责统筹支部各项活动的宣传工作，负责向学院官方微信、网站等投稿；协助其他班委在活动的组织过程中做好宣传工作，根据需要向学院做推广，扩大班级知名度；做好宣传资料的收集、整理、上报及保管工作。

生活委员：负责班级经费管理，确保班费的使用公开、透明；督促宿舍长搞好宿舍卫生及个人卫生并配合学院学生会开展大扫除活动安排、宿舍卫生检查等。

整体看来，江苏大学农业工程学院学生干部体系架构合理、分工明确、特色鲜明，有效提升了基层团支部的工作效率。

2. 班团一体化建设

围绕"凝聚青年、服务大局、当好桥梁、从严治团"四维工作格局，为巩固和强化支部建设，结合江苏大学共青团工作的实际情况，农业工程学院团支部坚持班团一体化，由班长兼任副团支书，团支委和班委会一体运行、协同工作。

在工作方面，团支部工作与班级工作坚持一体化原则，班委会、团支部委员会协同共进、分工协作。班级侧重于基础事务工作，团支部负责思想引领、理论学习、文化建设、团务管理等工作。同时，推进团日活动和主题班会一体化，以团支部、班级为单位进行一系列围绕相应主题的班团活动、组织团日活动和主题班会，以扩大支部活动影响力，提升活动水平。

3. 团小组建设

为充分展现团组织作为党的助手和后备军的担当，发挥好共青团组织的育人堡垒作用，完善好"校团委—院团委—团支部—团小组"育人体系，江苏大学农业工程学院团支部以宿舍为单位进行团小组建设，由宿舍长担任团小组组长，在团支部的带领下开展各项工作。

班级团支部各团小组的工作由该团小组组长具体负责开展，主要有 5 项基本任务：在思想上相互引领，在学习上相互督促，在工作上相互支持，在生活上相互提醒，在心理上相互关爱。团小组组长在团支部的带领下，协助完成团日活动、团员教育评议、团内推优等团的各项组织生活，做好团员教育、管理、服务等相关工作。同时，团小组充分担当起桥梁纽带作用，发挥团组织联通联动作用，及时传达学校、学院各项政策文件要求，及时反馈团小组成员的思想动态及健康状况，为服务团小组成员成长发展发挥应有的作用。

4. 党建带团建

共青团中央在《关于加强新时代团的基层建设 着力提升团的组织力的意见》中指出：坚持党建带团建与自我奋斗相结合。政治性是共青团的根本属性，坚持党的领导是共青团的根本政治原则和组织保证。要严格遵照党章要求，主动融入党建工作格局，坚决克服"等、靠、要"的思想，以自我奋斗的精神，积极创新思维理念，转变工作方式，完善运行机制，锤炼严实作风，扎实推进团的基层建设。

为切实加强和改善党对共青团的领导，推进支部建设，着力提高团组织战斗力，江苏大学农业工程学院团支部始终坚持加强"党建带团建"的工作，贯彻学院提出的"党团结对"模式，以党建带动团建，用党员高觉悟、高水平、高素质的"三高"带动支部团员的"三高"，从提升自主学习能力、科学人文素养和感恩意识等方面入手，让理想信念坚定、创新创业精神突出、专业知识扎实的优秀团员成为入党积极分子优先发展党员，切实完成党建带团建的目标，充分发挥党员的先进性、典型性，成为先锋模范。

5. 拓展服务范围

农业工程学院团支部注重服务意识与奉献精神的培养，支部成员成立志愿团队积极服务社会：2019 年寒假前往镇江火车站开展志愿服务工作；2019 年岁末，支部通过写春联、包饺子等方式，为武将社区独居老人送去新春问候及温暖；2020 年，支部成员在寒假抗疫期间，配合社区党员干部积极投身防疫工作，积极联系母校低年级学生，开展线上防疫宣讲会，提供生动、全面的防疫指南，为疫情防控工作奉献自己的力量。2020 年，宋玉莹同学获江苏大学"优秀学雷锋志愿者"荣誉称号，研 1802 团支部获"江苏大学五四红旗团支部""江苏大学十佳活力团支部"等称号。

研究生团支部充分发挥所在学科团队专业特长，秉持以农民急需的技术服务需要和地方农业生产实际问题为科研活动的出发点和落脚点，进田间、解难题、增效益、促发展，倡导立足岗位，把农机人的初心和使命践行在田间地头。响应产学研联动号召，积极为地方政府和企业排忧解难，深入"三农"服务一线。疫情期间，吴斌、吴敏敏、汪明致力于研发两款适用于大面积公共区域消杀的静电喷雾消毒机，助力全校大学生全面复学，在校内网站受到广泛关注。2020年，施雷前往宁夏吴忠市，经过几个月的调研、设计研发、试验，为当地种植葡萄的农民解决技术难关。2020年暑期，严玉奇、孙贻新所在的智能收获团队助力"全国脱贫攻坚楷模"赵亚夫，为句容戴庄村研发新型智能化低碾压再生稻联合收割机，对稻田的碾压率，极大地提高了再生稻产量，该事迹在《光明日报》、学习强国等媒体多次报道。

不难看出，江苏大学农业工程学院团支部通过理论教育、活动实践、多媒体教学等形式带领团员及入党积极分子进行了入党教育启蒙，以党建工作为龙头，以学风建设为主线，以队伍建设为抓手，以基础工作为保障，扎实推进支部团建和学风建设、思想政治工作和学生日常教育管理等各项工作，不断增强思想政治教育工作的针对性和实效性，切实加强支部团员的理想信念教育。

四、 开辟 "青马工程" 育人新阵地

1. "青马工程"育人载体

江苏大学一直以来非常重视坚定的青年马克思主义者的培养，早在1996年就专门成立"21世纪人才学院"进行青年马克思主义者培养，后经"21世纪人才学院菁英班""菁英学校"，于2015年成立菁英学院。从2017年起，菁英学院、大学生骨干培训班双轨制同步运行。

菁英学院为精心实施精英人才培养工程，每年从大一新生择优遴选150人进行培养。菁英学院本着"优生优培"的培养理念，从提升管理能力、演讲能力、写作能力、外语能力、信息处理能力、科学人文素养和感恩责任意识等方面入手，开设提升领导能力、魅力气质、文化修养、创新能力等方面的优质课程，以培养高素质人才为目标，汇聚不同学科专业背景的学生和导师，共建一个师生亲密互动的学习、生活共同体。

大学生骨干培训班的培训学员为校、院主要学生骨干，以理论讲座、能力

训练、分组调研、社会实践等为主要培养内容，不断加强理想信念教育，增强政治素质，提升思想境界，锤炼作风品格，构建国际化格局，提高学员的政治素养和综合素质，使其进一步坚定跟党走中国特色社会主义道路的信念，从而成长为中国特色社会主义事业的合格建设者和可靠接班人。

2. "青马工程"育人举措

2019 年，根据团中央和团省委"青马工程"实施要求，学校结合实际，将大学生骨干培训班、菁英学院、团校作为深入实施"青马工程"的载体，将实施"青马工程"作为学校"三全育人"中落实"组织育人"的重要抓手，稳步推进，有力执行，取得了一定的成效。本着"优中选优、精益求精"的原则，学校依托大学生骨干培训班、菁英学院、团校三级平台，分级分类选拔优秀学员，深入实施"青马工程"，培养坚定青年马克思主义者。为此，学校采取了以下三项举措：

一是严把入口关。面向全校优秀团学骨干，通过学院推荐、学生组织推荐、优秀个人自荐的方式，结合入学测试，从 148 名报名的学生中通过理论考核严格筛选政治理论素养高的学生；2019 年，菁英学院面向全校成绩优秀的2018 级学生采取笔试、英语面试形式选拔招募 150 名学生；第 74 期团校面向校院两级团学组织的主要学生干部，团支部书记、委员，优秀团员青年选拔参与团课培训。

二是严把培训关。坚持"理论学习和能力提升相结合、集中学习与自主学习相结合、短期培养与跟踪培养相结合"的原则，为每位"青马"学员建立培养档案，实施量化考核制度，通过专题讲座、能力提升、课题调研、社会实践、志愿服务等模块设计开展培养培训。大学生骨干（简称"大骨班"）全年共开展理论讲座 9 讲，共组织能力训练 6 次，要求每位大骨班学员均参加社会实践活动 3 项以上，组织大骨班学员成功申报 2019 年团中央"井冈情·中国梦"全国大学生暑期社会实践专项活动；菁英学院全年共开展专题讲座 16 讲，共组织口才训练 28 次，共开展户外实践活动 6 次；全年共开展校院两级团校培训 130 余讲。2020 年有 4 人入选省菁英班，2 人入选省先锋骨干计划。

三是严把机制关。将实施"青马工程"作为学校"三全育人"中落实"组织育人"的重要抓手，依托党建带团建，协同多部门合力推进"青马工程"培养质量；修订《大学生骨干培训班实施方案》，完善"理想、信念、素养、视野、担当"五位一体的立体化培养体系；结合学生培养要求，制定《江苏大学菁英学院培养方案》《江苏大学菁英学院管理条例》，出台《江苏大学菁英学院菁英之星评选办法》，充分发挥"青年学习社"阵地的作用，组织学校大学生骨干培训班、菁英学院学员积极参与阵地学习活动。

3. "青马工程"育人方向

未来一段时期，学校将继续完善三级平台建设，稳步推进学员培养工作，努力开辟"青马工程"育人新阵地。

一是继续加强理论学习，提升学员政治素养。邀请专家对马克思主义基本原理、习近平新时代中国特色社会主义思想等进行解读，开展"读原著、学原文、悟原理"交流，举办演讲比赛，通过分享和比拼，让学员进一步增强"四个意识"，更加坚定"四个自信"，坚决做到"两个维护"。

二是提升学员身份意识，深化学员带动作用。开展"亮身份、强责任、当先锋"活动，进一步要求学员在学习之外的时间，亮明自己的身份，承担起自己的责任。举办菁英校友毕业10周年返校活动，并通过"青马标兵""菁英之星"的评比，强化青马学员的身份认同，激发和调动青马学员在朋辈群体中的先锋模范和带头引领作用。

三是突出课程校本特色，优化学员培养机制。按照学校人才培养要求和学校"农"字特色，突出"三农"情怀，注重青马学员的差异化培养设计课程。组织学员在寒暑假走进基层政府机关、社区进行实习，通过社会锻炼知国情、长才干、做贡献。完善严进严出的选拔机制、淘汰机制，依托 PU 平台，实现培养环节的积分管理，确保"青马"培养对象的先进性和学习积极性。

四是注重培训结果导向，切实提升培养实效。坚持问题意识，突出培训效能，给学员在社会调研题目、方法等方面的指导，激发"青马"学员的学习潜能，提升他们研究的深度、广度，把调研报告的质量作为培训考核的一个重要指标，引导"青马"学员为国家治理体系和治理能力现代化贡献力量。

五、 打造高校青年公益志愿组织育人新模式

志愿者工作能够帮助大学生树立团结友爱、诚实守信、助人为乐、见义勇为的道德风尚，集中体现了中华民族的传统美德，反映了社会发展进步的时代要求，是社会主义、集体主义精神的生动体现。江苏大学将志愿服务工作作为

青年学生自我教育、自我完善、自我服务的重要实践平台，并打造起公益性群团组织育人的新模式，这对于引导大学生了解国情、丰富阅历、磨炼意志、奉献爱心、净化心灵，增强热爱祖国、热爱人民、热爱社会主义的责任感和使命感，树立正确的理想信念，培养社会主义合格建设者和可靠接班人具有重要意义，具体实施路径如下：

1. 规范组织管理，建设育人队伍

江苏大学志愿服务工作组织是由江苏大学团委领导的学生自治组织，包括青年志愿者协会、红十字会、公益性社团等。不同群团组织各司其事，合力引导大学生践行"奉献、友爱、互助、进步"的志愿者精神，引导学生回报社会、奉献爱心、践行公益。

江苏大学青年志愿者协会是由志愿从事社会公益、社会服务事业的江苏大学青年组成的校公益团体，致力于组织、参与校内外各种志愿服务活动。各二级学院还设置分院青协，由各学院学生会或分团委直接管理。红十字会积极弘扬"人道、博爱、奉献"的红十字精神，以保护人的生命和健康、促进人类和平进步事业为宗旨，主要对接大学生应急救护普及、防艾同伴教育等工作。公益性社团立足于宣传、践行公益理念，活动涵盖公益宣传讲座、爱心支教助学、弱势群体帮扶、社会公益项目等诸多方面。

在志愿者招募、培训方面：江苏大学在志愿者选拔之初即严把入口关，提高志愿者队伍的整体质量，有序推进志愿者打卡器注册。同时，针对不同服务类型、服务层次，开展不同形式的培训，将理论与实践相结合、专业与技能结合、整体推进与个性服务结合、时代要求与志愿精神相结合。如研究生支教团，江苏大学联合江苏科技大学开展联合培训班，依托教师教育学院的培训师资，对两校研究生支教团志愿者进行政策学习、素质修养提高、身体拓展训练、教学基本技能、教学能力、综合教学实践等四大模块6个方面的具体培训，培训方式包括专家讲座、专题研讨、案例分析、观摩思考、体验式教学、现场教学实践等，培训效果良好，参训学员满意度高。通过不同形式的培训强化服务意识、提高服务技能、弘扬志愿者精神，使服务理念"内化"于心，"外化"于志愿者工作的实际行动。

在志愿服务激励保障方面：江苏大学采取定性评价与定量评价相结合、个人评价和团队考评相结合、公众评价与管理者评价相结合的模式，对表现突出的志愿者团体和个人及时给予奖励，并依托新媒体平台，如官方微信、微博等报道先进典型和先进事迹。如举办"西部苏北计划先进事迹报告会"，邀请目前在岗的西部计划志愿者进行事迹分享，结合个人的工作经历和切身感悟，讲解西部志愿的具体工作、政府的鼓励政策，以及在志愿工作中的收获和感想，分享不同地区的风土人情，真切地向同学们展示充实的志愿工作，以及自己的成长经历，为广大青年学生打开认识西部计划的大门。此外，结合每年暑期"三下乡"社会实践评选表彰工作，如先进工作者、先进团队的评比使志愿者工作得到肯定，服务价值得到社会认同，以调动工作的积极性，推进志愿者工作健康、快速发展。

2. 深化拓展合作，打造志愿品牌

江苏大学推动高校志愿服务社会化，更多地与政府、企事业单位和其他社会组织合作，开拓志愿服务领域，推动高校志愿服务的项目化运作与品牌化建设。项目化运作是当今高校扩大志愿服务活动影响力、充实志愿服务项目内容的良好途径，有助于高校共青团整合团内外各种资源，实现优势互补，实现工作目标。项目化运作，也是在新形势下高校共青团的志愿服务工作与社会对接的一种积极的尝试和必然选择。

如大学生志愿服务西部计划，江苏大学每年稳定圆满完成西部计划、苏北计划的招募工作。中国扶贫基金会"善行100"项目，2017年以190700元的募捐额列全国第13名，2018年以265600元的募捐额列全国第10名，实现稳步提升。与江苏省红十字会、镇江市红十字会紧密联系与合作，组织校内师生开展救护培训，每年稳定实现新生应急救护普及培训全覆盖，新生防艾同伴教育实现全覆盖，承办镇江艾滋病防治知识传播校园行启动暨培训会。"博爱青春"项目实现省级、市级立项，每年连续开展，并不断吸纳二级学院加入。

学校还积极与青海门源教育局、团县委进行对接，做好每一届的研支团成员的支教安排、工作表现跟踪等工作；以研究生支教团工作为依托，在青海门源建立江苏大学支教点，1名教师和3名在读研究生在门源县第二初级中学开展为期半年的支教，深化与门源县教育局等部门校地共建。

江苏大学格桑花协会成立于2007年，协会扎根于青海省门源县，每年暑期前往当地进行义务支教，为孩子带去生活、学习和物质上的帮助。江苏大学大眼睛公益团队成立于2010年3月，秉承"扎根一个地方，改变一个地方"

的理念，10年来扎根安徽大别山区开展支教活动，帮助山区留守儿童健康成长，积极筹集资源援助山区建设。近年来，团队每年招募100名左右队员，足迹遍布江苏连云港、江西吉安、江西赣州、河北沧州、甘肃康乐等地，形成多省多地联动的支教格局。同时，拓展日常线上"云教室"支教平台，弥补假期短期支教不足。团队还在镇江当地围绕红色文化、环境保护和关爱留守儿童等开展工作。这些都是长期专注一个项目的典型模式。

在此实践基础上，学校积极探索用"学校＋政府""学校＋企业""学校＋社区"的三级服务模式，提高志愿服务群团组织开展活动的覆盖面，基于志愿服务体系建设高校大学生的社会实践基地，建立长期深入的联系合作关系，进一步提高志愿服务的组织效率，扩大志愿服务影响力与感染力，传承延续志愿精神。

第二节　工会组织拓展育人平台

高校工会组织和共青团组织是高校党委开展群众工作的重要组成部分，二者有着千丝万缕的密切联系和共性特点。高校工会组织承担和充分发挥育人功能义不容辞，且将"育人"明确增加到其任务职责中，将对培养优秀大学生，改进教育教学手段、丰富完善校园文化体系起到积极促进作用。高校工会组织发挥育人功能是现实的、是符合高等教育深化改革的历史要求的，更是大有可为的。

近年来，工会在学校党委的领导、行政的支持和各级工会组织的积极努力下，紧紧依靠和团结广大教职工，坚持"双服务"方针，在推进学校民主政治建设，维护教职工合法权益，提升教职工队伍素质，关心教职工生活，开展丰富多彩的文化、体育活动，强化教职工思想政治教育，广泛开展群众性的以"教书育人""管理育人""服务育人"为主要内容的"三全育人"改革做出了积极努力。

一、　提案委员会

全面落实全心全意紧紧依靠广大教职工办学的方针，尊重教职工的主体地位，充分发挥他们在学校建设中的主体作用。坚持把教职工代表大会、工会会员代表大会作为推进民主办学、汇聚教职员工智慧和力量的主要渠道与有效途径，重视和支持教代会、工代会和学术委员会依法依章独立开展工作。定期召开教代会、工代会和学术委员会，依法保障教职工的民主权利，高度重视教代会代表的提案和建议，采取切实有效的措施，做到提案件件有落实、建议条条有答复，确保提案工作百分百满意。凡学校事业发展规划，教学、科研、人才队伍建设等重大改革措施，以及涉及群众切身利益的重大决策，都广泛听取教代会或执委会的意见，充分发挥其在参与学校事务和民主管理中的作用。同时，通过各类调研会、座谈会、述职报告会、校长信箱、校长接待日、联系基层制度、听课制度、党务公开、校务公开制度等其他民主形式，进一步健全民主管理机制，推进民主管理进程，切实把民主管理的要求落实到办学与管理的方方面面。健全落实同党外代表人士联谊交友、征求意见建议、通报情况制度，重视和支持党外人士在建言献策、民主监督等方面发挥作用。

加强民主监督是加强高校民主管理、推进决策科学化、民主化的重要举措。一是加强对领导班子及成员的监督。认真落实领导干部个人事项报告制度、谈话制度、函询诫勉制度，建立校院两级领导班子成员述职述廉、民主生活会和任期审计等制度，切实加强领导干部遵守党的纪律、执行民主集中制、落实廉洁自律规定等方面的监督检查。二是完善权力运行的监督和制约机制。坚持科学、管用、有效的原则，建立健全决策权、执行权、监督权既相互制约又相互协调的权力结构，构建党内监督、党外监督、审计监督、师生员工民主监督和社会监督"五位一体"的立体监督体系，做到用制度管权、管事、管人，努力实现多层次、全方位的监督。三是强化对学校重点部门、重点岗位和关键环节的监督，对干部选拔、招生、职称评定、评先选优、基建维修、后勤服务、物资采购、财务管理等方面的监督，确保权力运行始终在教职员工的民主监督之中。

二、 青年工作委员会

江苏大学青年工作委员会（以下简称"青工委"）成立于 2002 年，是工会下属的专门委员会之一。青工委设主任 1 名，主持青工委日常工作；副主任 2 名，协助主任开展工作；委员 10 名，负责日常工作的具体开展。江苏大学青工委在学校党委的领导和校工会的具体指导下开展工作，以习近平新时代中国特色社会主义思想为引领，立足学校青年教职工实际，以服务学校事业发展为出发点，团结、组织广大青年教职工开展符合青年特点的活动，促进学校青年思想政治水平和业务能力的提高，进而提升"三全育人"的本领和综合素质。

青工委的主要工作职能是在校党委的领导下构建青年教职工工作的组织网络和工作体系，探索适应学校发展和青年需求的青年工作新途径、新方法，推进江大青年的可持续发展；组织开展有益于青年教职工思想道德素质、文化艺术水平和身心健康的各类科技、文化、体育活动，发挥江大青年在工会活动中的作用，不断丰富青年教职工业余文化生活，帮助青年教职工树立正确的世界观、人生观、价值观，促进江大青年加强学习、增长才干；为青年教职工获得更多培训和学习的机会创造条件，以提高青年教职工的业务水平和综合能力；建立青年教职工业务交流机制，促进相互学习、增进相互了解；引导青年教职工积极开展科学研究，帮助培养一批具有较高科研能力水平的青年学术骨干和后备人才，为促进江大青年的成长成才提供条件支持。

青工委通过开展服创先等活动，促使青年教职工在不同的岗位上争先创优、做出成绩。积极引导青年教职工参与学校民主管理，为学校事业发展建言献策，维护青年教职工的合法权益。协助工会及其他工会专门委员会开展相关工作。

2020年年初，新冠肺炎疫情大爆发，为积极响应国家号召，江苏大学附属医院的青年医务工作者主动请缨，奔赴疫情重灾区和抗疫一线，他们用责任与担当诠释着医者仁心，谱写了"白衣执甲、无畏逆行"的可歌可泣的壮丽诗篇。在奋战抗疫一线的同时，广大江大青年积极投身校园防疫，为常态化校园疫情防控做出了积极贡献。

青工委引导广大青年教师立足本职工作岗位，积极投身"三全育人"综合改革建设工作，推进课程育人建设，着力完善课程评价机制，提升课程教学质量；推进科研育人与实践育人协同发展，提升科技创新和应用服务能力；推进文化育人与网络育人协同发展，弘扬主旋律，传播正能量；推进心理育人与资助育人协同发展，着力促进学生身心健康发展；做好服务育人工作，着力提升学生幸福感、获得感；推进管理育人与组织育人协同发展，着力促进教育治理能力和治理体系现代化，全面打造"三全育人"崭新格局，推动学校人才培养质量再上新的台阶。引导广大青年教职工积极参加"我和学生的故事"主题征文等师德师风建设系列活动；举办"既为人师，享受教学——新老教师从教论坛""师德师爱进课堂示范交流"和"人文社科"系列讲座，让青年教师体验和感悟从教的责任与担当；推荐青年教职工参加省市各类评选表彰活动，江大青年获得了"镇江市十佳教师"、镇江市"五一技术标兵"、镇江市"三十佳"之"十佳先进操作法"和"十佳技术创新成果奖"等荣誉。引导广大青年教师积极参加教学比赛和学术沙龙等活动，推动形成了重视课堂教学和课下研习、不断提升教育教学能力的良好氛围。2018 年以来，先后有 5 名教师在全省本科高校青年教师教学竞赛和全国高校青年教师教学竞赛中获得一、二等奖。

总之，江苏大学青工委在校党委的正确领导和校工会的认真指导下，积极开展各项有益于青年教职工成长成才的活动，青年教职工成为学校"三全育人"的主力军，为学校"三全育人"工作提供了可靠的保障。

三、 福利工作委员会

职工福利是职工薪酬体系的重要组成部分，是用人单位通过各种途径和手段，向职工提供物质帮助和服务活动的总称，是职工劳动的间接回报。《中华人民共和国劳动法》第七十六条规定，用人单位应当创造条件，改善集体福利，提高劳动者的福利待遇。较好的福利待遇，是单位吸引人才、凝聚人心的重要保障，对单位、企业和职工而言都非常重要。我国的福利工作大体经历了资产阶级时期的争取福利、新中国成立时期的包揽福利、改革开放时期的发放福利到新时代为职工谋取福利 4 个阶段。2017 年 12 月 15 日，中华全国总工会制定《基层工会经费收支管理办法》，就工会经费用于服务职工的各项开支再次做出明确规定。2018 年 4 月 19 日，江苏省工会制定公布了《江苏省总工会关于贯彻落实全国总工会〈基层工会经费收支管理办法〉的实施细则》，细则中进一步明确了基层工会经费的支出范围。

江苏大学党委和行政十分重视教职工的福利工作。江苏大学自组建开始就成立了福利工作委员会，教职工的全年福利、生日蛋糕、慰问费等各项标准逐年提高，并逐步向《江苏省总工会关于贯彻落实全国总工会〈基层工会经费收支管理办法〉的实施细则》看齐，出台了《江苏大学工会经费收支管理办法》。

维护教职工合法权益是工会最基本、最重要的职能，为困难教职工提供帮助是工会开展维权工作的重要载体和主要工作内容。校工会认真做好各项福利工作，积极落实惠民政策，为教职工做好事办实事解难事，让广大教职工共同分享学校事业发展的成果。

为帮助生大病、重病教职工减轻负担，江苏大学于 2006 年出台了《江苏大学教职工大病医疗互助基金管理办法》。从 2006 年实施该项基金以来，截止到 2020 年 9 月 11 日，共收到个人交纳资金及学校、部门配套资金合计 2000 余万元，审核发放补助资金 1093 余万元，补助 2000 余人次，人均补助金额达到 5400 余元，切实帮助患大病的教职工解决实际困难。学校关心关爱女教职工身心健康，定期开展女性教职工体检活动，并积极组织动员女教职工参加"互助互济"计划，全校绝大部分的女教工参加市总工会特殊疾病保险。校工会和基层分工会长年坚持"五必看、送温暖"活动，将党政领导的关怀、工会组织的慰问送到职工心坎上。2018 年江苏大学首次举办退休职工荣休仪式，受到社会各界特别是退休职工的一致好评，暖了人心，聚了人气。目前学校法定节假日教职工慰问品费用已经逐步提升至 1800 元/（人·年），生日蛋糕券提升至 400 元/（人·年），均已达到江苏省最高标准。午餐补贴也从无到有，从每年发放 10 月，每月 300 元，提升到每年发放 12 个月，每月 300 元。交通补贴也实现了从 0 元到 500 元/（人·月）的提升。定期开展教职工体检活动，联合校医院，向学校申请逐步增加教职工体检经费。通过开展全方位服务，为教职工谋取"实惠"，校工会不定期举办各类团购活动、义诊和维权，充分利用教职工活动中心这块阵地，投入人力和财力，添置更换设施设备，创设良好的环境和周到的服务。

近年来，党和国家对群团工作愈来愈重视，先后召开多次有关群团工作的重要会议，出台了指导群团工作的相关文件。习近平总书记明确指出"牢牢把握群团改革正确方向，努力开创党的群团工作新局面"。工会作为重要的群团组织，是会员和职工利益的代表，工会福利工作关系到教职工的切身利益，而职工参加工会组织的直接目的就是寻求对自己利益的保护。校工会积极履行维权工作职责，做好校党委、行政与广大教职工之间的桥梁与纽带，及时反映职工的意愿，排忧解难，维护教职工合法权益。通过做好职工福利工作，不断提升教职工的获得感和幸福感，满足教职工对美好生活的需求和向往，让广大教职工充分感受到党政组织的关心，让职工深刻认识到单位的建设和发展与自身工作责任息息相关，需要广大教职工共同努力，从而激发教职工工作热情，以更加饱满的精神状态投身到"三全育人"工作中去。

四、 各类社团

(一) 文化类

文化类社团坚持用党的新时期的理论武装头脑，以习近平新时代中国特色社会主义思想为指导，坚定"四个自信"，增强"四个意识"，做到"两个维护"，时刻讲政治，讲大局，提高政治站位，认真执行党、国家和学校的各项方针、政策，立场坚定，旗帜鲜明地拥护党的领导和党的各项重大决定。社团在繁荣校园文化、丰富教职工的文化生活方面成效显著。文化属于意识形态领域和精神层面，是无形的，而文化建设是有形的，可以通过社团活动来表现。社团活动就是文化的载体，活动就是文化建设的舞台、阵地。所以，工会着眼于组织建立教职工的文化社团，通过文化社团开展的喜闻乐见的活动来建设好教职工的文化阵地、文化家园和精神家园。

文化类社团有摄影、茶艺、书画、读书、朗诵协会 5 个，通过开展丰富多彩的教职工文化文艺活动，提炼文化精髓，展示中国元素，让教职工热爱中华民族自己的文化，发扬传承中华民族的文化内涵，抓住审美视角，提高审美情趣，丰富精神生活，提升气质，展示风采。其中，茶艺、民族舞、读书、朗诵协会等开展的活动都包含着传统文化的内涵，会员们感受到传统文化的博大精深，更加热爱我们中华民族自己的文化，从而增强了文化自信。文化是最需要创新的领域。教职工文化建设还可以继续在充分调研的基础上，在形式内容上不断改革、创新，重点抓好理念创新、手段创新、精准创新。发挥文化的引领作用，内强素质，外塑形象。心怀一颗对党和人民忠诚的心，在坚持正确的政治方向的前提下大胆创新，使文化建设和内涵更具活力，更能凝心聚力，以文化的力量助推习近平新时代中国特色社会主义事业的发展，助推江苏大学的双一流建设，助推江苏大学"三全育人"事业。

为庆祝新中国成立 70 周年，摄影协会策划举办了"寻迹祖国 光影筑梦"主题摄影展，共展出作品 200 多幅；组织会员参加党委宣传部和后勤集团联合举办的"醉美江大"主题摄影大赛；通过协会微信群、QQ 群不定期发布各级各类摄影赛事信息，鼓励大家投稿。会员自主参赛意识逐步增强，据不完全统计，会员在自主参加的校外比赛中有近 40 幅作品获奖或入选重大主题摄影展。协会多次参加镇江市公益拍摄活动；参加丹徒区"自强不息残疾人"公益摄影，会员撰写拍摄的《悉心打造美好生活》图文入编《丹徒区自强不息残疾人选编》；参加马来西亚"中国寻根之旅"冬令营（中国侨联主办、江苏省侨联、镇江市侨联、江苏大学文学院承办）公益拍摄，图文在江苏侨联公众号发布；赴丹徒参观"长三角四市区庆祝中华人民共和国成立 70 周年影展"。这些活动始终响应党的号召，紧扣时代主题，宣传时代主旋律，讴歌伟大的祖国和人民。江苏大学教职工茶文化协会经历了初创、发展、壮大阶段。2019 年，茶协会通过开展形式多样的活动扩大茶文化的影响力，让更多的人了解中国茶，了解茶文化，了解茶文化的家国情怀，了解中国茶文化对社会文明建设的重要性。协会举办较大型活动有 17 次，其中工会网站报道的有 10 次；活动内容系列化、多样化，包括"中国茶艺""茶与健康""茶话茶语""茶诗鉴赏""茶器欣赏"等多个主题。微信公众号、QQ 群和微信群的线上传播超过 30 篇主题内容；茶会、讲座等活动参与人数超过 3000 人。江苏大学教职工茶艺协会在社会上也得到了认可，很多单位向协会发出了联办各种茶文化活动的邀请。在品茶中品味人生，在品茶中传承文化，增强文化自信。书画协会举行《抗疫》作品大赛，画抗疫英雄，展英雄风采；国庆 70 周年，举办庆祝中华人民共和国成立 70 周年书画展等。读书协会，读好书，品人生，举办读后感言分享会，不断提高自身的内涵素质。朗诵协会每年举行中华经典吟诵大赛，传承中华民族的璀璨文化，增强民族自豪感。

（二）文艺类

文艺最能代表一个时代的风貌，最能引领一个时代的风气。俱乐部始终铭记习近平总书记的嘱托，"用文艺振奋民族精神""用积极的文艺歌颂人民""用精湛的艺术推动文化创新发展""用高尚的文艺引领社会风尚"。文艺类社团有健身舞、民族舞、拉丁舞、东方舞、街舞、曲艺、弹唱等，队员们敢于大胆展示自我，活动丰富，成绩突出，对校园文化发展起了积极的推动作用。俱乐部承担了学校广场舞比赛《我和我的祖国》的教学任务，并在学校三八妇女节红毯秀、马拉松开幕式、2019 年海外华裔青少年"寻根之旅"冬令营开营典礼、镇江市侨联迎新联欢会、江苏大学统一战线迎新联欢会上都有精彩演出。2020 年年初，新冠肺炎疫情影响严重，为贯彻落实校工会 2020 年全民健身运动的计划，进一步推动教职工健身活动的开展，倡导文明健康生活方式，俱乐部纷纷利用企业微信直播平台，开启网络直播舞蹈教学和空中课堂线上视频教学，从体能训练到基本功练习，从成品舞教学到线上互动交流，停课不停学，使广大教职工疫情期间也没有终止过学习和锻炼，极大地丰富了教职工的文化生活。例如曲艺俱乐部原创了小品《艾的约会》、隔空三句半《坚决打赢校园防疫阻击战》和相声《毒家访谈》。在 2019 年年底教职工汇报演出晚会上，小品《艾的约会》通过讲述辅导员小艾老师和学生的各种情景生活故事，展现了新时代高校辅导员老师的责任担当和初心使命，获得教职工喜爱作品一等奖；在疫情期间，通俗易懂的自编三句半形式的《坚决打赢校园防疫阻击战》，道出了抗疫一线的故事，规劝大家宅在家里，不串门、不聚会，做到人不出门、车不上路，共同打赢这场没有硝烟的疫情阻击战；相声《毒家访谈》，通过对新型冠状肺炎病毒与 SARS、埃博拉病毒的拟人化交谈，让大家了解病毒的传播途径和预防措施，以及国家在抗疫过程中的一系列行之有效的举措，充分彰显了社会主义制度的优越性和祖国的强大。这些节目先后在江大电视台和相关媒体上播放，受到广大师生的一致好评。

总之，文化文艺社团紧跟时代主题，紧扣江苏大学的奋斗目标，积极开展充满朝气和活力的活动，唱响主旋律，传递正能量，活跃教职工的身心健康，激发教职工干事创业的热情，融入学校的事业发展洪流，助推学校"三全育人"工作不断取得新的成绩。

（三）体育类社团

体育是一种复杂的社会文化现象，它是以身体与智力活动为基本手段，根据人体生长发育、技能形成和机能提高等规律，达到促进全面发育、提高身体素质与全面教育水平、增强体质与提高运动能力、改善生活方式与提高生活质量的一种有意识、有目的、有组织的社会活动。体育是社会总文化的一部分，其发展受一定社会的政治和经济的制约，并为一定社会的政治和经济服务。自从体育产生以来，强身健体及其娱乐自始至终是体育的主要功能。随着社会经济的发展，人们的生活水平得到了提高，人们对精神方面的需要高于对物质方面的需要。人们对于体育的认识不只限于强身健体的方面，更希望通过体育活动的参与得到更多的精神享受。体育有助于培养人们勇敢顽强的性格、超越自我的品质、迎接挑战的意志和承担风险的能力，有助于培养人们的竞争意识、协作精神和公平观念。一些体育活动和体育赛事对丰富人们的文化生活，弘扬集体主义、爱国主义精神，增强国家和民族的向心力、凝聚力，都有着巨大的作用。

习近平总书记指出，体育承载着国家强盛、民族振兴的梦想，体育强则中国强，国运兴则体育兴，要落实全民健身国家战略，不断提高人民健康水平。要把握体育强国梦与中国梦息息相关的定位，把体育事业融入实现"两个一百年"奋斗目标大格局中去谋划，深化体育改革，更新体育理念，推动群众体育、竞技体育、体育产业协调发展。要坚持以人民为中心的思想，把人民作为发展体育事业的主体，把满足人民健身需求、促进人的全面发展作为体育工作的出发点和落脚点，落实全民健身国家战略，不断提高人民健康水平。

江苏大学历来重视体育工作，学校的足球、篮球、排球等项目均在国家及省市级比赛中取得了不俗的成绩。学校专门成立了江苏大学体育工作委员会，由 1 名副校长任委员会主任，校党委副书记任委员会副主任，相关职能部门及各学院分管学生工作的院领导为委员会成员，委员会办公室挂靠体育部，校工会为成员单位之一。

近年来，校工会在学校体育运动委员会领导下，深入贯彻落实习近平总书记关于"开展全民健身，建设健康中国"的重要论述，不断加强群众性体育工作的力度，联合体育部指导教职工各体育俱乐部，积极开展形式多样的群众性体育活动，坚持全民健身与竞技体育相融合，提升了群众体育的经常性，扩大了参与面，增强了灵活性，激发了多样性，形成校工会主导、体育俱乐部支撑、分工会组织、教职工参与的良好局面。

校工会重视面上群众体育活动，在保留传统群体项目的同时不断加强优化，吸引更多的教职工加入强身健体的活动中。根据工作计划，校工会每年会联合体育部组织学校运动会、教职工乒乓球比赛、教职工篮球比赛、教职工五人制足球联赛、教职工广场舞比赛、教职工气排球比赛、教职工羽毛球比赛、校园马拉松等体育赛事，动员全校教职工积极参与到强身健体的体育活动中来。校工会根据各单位活动的参与、获奖等情况，每年评选 8 个群众体育工作者先进集体。在做好校内体育活动的同时，校工会积极组织教职工组队参加全国、省市各级比赛，如全国高校"教授杯"乒乓球比赛、镇江市教育工会教职工乒乓球比赛、全国农林高校教职工羽毛球联谊赛等，代表江苏省教科工会组队参加全国教科文卫体系统职工气排球比赛等，且都取得了不错的成绩。

校工会重视教职工体育俱乐部的建设和发展，目前共有 13 个教职工体育专项俱乐部，包含球类、健身类、棋牌类等，共有上千人参与各类俱乐部，且人数逐年增加。校工会在为每个社团提供活动场地的同时，每年为每个俱乐部提供 5000～8000 元资金支持，同时加强指导，由 1 名校工会副主席分管日常工作。体育俱乐部在校工会的支持和指导下，平时活动不间断，每年开展"俱乐部杯"联赛，开展与省内外高校、地方单位友谊赛，组队参加专项比赛，多次获得省市各种奖项，扩大了学校的知名度和影响力。2020 年疫情期间，在校工会的要求和指导下，各俱乐部紧跟时代步伐，开展了线上共舞、线上八段锦活动等。

第三节　发挥关工委组织育人动能

党的十八大报告提出"推动中国特色社会主义理论体系进教材、进课堂、进头脑"，这体现了党对于新时期高校思想政治教育提出的新要求。大学生是中国特色社会主义事业的建设者和接班人，是党和国家事业的继承人，是国家和民族未来的开创者。他们的思想道德及综合素质状况直接关系到中华民族的整体素质，关系到国家的前途与命运，关系到中华民族"中国梦"的实现。如何更好地发挥关工委"五老"① 的作用和他们的队伍优势，同时解决当前大学生思想政治教育力度还不够的现实，将关工委"五老"作用发挥与大学生思想政治教育"三进"② 教育模式结合，寻求可以在大学生思想政治教育"三进"教育模式中"五老"作用发挥的各项机制，从而不断提高大学生思想政治教育的实效性，为实现中华民族的伟大复兴而贡献力量。

一、 从战略高度认识 "五老" 作用发挥

"五老"的作用发挥要有坚强的领导，要实行在校党委领导下，党委（书记或副书记）主管、行政（校长或副校长）协管的领导体制；高校关工委是不可或缺的工作机构，把关工委纳入学校党务工作组织序列，将关工委工作纳入学校年度工作计划，把关心下一代工作列入议事日程，统一安排部署、检查落实；主要领导要经常过问关心下一代工作，每年党委至少要听取关工委 1～2

① 五老：老党员、老专家、老教师、老战士、老模范。
② 三进：进教材、进课堂、进头脑。

次工作情况汇报，进行专题讨论研究；指定一位校领导分管、参加关工委工作，并将关工委工作纳入分管领导的工作考核内容；分管关工委工作的领导要经常指导并听取关工委工作汇报，出席关心下一代工作的重要会议、大型活动等重要活动。要充分认识"五老"作用在大学生思想政治教育"三进"教育模式中的重要性，增强新形势下做好大学生思想政治教育的政治责任感，自觉把这项工作作为中国特色社会主义事业的基础工程，纳入学校建设的整体规划和总体部署中。

二、 建立 "五老" 作用发挥的工作载体

"五老"能否很好地在"三进"中开展工作，需要有关工委坚强的领导。其成员应根据现职与离退休老同志相结合、专职与兼职相结合、一线与二线相结合的原则进行安排，并随着情况变化及时进行调整补充。要积极动员由德高望重、有奉献精神、事业心强、身体健康的已退休的原校级领导同志担任关工委领导，解决关工委领导班子后继乏人问题。同时要健全"五老"开展"三进"工作的组织体系，重视和加强关工委秘书处（办公室）建设，重视和加强二级关工委组织建设，重视和加强"五老"队伍建设，千方百计扩大老同志参与面，使工作队伍不断发展壮大，从而能更加有效的发挥在大学生思想政治教育"三进"中的作用。还要加强"五老"开展"三进"工作的制度体系，进一步完善关工委章程。关工委章程是经本组织的法定程序制定的，对该组织和成员行为的规范要求和办事程序。高校关工委章程的主要内容包括高校关工委的性质、任务、地位与作用，以及组织机构和办事程序等。应搭建各种工作平台，建立"五老"作用发挥的工作载体。

"五老"开展"三进"工作不是随机地开展，要有进教材、进课堂、进头脑的各种工作载体，比如通过"大学生骨干培训班"参与培养高级管理人才，比如通过党校、团校的平台，老同志进课堂为大学生上党课和团课。

三、 探索 "五老" 作用发挥的长效机制

积极营造"五老"开展"三进"工作，全校"一盘棋"的氛围。"五老"

作用的发挥，不是一厢情愿的事，应动员各部门、各学院重视和支持二级关工委工作，形成党委统一领导、党政群团齐抓共管、有关单位各负其责、老同志积极参与的领导体制和工作机制，并将各部门对关工委工作的贡献度、各二级关工委工作实绩纳入党建工作考核目标体系，要积极为"五老"开展"三进"工作确立保障体系，创造必要的条件，从办公条件、人员配备、活动场所、工作经费等方面给予实实在在的支持；将所需经费列入预算，把所需的人、财、物纳入学校的保障体系。"五老"开展"三进"工作需要有各方面的保障。要建立"五老"在"三进"教育模式中作用发挥的长效机制。培养德才兼备的高素质人才是高校人才培养的主要目标，因此要特别重视大学生的思想政治教育。"五老"的作用通过"三进"模式来发挥，在实践中建立作用发挥的长效机制，显得尤为重要，是人才培养不可或缺的一部分。

四、 在实践中着力大学生的思想教育与学业指导

1. 以立德树人为主线开展思想道德教育

关工委在实际工作中始终注意坚持立德树人，把加强青少年思想道德建设作为中心任务：结合学习贯彻党的十九大精神，深入开展社会主义核心价值观教育；积极配合校有关部门和学院，利用"大学生骨干培训班""马研会"、关爱报告团、关爱谈心屋、关工委合唱团等活动平台，加强大学生的思想道德教育；结合建党、建国等周年重要节庆日开展形式多样的主题活动。通过这些活动，对大学生进行热爱党、热爱祖国和世界观、人生观、价值观教育，践行社会主义核心价值观，提高大学生对我们国家的制度自信、理论自信、道路自信和文化自信。

2. 以关爱学习为主题加强学业指导

在大学生骨干培训班、关爱谈心屋和专题讲座中，关工委老教师们把自己几十年的学习方法和教学经验传授给和自己联系的学生；许多老教师了解到学生对任课教师的教学意见，及时向学院教学院长或有关方面反映，不仅解决了学生的困惑，也帮助青年教师更快成长；对于学生共同感到困难的课程，老教师还为学生开设考前复习讲座，深受学生欢迎；为了学生继续深造，老教师还为学生免费开办了英语、力学、数学等考研讲座；为了提高学生的汉字书写水

平，老教师为学生开办了多期硬笔书法讲座，应广大学生要求，现已将讲座制成视频教学片供学生自主学习。

五、 加强大学生的价值观引领

在新媒体环境下，要做好服务于大学生的思想道德建设，必须充分认识互联网和新媒体给我们带来的机遇和挑战，充分认识互联网和新媒体在大学生政治思想引领工作中的重要性，进一步加强新媒体平台建设，加强对大学生世界观、人生观、价值观的引领。江苏大学关工委于 2005 年创办了官方网站，并随着工作内容的不断丰富和形式的不断创新，多次升级和完善网站，且在不同时期随着多媒体技术的发展搭建了关工委 QQ 群、飞信群、微信群和微信公众号，形成了较为完善的新媒体工作平台，为服务大学生思想道德建设、促进关工委的工作做出了应有贡献。

1. 组织完善，全面推进关工委网络宣传工作

近年来，学校关工委在网络平台建设上分层次开展了一系列工作。在校级层面，学校关工委积极构建完善网络宣传组织体系，成立了信息化小组，校关工委常务副主任、驻会副主任亲自挂帅。为使网络宣传技术得到保障，校关工委专门动员和吸收了研究生、本科生一同参与关工委网络建设。在院级层面，各学院关工委贴近工作实际，积极建设与大学生互动交流的互联网和新媒体联系渠道。为了帮助退休老同志熟练应用网络开展工作，关工委联合退管处和老科协制订了相关培训规划，专门组织了"计算机和网络应用""手机功能扩展应用"和"小手牵大手"活动，手把手教老同志使用手机，为进一步开展工作奠定基础。

2. 积极探索，打造"指尖上"的关工委

（1）加强官方网站建设。积极响应习近平总书记"把网络上的意识形态工作作为宣传思想工作的重中之重"讲话，2019 年第四次改版关工委网站，反映校、院关工委工作动态更加全面及时。

（2）加强社交媒体建设。校关工委充分认识到社交媒体在联系大学生、加强沟通交流方面的及时性和便利性，从各个方面依托社交媒体加强与大学生的联系。校关工委谈心屋建立了"江大关工委谈心屋"微信群，经常发布宣传国

家大事、学习方法、生活和思想动态，还有节日的关心和祝贺慰问等。在二级学院联系新生班级的老同志，也与联系的班级建立微信群，在交流中了解同学们的学习、思想、生活等情况，以利于开展工作。在京江学院导师制中，老同志和指导的学生都有 E－mail、微信、QQ，方便师生间的双向互动交流活动。此外，校关工委合唱团建立微信群，校时雨社和贫困大学生建立飞信群，校关工委为交流工作也创建了多个平台关工委微信群。

第四节　江苏大学妇联组织育人平台

根据江苏省妇联指示精神，学校作为高校试点，开展妇委会改建妇联工作。2017 年 10 月 27 日，学校召开江苏大学妇女联合会成立大会。自成立以来，江苏大学妇联围绕高校妇联组织的职能职责，着力实施"五大工程"，助力女大学生成长成才，积极发挥应有的作用。

一、 实施 "巾帼建功工程" 引领女性成长

1. "巾帼文明岗" 激励爱岗敬业

大力开展"巾帼文明岗"评选活动，首批 15 个单位的部门及岗位申报参评，最终评选出学工处一站式学生事务与发展中心服务岗、机械工程学院仪器学科团队、化学化工学院留学本科生"有机化学"课程教学岗、医学院教师发展中心、外国语学院英语系等 5 家"巾帼文明岗"和妇联"她创社"女性创业联盟、艺术学院"德艺双修"育人团队、附属医院儿科护理组、海外教育学院留学生教学管理岗、材料学院学工办等 5 家"巾帼文明岗"创建单位，涉及教学科研管理和服务各个领域，具有很好的代表性和示范效应。在校内评选的基础上，校妇联推选学工处一站式学生事务与发展中心服务岗、机械工程学院仪器学科育人团队，成功申报镇江市"巾帼文明岗"，并通过宣传扩大影响力，取得了良好的社会效益。学工处一站式学生事务与发展中心推出学生服务事务276 项，为学校 5 万余人次提供服务，得到学校师生的高度认可，受到中央人民政府网、教育部网站、《人民日报》等主流媒体的关注报道，扩大了学校的影响力和美誉度。机械工程学院仪器学科育人团队所带的学生每年申报获批国家、省、校级大创项目及大学生科研立项等各类项目近 20 项，每年参加各级

大学生学科竞赛获奖 20 余人，在全校率先做到 2 个创新学分全覆盖。

2."她典型"增强育人意识

江苏大学妇联通过各级妇联平台，先后成功选树了江苏省"巾帼建功标兵"、江苏省"科技之星"、"巾帼建功标兵"、镇江市"巾帼建功岗位能手"等先进女教师典型。校妇联通过网站和微信公众号广泛宣传她们的先进事迹，激励更多的女教职工立足岗位做贡献，积极投身"三全育人"工作。

二、 实施 "女性发展工程" 搭建共享平台

1."她力量"激发创新创业活力

"她创社——女性创业联盟"成立，吸纳了女企业家、女教授、女大学生等成员，以企业为载体，以高校教师为技术中坚，以"人生出彩、梦想成真"为联盟目标，全面开展巾帼创业合作，通过成功女企业家的成长之路，激励女大学生积极参加创新创业活动。在她们的影响下，女大学生积极参加创新创业类赛事，用实际行动书写了创新创业的新篇章。

2. 素质培训提升女性素养

江苏大学妇联举办"女性着装技巧""皮肤护理""社交礼仪"等专题讲座，帮助女教职工塑造良好的外在形象，提升内在气质与修养，努力成为身心健康、乐观向上、仪态慧雅的新时代女性。

三、 实施 "文化繁荣工程" 构建幸福校园

1."最美家庭"引领幸福家文化

家是幸福的港湾，女性在家庭中发挥着独特作用。为此，妇联以"书香家庭""最美家庭"建设为抓手，大力弘扬尊老爱幼、读书学习、科学教子、勤俭节约的文明家风，先后推选产生了一批全国、江苏省和镇江市"最美家庭""书香家庭"，举办了"我爱我家"——"最美家庭"故事分享会和"一路书香、一路成长"——"书香家庭"读书故事分享会，大力弘扬尊老爱幼、勤俭节约、乐于奉献的文明家风和读书学习、科学教子的家庭文化。妇联还举办"母爱伴你成长"庆六一亲子才艺大比拼等，增进亲情，引导构建和谐幸福家庭。

2. 女性文化促进校园和谐

举办"美丽邂逅　梦想绽放"庆三八女性风采俱乐部大型展示活动，充分展现江大女性自信优雅、美丽端庄、积极乐观的精神风貌。加强女性社团建设，充分发挥文娱活动在凝聚女性、服务女性、宣传女性方面的强大作用。在提升原有女性社团的同时，妇联创建了旗袍俱乐部。女性社团多次在江苏大学运动会、马拉松开幕式及新年晚会上精彩亮相，展示了知识女性端庄慧雅、健康向上的精神风貌，成为校园不可或缺的靓丽风景线。

四、 实施 "幸福守护工程" 维护女性权益

1. 维权行动守护女性合法权益

开设女性维权热线，联系法学院相关专家，为女性维权提供法律帮助。举办 3·15 维权知识讲座，引导女大学生增强个人财产安全意识。举办"《民法典》中妇女儿童权益保护的若干问题"专题讲座，进一步提升妇联干部对民法典关于妇女儿童权益、婚姻家庭方面法律知识的理解和认识。

2. "安康保障"行动关注女性身心健康

搭建"知心小屋"妇女微家，通过"谈心角"提供个性化的服务，加强对女性师生的人文关怀和心理疏导，把妇联建成江大女性的"温暖之家"。组织女大学生参与省妇联组织的"江苏省女性思想状况调查问卷活动"，了解现代高校知识女性的需求，使关心关爱更有针对性。联系镇江市瑞康医院产后服务中心，为生育女教工产后护理服务提供优惠。举办两期冬季养生保健知识讲座，让女教工们了解冬季养生保健的相关知识和注意事项，强化大家预防疾病的意识，形成健康的生活方式。

五、 实施 "社会关爱工程" 弘扬志愿服务精神

1. "织爱行动"，冬日送暖

组织参加"情牵一线，温暖相伴"冬日织爱活动，发动全体师生编织、捐赠爱心三件套（围巾、帽子、手套）。校妇联荣获 2019 年度镇江市"织爱行动　益童助她"项目组织奖。

2．"99公益"，广播爱心

组织参加每年一次的"99腾讯公益一起捐"活动，3年共有40余个二级单位的师生参与，捐款人次达5145。校妇联特意为活动定制了爱心捐赠纪念手环，发放给每一位献爱心的师生员工，希望大家把公益活动传播下去，为更多的困境儿童献爱心。

3．对口援助，精准扶贫

通过妇联牵线，药学院马亲老师资助了一名丹徒区贫困儿童，对社会弱势群体进行点对点的帮扶，奉献江大女性的爱心和力量。妇联还为四川省凉山州会理县中学生组织了"大学一日"等体验活动，助力脱贫攻坚。

4．纸鹤传情，助力抗疫

疫情期间，组织参加"致敬最美逆行者"活动，妇联执委们用半天时间手工折叠280余只千纸鹤，用实际行动致敬战"疫"一线的女医务人员，传递人间大爱。

第五节　江苏大学群团组织育人典型典范

一、 江苏大学共青团组织育人典型典范

1．学生社团

为落实党中央群团工作会议精神，贯彻习近平新时代中国特色社会主义思想，根据《江苏大学"三全育人"工作实施意见（试行）》《江苏大学学生社团建设管理实施细则（试行）》要求，发挥各类群团组织育人纽带功能，校团委坚持组织育人，发挥学生社团团支部引领作用，支持师生开展各类社团活动，让青年学生在社团组织和社团活动中坚定政治立场、发展兴趣爱好，提升综合能力。

目前，江苏大学学生社团团支部覆盖率100%，各支部配置团支书、组织委员、宣传委员各1名，充分发挥团支部引领示范作用，坚决杜绝言行不当和开展与宗教内容相关的活动，引导青年学生树立正确的政治立场和人生价值观。各社团每月至少开展一次红色活动，创建学习型团支部，举办了"十九大精神学习研讨会""改革开放40周年精神学习研讨会""《习近平新时代中国

特色社会主义思想三十讲》学习会""青年学习社"等主题教育活动，常态化开展"学习强国""青年大学习"等网上学习模式，通过集体学习形式加强社团团支部的凝聚力。每年 3 月、9 月，学生社团以讲座、辩论赛、知识竞赛、交流会等形式学习社会主义核心价值观，如马克思主义最新成果研习会举办"社会主义核心价值明辨会"。对意识形态问题保持持续关注，社团宣传委员兼任信息监督员，关注社团成员思想动态及新媒体平台发声情况，做好舆论监控与舆情疏导。通过加强思想政治教育，切实以"四进"增强"四信"，以"四信"促进"四进"，提高社团政治站位，巩固社团育人基础。

社团组织坚持贯彻改革精神，巩固"一心双环"团学组织格局，校、院学生会组织配合团组织加强对各级学生社团的引导、管理和服务。修订《江苏大学学生社团管理条例》，规范社团成立、注册及注销、经费管理、活动管理、考核与评优管理。注重青年学生培养，组织参与同校长、党委副书记、分管校长参加的"我与校领导面对面"座谈会、校领导民主生活会、学生座谈会、社团工作总结研讨会、校级学生组织干部培训班、江苏大学社团骨干培训班、新学期社团工作会议、社团中期总结会议、学期工作总结大会等集体学习会议数十次，加强学生干部自我修养和使命担当。

积极构建体系化、规范化、品牌化和网络化的社团培养模式，以主题丰富鲜明、内容健康有益的社团活动凝聚青年学生。坚持做好创新品牌活动，以举办覆盖全年的社团巡礼节为主线，鼓励各社团打造 1～2 个品牌活动，譬如予爱协会"善行一百"公益募捐活动、515 街舞协会"嘻哈盛典"、环保协会环保时装秀、京口汉风汉服社汉服晚会等已经形成品牌。同时，积极响应团中央"校园跑"倡议，承办和开展"荧光夜跑"活动 2 场。做好考核评比，培育优质社团，通过年度学生社团星级评比，评选"十佳精品社团""星级学生社团""优秀学生社团活动""优秀学生社团干部"和"优秀学生社团指导教师"，通过"团聚 135"创新项目，扶持表彰先进典型，提高学生社团质量，鼓励社团将品牌活动办精、办好，打造专业老师指导、专业知识培训、专业学生参与的"三专"发展策略。

江苏大学学生社团目前发展情况良好，包括思想政治类、学术科技类、创新创业类、文化体育类、志愿公益类、自律互助类及其他类。校团委以学生社团巡礼节为依托，开展好学生社团风采展示工作，年均开展线上线下学生社团

3000 余场，超 10 万人次参与。各学生社团成员在发展兴趣的基础上，积极参与国家级、省市级重要赛事，获得了多项荣誉。比如 515 街舞协会在 2018 年中国学生街舞锦标赛中，1 名同学获得第一名，2 名同学获得前八名；在 2019 年中国大学生街舞锦标赛中，515 街舞协会 1 名同学获得 Locking 1V1 斗舞第二名，1 名同学获得 Poping 1V1 斗舞八强资格，10 名同学获得 2018 版全国大学生街舞推广套路 Hiphop（普通院校组）小集体第四名，10 名同学获得原创综合风格齐舞（普通院校组）小集体第四名。

2. 青年志愿者协会

江苏大学团委一直高度重视青年志愿服务工作，从大处着眼，不断加强顶层设计，从细处着手，不断打造志愿品牌。2019 年，全校青年学生在青年志愿服务方面获得多项荣誉。1 个项目参加江苏省第四届志愿服务展示交流会，并获优秀项目奖。1 个项目荣获 2019 年全省高校红十字会"博爱青春"暑期志愿服务活动优秀项目奖，并作为全省仅有的两支团队代表作典型展示。在 2019 省"暖冬行动"志愿服务表彰中，1 个协会获评"先进集体"，1 个项目获评"优秀项目"，2 人获评"先进个人"。在 2019 省"七彩假期"志愿服务表彰中，2 个团队获评"优秀团队"。在长期发展和优化过程中，江苏大学团委开展了一系列富有特色、彰显典型的志愿服务活动。

（1）图书漂流活动

图书漂流通过"以书换书"的方式，将同学们手中不再使用的图书收集起来，供其他有需要的同学借阅使用，让它们流动起来，不仅方便了同学们的学习生活，还践行了节约环保的精神。从 2018 年 10 月起，校青协以线上线下宣传相结合的方式募集书籍。书籍内容涵盖甚广，包括课内的教材、教辅（如四六级、考研真题等）和人文、科学等方面书籍。同时，校青协联合图书馆漂流之家及图书漂流点，切实保证让图书二次流动起来，真正让书籍与爱流动了起来。

（2）雷锋月志愿服务活动

为迎接雷锋月，传承雷锋精神，彰显江苏大学志愿者的服务精神，学校青年志愿者协会秉承学校青年志愿者工作"尽己所能、不计报酬、帮助他人、服务社会"的优良传统，联合院青协举办雷锋月系列活动，共同制订活动方案，举办一系列志愿服务活动和宣传活动，引导青年学生学习雷锋精神，传播志愿服务理念，营造爱国爱家、奉献社会的良好风尚。

（3）清明祭扫志愿服务活动

为了缅怀先辈、铭记历史、传承文明，更好地发扬社会主义精神文明建设成果，树立文明和谐的社会氛围，清明节期间，江苏大学青年志愿者协会的志愿者们前往镇江市烈士陵园及镇江市栗子山公墓，开展"清明祭英烈 文明树新风"的主题志愿活动。

志愿者们来到镇江市革命烈士陵园，进行"缅怀革命先烈，弘扬烈士精神"的烈士陵园志愿讲解主题活动。他们怀着"热心公益、服务社会"的精神，以最饱满的热情，将先辈们的历史故事传播给更多的人，将"文明""和谐"的社会主义核心价值观融入志愿活动中去，以鼓励广大同学及广大市民对烈士的崇敬之情和对先烈精神的传承。

每年近300名志愿者前往镇江市栗子山公墓开展栗子山文明祭扫活动，志愿者们帮助工作人员维护停车场秩序，引导交通，并对公墓进行人车分流，有效缓解了园区内的拥堵情况。江苏大学的志愿者们不仅向市民们展示了他们饱满的热情，更用自己的实际行动守护着中国传统节日的传承，守护着传统文化的延续。

（4）重阳敬老爱老志愿服务活动

农历九月初九重阳节是中华民族的传统节日，学校每年在重阳节之际举办"九九重阳，敬老爱老"活动，去护理院、养老院看望老人，为老人们带来一系列节目表演、义诊和健康知识宣讲；和老人一起游玩，陪同老人聊天，保障老人安全，给老人带去温暖。志愿者们用他们的热情和活力感染了在场的所有老人，用实际行动展现了江苏大学青年志愿者的精神风貌。

（5）"一对一"结对志愿服务活动

学校组织各二级学院的志愿者团队分别与镇江市京口区、润州区的各个社区开展"一对一"结对活动，开展关爱空巢老人、关注留守和单亲儿童、电脑维护培训、青少年德育知识教育等多项志愿服务活动。学校根据青年学生的细微需求、社会的细微苗头，追求"服务微小化，价值最大化"，打造一批日常公益服务项目。倡导"人人都是志愿者"，不论何时何地，哪怕只有很少的时间都能参与志愿服务、弘扬志愿精神、奉献爱心，为社会做贡献，每年参与学生40000余人次。

（6）文明城市建设志愿服务活动

校青协的志愿者每周末坚持在镇江站北广场迎来送往，给有困难的出行者带去关怀，同时帮助乘客使用现代化设备，引导乘客遵守秩序，劝导乘客不在公共场合吸烟等。志愿者自觉参与到文明城市的创建中，他们以实际行动提高志愿者的服务水平，发挥文明引导的作用，以迎来送往，助力城市和谐。

校青协联合镇江市京口区交警大队在江苏大学共建路口进行了一系列规范行人行为的志愿服务活动，包括阻止行人及非机动车违规穿行马路、宣传安全交通知识等。他们也通过这种方式，让行车更规范，让行人更有秩序，为建设文明镇江贡献学校志愿者的一分力量。

3. 马克思主义最新成果研习会

江苏大学马克思主义最新成果研习会（简称"马研会"）成立于 2009 年，是由江苏大学团委领导和江苏大学关心下一代委员会指导的以研习马克思主义经典著作、中国特色社会主义理论体系和优秀传统文化为主的江苏大学大学学生学术团体，旨在聚力打造成为学校共青团学习研究宣传习近平新时代中国特色社会主义思想的"聚集地"、传播党的政治主张的"广播站"和锤炼坚定青年马克思主义者的"训练场"。在具体实践过程中，江苏大学团委通过强阵地、强组织、强示范、强特色、强创新等"五强"举措助力江苏大学马研会建设。

（1）强阵地

从加强阵地体系建设和优化学习空间两方面着手，建立校院两级马研会；配备专门工作场所、桌椅等学习条件。

（2）强组织

创建"学习小组"工作模式，促进校院联动、院级互动。一方面，根据校院两级学社成员专业特征，将成员分为"不忘初心""牢记使命""继续前进"3 个学习小组；为了形成院级"青年学习社"建设的合力，做好结构优化，构建博学、求是、明德、自强、厚德、实干、求真 7 个小组，保证参与学生专业互补，让人文社科类专业、自然科学类专业学生共同学习、共同领悟、共同提高。

（3）强示范

校马研会积极加强在学习活动主题选择、嘉宾邀请、参与人员组成、场地布置、学习形式、总结汇编等方面的规范实施和示范引领。2020 年，校马研会在校团委指导下聚焦"四史"学习、伟大抗疫精神、校史等内容打造"与江大同行·与祖国共进"校级示范课。示范课以主题演讲、师生风采展示等形式开展，在主题演讲环节中，马克思主义学院教师岳志强做了"爱国是青春的底色"主题分享，勉励新时代青年弘扬爱国主义精神；全国卫生健康系统新冠肺炎疫情防控工作先进个人赵燕燕做了"我们就是一家人"主题分享，讲述疫情期间的感人故事，彰显大国青年使命担当；食品学院退休教授李国文做了"一段艰辛的建校历史，一种不变的爱校情怀"主题分享，回顾了镇江农业机械学院建校初期时的艰辛历程，勉励学生有志向就有事业；管理学院研究生王婷、第 21 届研究生支教团队长张诗曼及车辆工程 00 级校友洪思明也分别做了主题分享，鼓励同学们树立远大理想，敢于挑战。师生风采展示环节中，文学院师生带来《农机人的梦》原创诗歌，内容催人奋进。做好"网上阵地"建设，在"江苏大学团委"微信公众号设置子栏目"小博爱学习"，在江苏大学团委网站开设"青年大学习"版块，供院级马研会参考、学习、创新。

（4）强特色

注重特色化建设，着力发挥"理论学习 + 实践服务"的双重功能。目前，马研会已具有"三江时政论坛""马克思主义·青年说""江大青年正在说"等理论学习品牌活动，特邀关工委主任和马克思主义学院思政老师，开展诵读经典之《共产党宣言》，分享学习心得；举办《习近平的七年知青岁月》学习会，学习青年习近平优秀品质，明确主题、研学原文、领悟经典、学习榜样、话明初心。创新开展"奔跑吧'勤人'"、"相约'四点钟'"及参观革命圣地、瞻仰烈士陵园、红色服务进社区等实践服务环节，实现品牌项目多维度、内涵式建设与发展。

（5）强创新

重点做好活动载体设计、多渠道协同等创新创造。拓展学习活动组织开展空间，将理论学习与户外思政课等形式相结合，打破主题学习枯燥单调刻板印象，组织举办"青春告白祖国——领航·开学第一课"活动。通过线上线下相结合方式，开展《习近平新时代中国特色社会主义思想学习纲要》《共产党宣言》等经典书籍"线下学习研讨交流 + 线上有声书学习打卡"活动，增加学习互动性、便利性和趣味性。

4. 红十字会

江苏大学红十字会于 2013 年 9 月 30 日正式成立，在学校和上级红十字会指导下，积极组织师生参加红十字会活动，致力于弘扬"人道、博爱、奉献"的红十字精神，推动红十字事业在学校的发展。近年来，江苏大学红十字会学生分会始终投身于急救知识培训、无偿献血宣传、防艾同伴教育、博爱青春等品牌活动，努力培养在校学生良好的文明行为习惯与爱人、助人的高尚情操。2019 年，校红十字会承办红丝带青春校园行活动，江苏大学获批"江苏省红十字示范学校"。

（1）初级救护员培训

江苏大学红十字会学生分会作为镇江市红十字会急救科普训练基地之一，拥有一支专业的大学生应急救援队并配备有专用的训练模型和场地。为切实普及急救知识，提高在校师生的自救和互救能力，提升当代青年大学生应对突发事件及意外伤害事故的自救、互救能力，江苏大学红十字会学生分会每年定期举办初级救护员培训活动。每期培训共 16 个学时，包括创伤救护理论、AED 的使用及 PCR 的操作练习，旨在拓宽传授急救知识和技能的平台，将人道、博爱、奉献的红十字精神传播到学校的每一个角落，让互助之花开遍整个校园。通过培训考核的初级救护员们将继续对大一新生进行不少于 4 个学时的应急救护普及培训，确保每年新生应急救护普及培训覆盖率达 100%。

除此之外，为增强并巩固在校师生对于应急救护技能的掌握情况，江苏大学红十字会学生分会定期举办江苏大学应急救护技能大赛。在大赛中，来自 20 余个学院的队伍经过层层遴选，通过基础技能考核、综合情况下的应急救护技能考核及情景剧等考核方式，最终角逐出 8 支队伍进入决赛。在决赛中，邀请镇江市红十字会应急救护师资等专家担任评委，体现了大赛的专业性与影响力，进一步扩大了学校应急救护的宣传力度，提高了广大师生参与应急救护的积极性。

（2）防艾同伴教育普及宣讲

江苏大学红十字会学生分会每年定期举办防艾同伴教育主持人培训班，旨在从青年大学生中挑选优秀的防艾主持人，为同学们普及艾滋病相关知识，消除同学们对艾滋病的恐惧心理，引导同学们用正确的态度对待艾滋病及艾滋病患者。自 2015 年起，江苏大学严格考核对于新生的防艾普及培训，形式主要有"艾滋病预防及青少年性健康教育知识讲座"，以及防艾同伴教育普和培训，对大一所有新生进行不少于 2 个学时的应急救护普及培训，每年对新生普及覆盖率达 100%。

（3）红丝带青春校园行

2019 年 11 月 23 日，"美好青春我做主"红丝带青春校园行活动在江苏大学举行。活动邀请到中国红丝带健康大使、中央电视台主持人刚强，中国性病艾滋病防治协会项目官员李征，上海公共卫生中心沈银忠，江苏省省预防医学会秘书长蒋辽远，江苏省省预防医学会项目官员刘恒，江苏省疾控中心性病艾滋病防治所所长傅更锋，江苏省疾控中心性病艾滋病防治所主任医师闫红静，江苏大学党委书记、博士生导师袁寿其，江苏大学副校长、博士生导师张济建，以及镇江市和学校相关职能部门的领导等嘉宾莅临指导。袁寿其书记在致辞中指出，红丝带青春校园行活动是对学校防艾工作的一次有力促进，学校将高度重视防艾工作，坚持以学生身心健康为目标，将大学生健康教育工作常态化，进一步增强学生防艾意识；在校园广泛宣传、普及防艾知识，组织发动全校学生积极参与"防艾"活动，将"防艾"知识普及全校每一位大学生；服务社会，营造防艾氛围，为十九大提出的"实施健康中国战略"贡献力量。

活动中，刚强先生和诸位教授、专家通过防艾公开课的形式向青年学子讲解了艾滋病防控的相关知识，并与现场学子进行了交流互动。另外，红会联合学校社团为观众们带来了精彩的防艾汇报演出，表达了青年学生对艾滋病防治的重视、对生命的尊重。最后，现场全体人员起立宣誓，志愿成为抗击艾滋病的一员，共同承担社会责任，共同抗击艾滋病。

（4）世界艾滋病日系列活动

每年 12 月 1 日前后，江苏大学红十字会学生分会都会围绕每年世界艾滋病日的宣传主题，开展为期一个月的一系列宣传活动，通过游戏、展播电影、汇报演出等多种深受青年学生喜爱的形式，让学生在活动过程中更进一步地认识艾滋病。自 2018 年起，江苏大学每年于 12 月 1 日前后开展"为艾助跑"大型活动，号召全校师生通过在校园内跑步、打卡完成任务的形式表达对于艾滋病防控工作的支持，以及对于艾滋病患者的关怀，同时在主会场有镇江市疾控中心、禁毒办等多家单位派来的专家组对路过的师生进行宣传教育工作。

（5）博爱青春系列志愿服务活动

江苏大学红十字会紧扣"学习雷锋、关爱生命、传播爱心、服务社会"的活动主题，紧紧围绕红十字运动知识传播宣传、捐献造血干细胞、捐献遗体和人体器官、关爱和服务弱势群体、宣传普及应急救护知识和技能，开展预防艾滋病宣传教育等项目业务，开展形式多样、广受欢迎的志愿服务活动。学校积极参加省高校红十字会"博爱青春"暑期志愿服务活动，每年均有项目入选省"博爱青春"立项项目，并多次获评省十佳项目，学校获优秀组织奖。

江苏大学财经学院的"心相髓、爱相融"造血干细胞捐献知识宣传项目入选省级优秀志愿服务支持项目；江苏大学京江学院志愿者根据留守儿童失管现状，融入传统教育内容帮助孩子们树立正确的世界观和人生观；江苏大学外国语学院志愿者深入贫困地区和偏远山村开展支教活动；江苏大学管理学院志愿者从细微入手，深入老年公寓，用青春热情温暖孤寡老人；江苏大学法学院志愿者坚持因人制宜树品牌、特色服务赢口碑，开展"教官智慧树"活动，在陪伴中帮助服刑人员未成年子女减少内心被排斥感，实现去特殊化。

不难发现，江苏大学充分发挥共青团组织的组织力、引领力和服务力，为青年学生成长成才搭建平台，以学生会组织为载体，激励学生自我管理、自我教育和自我服务，践行全心全意为同学服务的宗旨，让青年学生参与团学工作，帮助学生树立正确的世界观、价值观和人生观。其中涌现出一批典型典范，他们用奉献与担当书写着属于他们和江苏大学的青春故事。来自教师教育学院的徐振霞同学、来自管理学院的张书诚同学和来自艺术学院的曲洪川同学为其中较为典型的代表。

【育人典范 1：徐振霞】

徐振霞，女，汉族，中共党员。江苏大学教师教育学院 2017 级硕士研究生。曾获江苏大学暑期"三下乡"社会实践活动先进个人、江苏大学百优青年学生、国家励志奖学金、国家奖学金、校励志之星、校优秀研究生标兵、2018 年度中国大学生自强之星等荣誉；曾担任江苏省教育学研究生学术联盟理事、院研究生会主席等多项职务。先后参加西部支教、国际志愿者项目，毕业时选择再次投身西部计划，奔赴新疆生产建设兵团继续志愿服务事业。

徐振霞来自周总理故乡——江苏省淮安市的一个小村庄，虽家境贫寒，但立志成为一名"心怀家国情，胸有鸿鹄志"的优秀青年。

感恩社会，初为公益事业。2012 年，江苏陶欣伯助学基金会开始在江苏大学设立资助项目，徐振霞有幸成为学校第一批"陶学子"。也因此，她给自己一个青春约定：受人资助，我是公益的受益者；同时，我更要做公益的传播者。大学期间，她开始担任社会职务，用自己的行动去服务、影响周围的人：作为江苏大学伯藜学社活动部首任部长，多次组织进社区服务空巢老人、进养老院看望孤寡老人等公益活动；参加学院青年志愿者协会，为西部募捐活动和"地球一小时"环保活动发声；先后担任校、院级研究生助理，为广大同学答疑解惑，解决生活困难，做好同学们的朋辈引路人。

明确志向，参与西部支教。本科毕业，她开启了人生的第一次远征。当看到《中国青年志愿者第十八届研究生支教团招募通知》时，她对自己的青春约定有了更加坚定而具体的答案——到西部去，到基层去，到祖国最需要的地方去。凭借出色的表现，她顺利成为江苏大学研究生支教团的一员，前往青海省门源县浩门镇第三初级中学支教一年。支教时，高原反应让一向身体素质良好的她被一次小小的感冒折磨了几个月，但她依然咬牙坚持，先后承担七年级两个班英语、八年级两个班语文的教学工作，并兼任一个班的副班主任。她不仅是新手教师中听课最多的人，也是听课反思记录本用得最快的人。她的班级平均成绩排名始终位于年级前列，她指导的两名学生在青海省首届初中生英语阅读大赛（七年级组）中获得了"阅读达人"的称号。她先后被评为"浩门镇第三初级中学先进教育工作者""门源县优秀支教生"。学生们常对她说：Miss Xu，因为你，我们更喜欢英语课；徐老师，因为你，语文课变得好有趣。"教学之余，她还组织参与了多项志愿服务活动：组织开展了"以爱之名，护航青春"系列主题活动，募得各类书籍 563 册，全部捐献给门源县三所中学，帮助建立班级图书角；担任第十六届"青海农信杯"环青海湖国际公路自行车赛志愿者——虽然在户外经历大暑炙阳近 8 个小时的考验差点晕倒，但她依然坚持，不曾有丝毫懈怠。

走出国门，讲好中国故事。生活需要不断积淀，长期从事公益服务的经历使得她比同龄人更多了几分笃定和坚持。对待研究生阶段的学习生活，她游刃有余，连续三年专业综合排名第一，独立主持省、校级科研项目，在国家级刊物上发表论文，多次参加国际学术会议并作全英文汇报。期间，受学校资助，她主动报名参加了 2019 年国际志愿者项目，独自一个人第一次远赴美国，来到她志愿服务的加州安大略市的 VictorValley College。当负责 Ram's Bookstore 的行李寄存时，即使每天需要工作近 10 个小时，每天需要整理近 500 份行李，她都始终微笑着为不同肤色、不同国籍的学生提供最耐心且真诚的服务。习近平总书记曾强调：做志愿工作，要热情参与，真情奉献。对此，她时刻谨记，叮嘱自己要做好每件小事，用自己的实际行动讲好中国故事。

志愿服务期满后，Ram's Bookstore 负责人 Deanna 女士不仅赠送了她学校的吉祥物以作纪念，还亲笔赠言"DEAR XUZHENXIA, THANK YOU FOR YOUR ASSISTANCE"；同时，学校项目负责人 Robert 先生亲自为她写了推荐信并赠予了她学校的学生卡，上面写着"VOLUNTEER Xu Zhenxia"。同年，她获得了中国大学生"自强之星"荣誉称号。

2020 年，面对突如其来的新冠肺炎疫情，身在家乡的她，真心希望能为村里做点什么。她主动来到村委会了解防疫工作情况，当得知村里缺少信息录入的人员时，她服务公益的热情又一次被点燃了。她主动报名成为村委会里唯一的一名研究生志愿者，协助村委会整理录入全村近 2000 人的基本信息数据及出入信息，大大提高了村委会的工作效率和防疫效果。当疫情趋于缓和，学校允许部分学生返校时，她又申请返回学校，主动帮助老师和同学们解决实际生活困难。虽已临近毕业，科研论文压力很大，但她仍协助辅导员做好全院研究生日常健康打卡统计工作，并多次和辅导员一起前往学生宿舍为无法返校的同学取出并寄送相关物品，全院研究生都知道他们有个特别热心的"振霞"学姐，总是力所能及地服务他人，传递温暖。

当时间的指针渐渐指向毕业季，徐振霞再次面临人生的重要选择，而这一次，她内心的答案依旧清晰而坚定——参加西部计划，将青春约定践行到底。如今，她已通过各项资格审查，奔赴新疆生产建设兵团开启新的志愿服务征程。2020 年是全面建成小康社会的决胜之年，这一年选择参与西部计划无疑具有特别的意义，"家国所系，我之所行"，她准备用一年、两年、三年，甚至是一辈子的时间，用实际行动来实现自己的那份初心、那个约定。

【育人典范 2：张书诚】

张书诚，男，中共党员，管理学院硕 1701 班学生，曾任 2018—2019 学年江苏省学生联合会驻会执行主席、班级党支部书记、江苏大学学生会主席、能动学院学生会副主席、江苏大学时政研学社副社长、班级团支书等职务。自入校以来，张书诚积极参加学校、学院的各项活动和各类组织，努力锻炼自己，以自己的专长服务同学；毕业后通过江苏省 2020 年应届优秀大学毕业生选调考试参加工作，在镇江市京口区象山街道任丹徒社区党委副书记。

作为一名党员、班级党支部书记，张书诚一直将理想信念挺在前面，坚持以习近平新时代中国特色社会主义思想作为自己的行动指南，努力增强"四个意识"、坚定"四个自信"、做到"两个维护"。他平时努力加强理论学习，对于自身各方面有着充分的认识和严格的要求，积极要求进步；坚持党建带团建，指导团支部开展工作，团支部获得校研究生团支部风采第一名；同时坚持为支部党员上党课，带领支部党员学习十九大精神和党章党规，坚持用习近平新时代中国特色社会主义思想武装头脑，武装党支部。工作成绩得到支部党员的一致认可，2017年度和2018年度党员民主测评等级均为优秀，获评江苏大学优秀学生共产党员称号。自成为注册志愿者以来，他积极以志愿行动服务社会，曾获"江苏省优秀青年志愿者"、全国职业学校创新创效创业大赛优秀志愿者荣誉称号。

张书诚一直以来都活跃在团学工作的一线，努力发光发热，为党、团组织出力，为广大同学服务。本科期间担任校学生会主席，他一直努力奋斗，积极履行职责，努力不辜负全校同学的信任和期望，组织开展活动、撰写文字材料、对外交流合作等工作都出色完成。同时，他还带领学生会创新改革，重新修订了学生会工作标准化章程，保证了工作开展的制度化，同时推出了学生会干事培训班制度，努力使学生会成员有更多收获感。在他的带领下，江苏大学学生会更加充满活力和生机，并荣获"江苏省十佳学生会"等称号。2018年6月，他被选拔为江苏省学生联合会驻会执行主席，继续为全省学生服务。在学联工作期间，他担任江苏省菁英人才学校班主任，出色完成全国职业挑战赛的开闭幕式工作，为江苏大学学生在全省树立了良好的形象。

在专业成绩方面，张书诚在积极投身团学工作的同时，时刻不忘学生的本职任务学习。他刻苦努力，广泛学习相关专业知识，本科期间曾获得校二等奖学金，以及校三好学生等荣誉，曾在省级刊物发表论文一篇，科研立项一项，同时以专业第一的成绩被录取为研究生。研究生期间，他获得新生学业奖学金二等奖、学业优秀奖学金一等奖，参与省部级课题两项，发表国际会议论文一篇（CPCI检索），科研立项两项，已全部结题。同时，他积极参加创新创业赛事，曾获得创青春江苏省赛银奖（排名第一）、"互联网+"省赛二等奖（排名第四），积极在创新创业中实现自我。

张书诚在团学工作和各项活动中表现出色，取得了不俗的工作成绩，曾获"江苏省优秀学生干部""江苏省优秀共青团员""中国大学生自强之星"，以及团中央"井冈情 中国梦"暑期社会实践优秀学员负责人、江苏省优秀青年志愿者、江苏省"三下乡"暑期社会实践先进个人、全国职业学校创新创效创业大赛优秀志愿者、江苏大学优秀共青团干部、能动学院优秀学生干部等荣誉。在担任学生会主席期间，他构建了江苏大学学生会"金字塔形"服务学生成长成才体系，得到全国学联、省学联的宣传报道。学生会在他的带领下努力做实"三走"活动，"三走"活动的创新思路得到团中央网站的重点介绍。同时，他带领学生会努力宣传和践行社会主义核心价值观，发挥学校长期以来的辩论赛良好氛围，努力打造以"辩论赛"为载体的社会主义核心价值观培育体系，"体系"获评团省委社会主义核心价值观优秀项目。研究生期间，他还获得校党委宣传部"习近平新时代中国特色社会主义思想和全国两会精神学习践行活动"学习心得三等奖（全校学生获评仅两名）。

【育人典范 3：曲洪川】

曲洪川，男，江苏大学艺术学院研 1802 班研究生，江苏大学第 19 届研究生支教团队长。先后获得国家励志奖学金（3 次）、校二等奖学金、校三等奖学金（2 次），获得校优秀学生干部（3 次）、校优秀共青团干部、江苏大学"新长征突击手"、校级优秀毕业生等称号；本科期间连续 4 年担任班长，大三时担任江苏大学格桑花公益团队部长，团队获得"江苏大学暑期社会实践十佳团队"称号；创办"意匠"手工工作室，并获得江苏省第五届大学生文化艺术展演活动学生艺术实践工作坊展评三等奖。研究生期间，他获得 2018 年度江苏省优秀青年志愿者、江苏省大学生抗疫先进个人等荣誉称号。

曲洪川作为一名志愿者，一直以来的志向和目标是奉献自己的爱心，身体力行地服务社会。他立足岗位，不断探索促进志愿者活动深入开展的理念方法；在服务门源教育工作的需求、弘扬互助风尚中发挥了积极的作用。在参与志愿服务中，他深刻明白了"奉献、友爱、互助、进步"的精神内涵，体会到了"志愿付出，快乐奉献"的真正意义，同时也收获了无尽的感动与快乐，这也进一步增强了他的社会责任心与当代使命感。

公益为先，助力西部学子求学之梦。大四临近毕业时，曲洪川义无反顾地选择参加研究生支教团。在参加研究生支教团期间，他积极参加团县委举办的

"生态环境保护""义务植树""公益课堂""高考填报志愿服务"等活动。除此之外，他还积极组织了多项公益活动。为了响应习近平总书记调研贫困地区发展过程中曾提到的扶贫先立志、扶贫先扶智的号召，他积极探索新模式，开展旨在圆梦的"童梦同行"北京游学活动，以实际行动助力高原上的孩子圆梦。此次活动他共筹得资金 3 万余元，选拔门源县第三初级中学品学兼优、家庭贫困的 10 名学生到北京进行游学，参观了国家博物馆、毛泽东纪念堂、故宫博物院、奥林匹克公园、北京大学校园、北京自然博物馆、798 艺术中心等具有代表性的集政治、文化、科技、艺术于一身的地方，并观看了天安门升旗仪式。让门源的孩子们身临其境地感受学习了古今中外的各种知识，孩子们不仅对中国的传统文化有了更深刻的理解，还对中国科技的发展有了新的认识和感受。

举办"精灵书屋"图书捐赠活动。他经过 6 个多月的日夜努力，终于开展了立志于覆盖门源县所有中小学的捐书活动，做到受捐学校学生每人获捐图书和阅读笔记本各一本，每年一次。到目前为止，签订协议的已有 3 所小学，共捐赠物资图书 4459 册、阅读笔记本 4459 本、书架 86 个。讲课之余，他积极开展对当地贫困家庭的家访活动，通过家访具体了解当地贫困家庭当前所遇到的困难，尽他最大能力帮助有困难的家庭，同时为有需要的家庭建立贫困生库，以便后期的宣传与援助。

他在青海举办的各项公益活动及开展的各项工作不仅受到了团中央、江苏大学、门源县政府、门源县教育局等各级领导的夸赞，还被《中国教育报》、中青在线、《扬子晚报》、《镇江日报》、门源县电视台等各级媒体报道，受到门源县师生及家长的一致好评。

立足实践，积极参加志愿服务活动。在大二期间，曲洪川就加入了江苏大学格桑花公益团队，并在大二暑假期间赴青海省门源县东川镇寄宿制小学开展支教活动。支教前，他开展了各项活动来筹集支教经费。为了收旧物，他几乎每天都要拖着几十斤重的包裹来回奔走；义卖时，为了帮商家看摊位，他和队友一起在三岔口过夜；新生开学收军训服时，从早上 6 点忙活到晚上 11 点；市场义卖时，坚持每周末 5 点多起床占摊位……这些经历使他不断成长、蜕变。支教期间，他更加严格地要求自己，在常规教学任务的基础上，坚持给当地的中学生做课程辅导。支教活动让他深刻认识到了东西部之间的差异，家访时一些家庭"家徒四壁"的景象让他记忆犹新，这也更让他坚定地选择继续投身公益的决心，为西部的教育发展贡献绵薄之力。

2020 年，新冠肺炎疫情肆虐，他作为江苏大学研究生会主席，组织带领江苏大学研究生会向全体江苏大学研究生发布防疫志愿服务倡议书，引导广大研究生投身防疫志愿服务工作。为解决"最美逆行者"后顾之忧，他第一时间组织参与江苏大学研究生"2 + 1"守护计划志愿服务队，与 10 名研究生支教团成员和 10 名研究生学生骨干，为江苏大学附属医院、镇江市第一人民医院、镇江市中医院的 10 名支援湖北医务人员未成年子女提供"2 + 1"守护计划，并制定了详细的工作分工：研究生支教团成员采取"一对一"的形式，通过线上视频的方式，为医务人员子女提供线上课业辅导、科技创新、文化艺术学习等服务。志愿服务工作得到了家长和孩子的一致好评，并被《中国科学报》、学习强国江苏平台、中国网、《江苏经济报》、扬子晚报网等媒体广泛报道。

丰富的公益实践经历，让他明白了自身所应承担的责任与义务，更让他坚定了继续做公益的决心，为需要帮助的人贡献自己的力量！

二、 江苏大学工会组织育人典型典范

"从心开始，用爱导航"——我和学生的故事

1. 做法

江苏大学工会在全校立德树人系列活动中，组织《我和学生的故事》征文演讲比赛。二级分工会积极组织本单位教职工参加，共收到征文 126 篇。征文分成三个系列：教书、管理、服务。评出一等奖 8 篇，二等奖 12 篇，三等奖 15 篇，获奖征文编印成册发给各二级分工会。同时，从获奖征文中精选出 8 个故事，组织开展了"从心开始，用爱导航"——《我和学生的故事》宣讲会，邀请全校新入职的教职工参加。8 个故事非常有代表性：有担任过 13 年辅导员的董晓言的《因为爱》，诠释了辅导员全身心投入学生中，爱学生，也得到了学生的爱的故事；有原团委书记王丽敏在海外教育学院期间对留学生既严格管理又无私奉献的感人的一幕幕；有"一切为了学生"的马克思主义学院魏志祥老师被同学亲切地喊作"魏爸爸"；有艺术学院欧阳华老师迎接新生时被一个

西部学生的背影所吸引从今以后内心深处一直留着的那份挂念；有财经学院陈海宁老师在课堂上管理调皮的学生而引来一连串有趣的情节；有大学生心理咨询中心陆菁老师讲述如何抚慰学生受伤的心灵；等等。故事生动有趣，感人肺腑，引人深思。同时，工会制作了一期橱窗专栏，微信推送，利用多种平台宣传把故事讲透、讲遍。

2. 成效

（1）江苏大学教职工新形象的一次集中展示

当今社会，许多复杂的社会现象折射着人性的美丑，价值观、世界观的偏差给教育工作者带来挑战，甚至有时教育工作者也会陷入困惑和迷茫。一个个具有代表性的故事真真切切地告诉大家，阳光、温暖、善良，一切美好的正面的东西一如既往地存在着，从来没有离开人们。挖掘身边的故事，不是要惊天动地的光辉业绩，而是平凡岗位上的点点滴滴，透着的干部教师及普通管理人员在育人方面的真心真情真意，平凡中见伟大。要用身边的具有普遍性的故事教育大家，让大家真真切切感受到一贯倡导的责任、坚持，爱心就在身边，就在非常熟悉的同事身上。这样才更有感染力、亲和力。这可以说是学校在教书育人、管理育人、服务育人方面整体形象的塑造和凝练，是美好形象的一次集中展示。

（2）广大教师在立德树人方面的一次深度交流

毫无疑问，新形势下，党中央对"三全育人"提出了新要求、新标准。老师们如何践行，这是一个非常现实而又迫切需要解决的问题。经常有很多老师感叹，现在的学生愈来愈难教了，愈来愈不听话了，不知道怎样面对他们了。不可否认，教师中也存在教育水平不够，甚至责任心欠缺、缺乏爱心等现象。甚至在如何保护学生利益和严格要求学生的矛盾中，有些老师不知如何把握尺度。活动可以说提供了样本，提供了成功案例，供广大教师相互学习、借鉴，为丰富经验、拓展思路、解决教育过程中遇到的困难提供参考、指导，广大教师可以从中受到启发、启示。把身边的先进事迹用故事的形式讲出来，可形成一面镜子，可以照出差距和不足。都是平常人平常事，借鉴的意义更突出，发挥的效果更明显，从而更好地增强"三全育人"的信心。

（3）江苏大学践行"三全育人"的一次内涵升华

江苏大学学生有 4 万多人，教职员工有 4000 多人，在教室、实验室、食堂、办公室、宿舍……每时每刻都在发生着教师与学生之间的故事。普通中有感人的细节，细节中有高尚的品德，用身边的事例向学生诠释老师在承担着怎样的社会责任，履行着怎样的社会义务，扮演者怎样的社会角色，又怎样在践行着自己的初心和使命，这是一笔宝贵的精神财富，挖掘出来就会成为强大的精神动力。教师们用满腔的热情和真诚创造着江苏大学的良好人文环境，用完美的教师形象打动学生、教育学生、鼓舞学生。这样的展示其实就是对学生的再次教育、深度教育，可以说意义重大。

3. 启示

教育是国之大计、党之大计。教师承载着传播知识、传播思想、传播真理，塑造灵魂、塑造生命、塑造新人的时代重任。要把立德树人融入思想道德教育、文化知识教育、社会实践教育各环节。挖掘身边的故事，用身边的事教育身边的人，更有感召力、说服力。江苏大学的校园因为有这样一大批认真负责、德才兼备的老师而变得更温馨更美丽。从"心"出发，用"爱"导航，未来的日子里，师生之间还会继续演绎精彩的故事……不断演绎，不断发现，不断宣传，不断营造，让"三全育人"的氛围越来越浓，成为根植于广大教职工内心深处的文化内涵、道德素养。不忘初心，砥砺前行，教学相长，共创辉煌。

三、 江苏大学关工委组织育人典型典范

江苏大学关工委工作特色品牌项目

习近平总书记在全国高校思想政治工作会议上强调，要坚持把立德树人作为中心环节，把思想政治工作贯穿教育教学全过程，实现全程育人、全方位育人，努力开创我国高等教育事业发展新局面。"大学生骨干培训班""马研会""关爱超市""时雨社""给我一个家""四点钟学校"和"合唱团"等平台已经形成了江苏大学关工委的特色品牌。只有不断开拓创新，做到更优更特，才能保持特色品牌的生命力。

1. 江苏大学关工委以"大学生骨干培训班"为示范点，把握青年马克思主义者的第二课堂，着力培养一批政治坚定、专业优良、身心协调、素质优秀的江苏大学的"青年马克思主义者"。大学生骨干培训班是江苏大学"精品人

才培养工程"的重要组成部分，三年（2017—2020）来，已培训近 300 名优秀人才。

培养过程采用开放式授课与读原著相结合，理论学习与社会实践相结合，实行导师制。关工委充分发挥老领导、老教授、老同志、老党员的高层次人才优势，采用"1＋1"的方式（1 个导师带 1 名学员）配备导师，在思想引领、学业辅导、职业规划、生活导航等方面对学员进行全过程、个性化的指导和帮助，通过"导师"的"带"、学生的"学"，通过"三观"教育的思想引导、素质拓展的能力强化、形象设计的自我发现、社会实践的亲身体悟，定期与学生交流，全面关心他们的成长成才。

江苏大学马克思主义最新理论成果研习会（简称江苏大学"马研会"），目前设有校、院两级马研会组织，马研会会员 300 余名。马研会成立以来，不断优化指导力量，形成了以马克思主义学院（简称"马院"）院长等三位教授"联袂坐镇"、马院关工委三位退休教授"领衔坐论"、马院近 10 位青年博士教师"轮流坐庄"的优势互补的指导教师队伍；校马研会聘请了马院教师做指导，校、院关工委老同志参与马研会的理论指导和素质拓展活动。马研会在团委的领导下，在关工委老同志的积极配合下，在理论研习、主题教育、品牌建设、素质拓展等方面做了大量工作，提升了青年大学生的马克思主义理论水平和实践能力，坚定了他们的理论自信，取得了良好的效果。每年参加马研会活动的研究生和本科生达 15000 人次以上，形成了以马克思主义学院研究生和本科生会员为排头兵、各学院会员为骨干，广大学生积极参与的学习社团。江苏大学马研会多次被江苏大学团委评为江苏大学"十佳精品社团"。2017 年 3 月，江苏大学马研会被共青团中央网络影视中心评为"全国大中专学生最具影响力理论社团"，是江苏大学团委领导、校关工委和二级学院关工委参与指导、学生人数最多、工作最突出、影响最大的学生社团和特色品牌。

2. "关爱超市"是江苏大学的首创，也是长期形成的品牌。其助困帮扶已由校内到校外，由国内的贫困生拓展到海外的留学生。该公益组织自成立以来，已有 8000 余名师生捐赠衣物 60000 余件，共有 5000 余名贫困学生前来无偿领取衣物 30000 余件。其中，学校海外留学生来"关爱超市"领取衣物的已占相当比例，"关爱超市"成为培养留学生知华友华的友谊平台。

3. "时雨社"是学校与社会企业共建的助困大学生的爱心平台，也是学校关爱大学生的品牌。学校根据企业的变化和贫困学生生源的变化不断调整运行办法，稳定并不断扩展助困的来源是确保这一品牌保持生命力的关键。为了做到精准帮扶，工作组的老同志不怕麻烦，对每一位资助对象都反复了解核对情况。近年来，老同志不断努力，走进企业并与社会爱心人士及企业家进行联系，筹集善款资助我校贫困生：落实个人点对点的帮扶结对 8 名；交通银行资助 5 名，江苏启源电力工程有限公司资助 10 名，江苏大宝贝旅行社有限公司资助 3 名。

4. "给我一个家"是孤儿大学生温暖的家，是关工委老同志家庭与孤儿大学生结对、开展全方位帮扶的平台。至 2020 年，平台累计帮扶了 89 位孤儿大学生，其中已有近 2/3 孤儿大学生顺利完成学业走上工作岗位，有的老同志先后已帮扶了 4 名孤儿大学生。

5. "四点钟学校"是为解决小学生四点钟放学后家中无老人照顾而父母又在上班的困难而成立的，是江苏大学关工委与附校关工委筹建、由 20 多位退休中小学教师参与的公益平台。自 2012 年面向江大附小全校学生以来，有 500 余名小学生受益，平均每学期都有 50 多人参加，人数最多时有 70 多人，深受学生和家长的欢迎。"四点钟学校"服务组的老师们克服了自己家务繁忙和体弱多病等困难，轮流值班照管四点钟放学后家中无大人的小学生们，辅导他们做作业，直到青年教职工下班来接孩子回家，有的老师还亲自把孩子送回家。这种关爱下一代的爱心，感人至深。

6. "夕阳红合唱团"用歌声传承社会主义核心价值观。以歌声为载体做大学生思想政治教育工作的推手，又是一个创新。成立于 2011 年的合唱团是关工委提议组建的。团员们都是热爱歌唱且有爱心的退休老教师、管理干部和其他岗位职工。关工委明确要求：作为一个工作团队，就是要用先进的、红色的、健康的文化抵制落后和低俗的文化。要以演唱红色经典歌曲为主，充分利用红色经典歌曲的优势，灵活、巧妙地教育学生，用红色经典歌曲滋润大学生的心田，弘扬社会主义核心价值观，推进大学生思想政治教育，传播正能量。10 年来，合唱团不忘初衷，精心选择曲目，并根据各学院学生思想政治教育的不同需要，灵活演唱，在潜移默化中激励大学生追求人格的完善，促使大学生在美的享受中提高思想政治素质。他们用歌声寻找到了思想政治教育的新途径、新方法，让思想政治教育有新意、有温度、有底气、有活力、有热情。只要因事而化、因时而进、因势而新，正确地引导，弘扬主流文化，隐性渗透式的营造教育氛围，一定能达到思想政治教育"润物细无声"的效果。

7. "百名教授老区行"活动是学校长期坚持、具有特色的品牌活动。"百名教授老区行"随着形势的发展，由镇到村，做到更精准扶贫。2019 年，江苏大学向镇江市丹阳市司徒镇的父老乡亲捐赠了 360 套军训服、160 本图书，以及 15000 元的助学款。19 年来，江苏大学已有千余名老教授、老干部和年轻师生参加活动，为老区人民提供法律、科技咨询、义诊等服务，并集资捐献扶贫助学款资助老区特困学生，为镇江革命老区带去温暖。

8. "奇思妙想"活动受到更多关注和响应。高等学校应该是涌现创新人才的地方。响应李克强总理号召，为培养创新创业人才服务，校关工委创意的"奇思妙想"活动受到越来越多学生的关注和响应。

9. 由退休老医务工作者组成的"健康服务组"定期到全校各个食堂和学生一起用餐，了解价格、卫生、食堂服务等情况，把发现的问题及时向有关方面反映，为近 5 万名师生舌尖上的安全做出了贡献，同时还参与"光盘"行动的督查。

10. "节能工作组"把建设低碳绿色校园作为己任，不怕暑热和冬寒，克服疲劳，常年巡视在各个教学楼区，检查学生们的用电用水情况，对浪费水电的学生进行节能教育，以自己的实际行动感动学生。

面对新时期大学生思想政治教育的新挑战，江苏大学关工委积极探索，大胆创新，密切配合主渠道，围绕立德树人，充分发挥关工委和"五老"的优势和独特作用，大力推行"点、线、面"结合立体模式，全方位助力大学生思想道德建设。江苏大学关工委先后获得全国、教育部、江苏省、省教育厅先进集体称号，构建了江苏大学关工委参与大学生思想道德建设的有效机制。2020 年，学校关工委获得"全国关心下一代工作先进集体"荣誉称号，关工委名誉主任金树德同志获得"全国关心下一代工作先进工作者"荣誉称号。学校是江苏省获得"全国关心下一代工作先进集体"荣誉表彰的唯一高校，这也是学校第三次获得该项荣誉。

四、江苏大学妇联组织育人典型典范

她创社——妇联组织创工作品牌项目

1．做法

江苏大学妇联"她创社"是女性创业联盟组织，除了本校女教授、女科技工作者女管理干部之外，还吸纳了部分镇江市各行各业优秀女性，包括女企业家、女医生等，越来越多的女生也加入其中。"她创社"成立以来，一直致力于培育女性、成就女性、服务女性，特别关注女大学生创新创业能力的培养。

借助"她典型"，加强创新创业思想引领。定期举办女企业家创业之路分享会，以女企业家的艰难创业历程和坚韧不拔的创业精神，鼓舞和激励广大女教师和女大学生自立自强，创一流业绩。

共建实践基地，加强创新创业能力培养。"她创社"积极探索与企业的合作，创办实践实习基地。联合镇江元致亨食品有限公司共同打造烘焙实践基地，开展烘焙技能、培训活动。联合镇江静怡雅学馆共同打造美学实践基地，开展雅学知识培训。实践基地的设立，旨在联合女教授、女企业家帮助女大学生丰富社会实践经验，引发她们创新思考，激发她们终身学习的热情。

对接创业学院，助力学校创新创业教育。"她创社"与江苏大学创业学院对接，选派部分女教授和女企业家担任创业学院导师，为创业学院学生授课，并结对指导学生。

通过"她课堂"，提升女性素养。"她创社"根据女性特点和需求，重点围绕婚恋、茶艺、形体礼仪等开发女性课程，组织线上线下培训和交流，帮助女教师和女大学生提升女性素养。胡桂兰博士为大家做了题为"漫谈脑爱改善提升婚姻"的直播，从脑科学的基础讲述男性和女性的思维差异导致的行为差异，改变着大家对爱情和婚姻的传统认知，通过科普促进男性女性对爱情婚姻的全新认识，实现两性关系的新和谐。润州区"非遗"宋代点茶首位传承老师宋联可博士以"点茶，娘子之美"为主题，介绍了宋代点茶技艺在镇江地区传承的历史渊源与文化底蕴，阐述了中国茶文化的博大精深，引导女性通过学习提升气质，秀外慧中。镇江静怡雅学会馆蒋玉敏、夏文妍老师以"女性之美"为题，为大家讲授了女性形体礼仪课程，让女性的美、女性的柔、女性的风采通过形体展示。

2．成效

不少女学生、女教师抓住机遇，借助平台，积极成为创业创新的实践者；更多女教师立足岗位，因地制宜，指导学生实践工作，积极成为创业创新的引领者；女科技工作者醉心研究，发挥特长，引导学生，积极成为创业创新的先行者。在"她创社"的影响和带动下，两位创业女性参加"慧创她时代"2019江苏省巾帼创新创业大赛，女大学生参加各级各类创新创业赛事的积极性有所增强，参赛水平有所提高。据统计，近三年来，328 支团队参与学校第九届、第十届"星光杯"创业大赛，第九届"星光杯"科技作品竞赛；参加"挑战杯"大学生创业省赛 3 次，累计获特等奖 8 项、金奖 2 项，其他奖项若干；参加"挑战杯"国赛 3 次，获一等奖 6 项、银奖 2 项，其他奖项若干。她们用实际行动书写了江大女性创新创业的新篇章。

3．启示

在"大众创业、万众创新"的时代，女性必须从思想上解放自己，深刻融入时代的潮流中，与时代同脉搏、共命运，才能进步和发展。作为教育的主体和客体，女性与女性更容易产生共情。因此，在高校女大学生的创新创业教育中，妇联组织有独特的优势。"她创社"模式是以杰出女性引领女大学生成长的实践探索，也是积极吸纳社会力量参与育人的成功典范，更是妇联发挥组织育人优势的集中体现。

第六章　高校组织育人的工作展望

中共中央、国务院印发的《关于加强和改进新形势下高校思想政治工作的意见》中提出："把思想价值引领贯穿教育教学全过程和各环节，形成教书育人、科研育人、实践育人、管理育人、服务育人、文化育人、组织育人长效机制。"组织育人成为"七个育人"框架中的重要内容。教育部发布《高校思想政治工作质量提升工程实施纲要》，提出构建包括组织育人质量提升体系在内的"十大"育人体系，并强调积极优化组织育人等"十大"育人任务，凸显了组织育人在高校党建和思想政治工作中的重要地位。然而，组织育人是一项系统工程，需要高校各组织协同配合、形成合力，不断深化组织育人的理论探索，不断创新组织育人的实践探索，不断优化组织育人的保障机制，才能达到最佳的组织育人效果。

第一节　深化高校组织育人的理论探索

高校组织育人工作将随经济社会的快速发展、人才培养的新要求和育人客体时代性的特点与时俱进。组织育人工作的推进和深化首先需要理论上的支撑和指导，这就对理论研究的进一步发展提出了要求。组织育人工作研究的深化既可以从学科交叉、学科融合的维度深入推进，用不同的学科视角研究组织育人工作，进而提升高校组织育人的科学性；也可以从纵向和横向的维度研究组织育人的工作成效。比如，在纵向维度，可以通过我国高校组织教育的历史发展，探索高校组织育人嬗变的规律；也可以从中国共产党建党100周年来我党提出的组织发展理论，研究组织育人思想的变化发展。在横向维度，可进行国际化与中国特色的比较研究，如可以加强我国高校与西方发达国家高校组织育人的理论与实践的比较研究；也可以加强我国高校与发展中国家高校组织育人的理论与实践比较研究，从比较研究中学习借鉴，从比较研究中坚定自信。理论研究的创新发展，将为高校组织育人构建一个具有自身特点的学科话语体系和理论支撑，它既可以属于思想政治教育学科的范畴，也可以属于高等教育学或管理学学科的范畴，还可以属于心理学或社会学等相关学科的范畴。因此，需要从不同学科的研究范式中形成一种具有中国特色又有国际借鉴的高校组织育人研究体系。

一、 共同体理论

一般认为，共同体概念首先由德国社会学家斐迪南·滕尼斯于 1887 年在《共同体与社会》一书中提出。滕尼斯认为共同体是"通过某种积极的关系而形成的群体，统一地对内对外发挥作用的一种结合关系，是现实的和有机的生命体"①。马克斯·韦伯认为"在个别场合内，平均状况下或者在纯粹模式里，如果而且只要社会行为取向的基础，是参与者主观感受到的共同属于一个整体的感觉，这时的社会关系，就应当称为共同体"②。随后，教育学也引入共同体理论。例如，学生学习共同体理论认为，以学生为中心，以促进学生的全面发展为目的，实施学科、课程、师生、环境等共同联结，成员之间形成相互影响、相互促进的人际关系。随着研究的不断发展，共同体概念在组织、团体、民族和国家的语境中获得不同的含义，如政治共同体、经济共同体、职业共同体等。

借鉴社会学与教育学的共同体理论，高校组织育人共同体就是高校党政组织、群团组织和大学生自治组织等，以落实立德树人为根本任务，以培养社会主义事业的合格建设者和可靠接班人为目标，把思想观念、政治观点、道德规范潜移默化地渗透到组织生活中所构成的有机体。在组织育人过程中，共同体既要以目标为导向，作为一个整体统筹协调抓好顶层设计、共同育人的工作，又要求各组织各负其责，发挥自身应有的作用，培养青年学生或学生党员坚定的政治信仰、理想信念和高尚的精神品质，促进他们德、智、体、美、劳全面发展。

---

① ［德］斐迪南·滕尼斯. 共同体与社会［M］. 林荣远，译. 北京：商务印书馆，1999.

② ［德］马克斯·韦伯. 社会学的基本概念［M］. 胡景北，译. 上海：上海人民出版社，2005.

二、 马克思交往理论

交往是马克思主义唯物史观的一个重要范畴。在马克思、恩格斯看来："一个人的发展取决于和他直接或间接进行交往的其他一切人的发展；彼此发生关系的个人的世世代代是相互联系的，后代的肉体的存在是由他们的前代决定的，后代继承着前代积累起来的生产力和交往形式，这就决定了他们这一代的相互关系。总之，我们可以看到，发展不断地进行着，单个人的历史决不能脱离他以前的或同时代的个人的历史，而是由这种历史决定的。"

当前高校的组织育人必须在与时代相结合的哲学理论指导下进行，才能彰显其生命力，才能有成效。与过去的组织育人相比较，高校基于交往理念的组织育人将在各级党组织的引领下，坚持立德树人根本任务，从而给予学生以前从未有的关注，赋予学生主体地位。组织育人使党务工作者、教师、教辅人员、后勤服务人员与学生在知识方面相互共享，在情感方面产生共鸣，在智慧方面产生共建。换而言之，高校组织育人指的就是多级组织主体，即教师与学生、学生与学生、学生与社会、教师与社会之间，以话语、书本、学识、技巧和行动等作为媒介，进行多角度、多层次、多变化、多方向的人际交往和沟通与交流，从而能达到主体间相互理解、相互关爱，并在此基础上接受组织的思想政治教育。这也就意味着，与其他社会交往和社会实践相比，交往理论指导下的组织育人是一种特殊的交往活动，推动着受教育者的全面发展。

三、 "红色文化" 理论

"红色文化"是一种先进的革命文化，它是以马克思主义理论为指导，立足于我国实际，在吸取中外优秀思想文化精髓的基础上形成和发展起来的，是我党我军和全国各族人民在长期的革命斗争中形成的历史遗存，是中华民族革命精神和厚重历史文化内涵的重要体现。中国人的红色情愫与生俱来，它流动在民族的血脉里，遗传在民族基因中。红色历来被世界人民公认为中华民族的国色，是中国人民自强不息、排除万难的精神图腾，是中华民族不容更改的民族本色。

"红色文化"大致可分为物化形态和精神形态两种基本形式。物化形态主要是指一些能够展现和承载"红色文化"内核和精神内涵形成的物质载体，主要包括革命圣地、红色老区、纪念遗址、展览场馆、红色景点，以及一系列相关的文学、影视作品。精神形态，是指红色革命精神与中华优秀传统文化相融合产生的指导意识，既是红色文化所承载的革命之魂，也是红色文化的精髓。家喻户晓的长征精神、延安精神、西柏坡精神、井冈山精神等都是红色革命精神的代表。

红色文化是对中华优秀传统文化的继承、发展与创新，是中国共产党价值追求和中华民族伟大精神的生动体现。高校组织育人担负着教育人、引导人、鼓舞人、塑造人的重要使命。文化传承是教育的最有力抓手，深度挖掘红色文化教育资源，发挥红色文化铸魂育人的功能，对于培养合格的社会主义建设者和接班人具有重要意义。

四、 大数据技术与理论

大数据是新时代的一个显著特征，它使组织育人主客体地位趋于平等，组织育人途径更显多元，视野更趋开放。同时，也呼唤组织育人更加尊重受教育者的个性化和差异化。基于大数据技术和理论的组织育人创新发展，则可以很好地契合个性化教育的时代需求。这种契合主要表现在：第一，利用大数据技术和理论构建智慧组织育人环境。组织育人大数据平台作为技术载体，集成党组织育人、共青团组织育人、群团组织育人等相关数据，建设智慧化教师和智慧化课堂，进行数据的分析、挖掘和可视化，用来支撑组织育人的大数据应用，塑造大学生喜闻乐见的组织育人内容。第二，利用大数据技术和理论嵌入日常组织育人工作体系。大数据的表现形式是数据，但并不局限于数据，有意义的数据呈现为信息，更可以从中挖掘得到知识，进而升华为新的理论和规律。比如，从组织育人大数据中，我们可以获知：教育客体关心的事情是什么？对于多形态的组织，教育客体希望得到什么样的教育内容？教育者如何更好地基于教育客体自身情况开展组织育人工作？等等。第三，利用大数据技术和理论融入组织育人战略。大数据嵌入组织育人工作不仅仅是一个技术应用问题，更重要的是从战略的高度认识到大数据对组织育人的变革性影响，实现创新发展。比如：利用大数据平台，有机连接党团组织、学校、家庭、社会，实现全员育人系统；利用大数据的定量化考核评估，全面提升组织育人绩效。

五、 空间思想

马克思恩格斯曾指出"空间是一切生产和一切人类活动的要素"。教育亦不例外。不管是哪种形式的教育，都需要有教育的丰富而多元的空间。雅思贝尔斯曾经在《什么是教育》一书中，论述了大学要开辟多样化的教育空间，提升教育效果。在数字化、网络化生存特征愈发明显的当下，今天的我们处在一个多种社会形态交织在一起的空间中。这些空间交错叠加、相互作用，空间的烙印存在于并深深影响着生活于其中的人们的日常生活习惯、思维方式和社会交往。在此背景下，对于组织育人而言，如果仅仅停留在传统的说教、宣传上，仅仅用"时间—空间—运动"这一较为单一的空间观来解释和推进多维空间下的组织育人理论与实践活动显然是不够，甚至是行不通了的。未来，要从"空间"的视角对组织育人进行系统化、精细化提升与丰富，要有条理、有计划地安排协调组织育人活动中各空间要素，进而形成相对稳定的空间形态、空间系统。要将研究与实践视域进一步加以拓展，从受教育者的精神生活空间、沟通交往空间、网络虚拟环境空间、制度设计空间、社会生态空间等多重空间，开展更加系统、深入、细致的研究，以期为组织育人的高质量发展提供学理支撑。

第二节　创新高校组织育人的实践探索

组织育人是新时代加强和改进高校思想政治工作的新探索，《关于加强和改进新形势下高校思想政治工作的意见》明确提出："把思想价值引领贯穿教育教学全过程和各环节，形成教书育人、科研育人……组织育人长效机制。"该《意见》首次提到组织育人新理念，成为高校整体育人大格局的重要组成部分。事实上，组织育人理念是贯彻落实习近平总书记在全国高校思想政治教育工作会议上提出的"三全育人"思想的具体化，即"把思想政治教育工作贯穿教育教学全过程，实现全程育人、全方位育人"。该论断为新时代高校思想政治教育工作开拓创新揭明了根本遵循。《高校思想政治工作质量提升工程实施纲要》进一步对高校组织育人理念和实践提出了明确的指导意见，即要"把组织建设与教育引领结合起来，强化高校各类组织的育人职责"。尽管从顶层设计高度对组织育人提出了指导性意见，各高校在实践中也推陈出新，探索新模式，但在实际运行中如何充分发挥组织育人的功效是常做常新的课题，因而有必要把握高校组织育人的内在机理，增强其实践的可操作性和实效性，增强育人工作活力，促进育人工作创新。

一、依托"互联网"，构建"互联网＋组织育人"新模式

从高校层面来看，传统的育人组织包括党支部、团支部、班级、社团等，因为学生参与其中，所以可以有效凸显其媒介与载体作用，实现其育人的根本目的。随着互联网技术、移动终端技术的不断发展，教育受众群体已逐渐从线下转移到线上，形成了"群""圈""论坛""社区"等新兴线上组织。有效占领网上阵地，深入研究教育主客体特点，搭建符合其个性需求的聚居地，充分考虑组织的目的性、组织类型、组织管理主客体等要素，建立有效的管理机制，开展符合教育本质的活动，已成为高校开展思想引领、价值塑造的重要利器。

一是有效完成基于"互联网＋"的组织构建，这是大学生网络组织管理中十分重要的一环。可以推动构建一个以学生党员、入党积极分子、教工党支部书记、辅导员为重要节点的常态管理系统，将大学生网络参与的组织管理控制在有序范围内。其构建要符合学生的个性成长需求，要能够吸引学生，形成年级之间、班级之间、寝室之间等多维度交叉的网状育人组织结构，让"网络组织"涵盖不同年龄、不同学历、不同性别、不同民族的广大青年，让"网络组织"能够发挥引导正向思潮、形成共同舆论体的重要作用。

二是有效运用网络新技术、新手段、新媒介，开展学生思想引领和价值塑造工作。这对教育者本身提出了较高要求，网络组织的出现和发展为新时代思想政治教育工作开展提供了新借鉴，其逐渐成为学生与老师、学生与学生沟通和交流的主要平台之一。通过运用马克思主义的理论与方法，创造性地开展工作，将网络组织的作用引导到对学生思想政治工作的正面作用上来。要准确把握教师、学生的兴趣点，把习近平新时代中国特色社会主义思想、马克思主义科学理论、中国特色社会主义、社会主义核心价值观等融入"网络组织"的日常生活中去，潜移默化地影响学生、改变学生，做到春风化雨、润物无声。

三是推进线下、线上之间交通互融，构建"网络组织"、线下组织协作机

制，实现育人合力。互联网环境中信息量是巨大的，以新浪微博与腾讯微信为例。微博每天产生的新微博量超过一亿，长时间在线的微信用户更是一个庞大群体，每天所产生的信息量之巨大可想而知。网络在影响大学生信息获取方式的同时，也在一定程度上对大学生的思潮观念、生活方式、学习方式产生难以估量的影响。高校基层组织如何净化网络空间，把"无序"嘈杂的各类信息变成"有序"具有引导性的正能量信息，这就需要充分发挥传统组织育人优势，构建"网络组织"，研究"网络组织"与线下组织的交叉互融方式，形成线上线下育人力量的"同心圆"，实现全方位育人。充分发挥线上"资源"优势，线下"人"的优势，围绕"学生"主体，有效探索信息检索技术、数据分析技术、实时通信技术等手段与组织育人工作的结合点，掌握学生、了解学生、帮助学生、关照学生，有目的性、针对性地开展育人成才工作。充分利用线下实体组织参与的"在场性"特征，帮助大学生认识到线上网络组织参与同样具有"可追溯性"。在该背景下，推进线下、线上之间交通互融，构建"网络组织"、线下组织协作机制，使线上与线下之间的联系更加紧密，弥补了传统线下管理的局限性，构建了一种全新的管理模式。

二、 依托 "双带头人" 培育工程， 推动党支部建设与育人工作 "双向提升"

习近平总书记在全国高校思想政治工作会议上指出："办好我国高等教育，必须坚持党的领导，牢牢掌握党对高校工作的领导权，使高校成为坚持党的领导的坚强阵地。"教师党支部担负着直接教育党员、管理党员、监督党员和组织师生、宣传师生、凝聚师生、服务师生的重要职责。

学术水平高的教师党支部书记，能够形成强大的号召力，凝聚党员参与组织生活，着力增强党组织的向心力和战斗力。"双带头人"教师党支部书记是教学科研能手，根本任务是示范引领、组建团队、搭建平台，引导党员发挥模范带头作用，提升教学科研水平，提升基层党建质量。一方面，组织开展领航计划。充分发挥高校人才集聚优势，充分发挥教师党支部战斗堡垒作用，通过党组织这个平台，以党支部引领学术团队建设形成每个支部都有学术团队、每个党员争做学术带头人，把一大批教师尤其是青年教师凝聚起来，更好地承担起人才培养、科学研究、社会服务、文化传承创新、国际交流合作等方面的重要任务。组建由教师党支部书记、支部委员等党建骨干领衔的名师团队，包括教学名师团队、科研名师团队等，通过进一步凝练学科方向，形成以党员学科带头人为核心的党员学术团队，带领青年教师参加课题研究、社会调研等；加强政治引导，帮助青年教师尽快融入学校科研工作。探索传承授课模式，教师党支部书记牵头组织资深党员教师带领青年教师开展教学，帮助其提升教学业务能力。教师党支部书记等党建骨干，还要充分利用自身的影响力与政府机关、企事业单位等成立研究中心等，在发挥高校优势和服务职能的同时，进一步提高教师教学科研水平，进一步带动党建发展。另一方面，组织开展导航计划。充分发挥教师党支部战斗堡垒作用和组织育人优势，搭建合作平台，开展教工党支部与学生党支部、团支部、社团、班级等结对共建，为骨干教师找"帮手"，为优秀学生配"导师"，构建青年教师"人人进团队"、优秀学生"个个当帮手"的基层党建格局。结对共建支部，要深入学生宿舍、食堂等，深入了解学生的学习生活状况，在思想、学习、心理、生活等方面进行全程指导，实现全员、全过程、全方位育人。

三、 依托地方 "红色文化" 资源， 实现校地育人新发展

地方"红色文化"资源形成和发展的过程与马克思主义中国化的过程是同步的，它天然的具有先进的马克思主义意识形态，为加强我国社会主义意识形态的建设提供了强大的理论支持，是推进组织育人的重要载体。

依托地方"红色文化"资源，有助于开展理想信念教育。理想信念教育是组织育人的重要组成部分。当前，我国正处于社会转型期，人们的价值观念发生着巨大的变化，社会价值体系朝向多元化发展，大学生的理想信念也发生了深刻的变化。邓小平曾说："有了共同的理想，也就有了铁的纪律。无论过去、现在和将来，这都是我们真正的优势。"因此，大学生要不断深化对我国革命历史的了解，树立远大的理想和坚定的信念，把个人的成长进步融入推动国家发展、民族复兴、人民富裕的伟大实践中去。

依托地方"红色文化"资源，有助于开展社会主义核心价值观教育。地方"红色文化"资源是对中国共产党人正确价值观的继承和发展，具有很强的时代性和针对性，对大学生知荣辱、明是非、辨美丑提出了新的要求。在红色资源的形成和发展过程中，涌现出许多道德模范，他们身上包含着优良的生活作

风、高尚的道德品质和先进的伦理观念，折射出崇高的人格魅力，是弥足珍贵的历史文化遗产，为人们践行社会主义核心价值观树立了标杆。因此，我们要运用这种蕴涵着丰富道德内容的红色资源对大学生进行社会主义核心价值观教育，营造良好的社会风气，让大学生自觉抵制拜金主义、享乐主义和极端个人主义。例如，红色资源包含白求恩、张思德、焦裕禄、雷锋等道德楷模，他们身上蕴含着无私奉献、艰苦奋斗、勤俭节约、爱岗敬业、诚实守信、清正廉洁等优秀的道德品质，是生活中道德规范的一面旗帜，有利于大学生自觉遵守社会主义基本道德规范，形成高尚的道德情操。

依托地方"红色文化"资源，有助于开展民族精神和时代精神教育。中国共产党在长期的革命、建设和改革的过程中，培育和形成了"井冈山精神、长征精神、延安精神、两弹一星精神、九八抗洪精神、抗震救灾精神"等宝贵的革命精神，极大地丰富了时代精神勇于改革、敢于创新的内涵，体现出鲜明的时代特色，成为中国共产党宝贵的精神财富。这些精神财富，在有的地方以博物馆、名人故居、展示馆、红色旅游景点等形式固化下来。依托这些"红色文化"资源，可以增强大学生的民族自尊心、自信心和自豪感，培养大学生的爱国主义情操，使大学生成为社会主义现代化建设的合格接班人。例如，可以通过重走长征路、重爬雪山等实践活动，使大学生更加深刻地了解和感受革命历程的艰辛，体悟革命先辈们优良的文化传统，培养他们的爱国主义情感，养成自强不息、勤劳勇敢的精神品质。

第三节　优化高校组织育人的保障机制

组织育人要朝着高质量目标发展，必须切实发挥好高校党委、基层党组织作用，尤其是要发挥学校党委在立德树人中的领导核心作用，把握正确办学方向，坚持党对学校的全面领导，完善"三全育人"工作机制，系统提升师生的政治素养。要发挥院级党组织在立德树人中的政治功能，抓好建章立制、组织领导和队伍建设，健全常态化的育人统筹推进机制。要发挥党支部在铸魂育人中的战斗堡垒作用，进一步明确育人责任、完善支部设置、提升凝聚动员能力。学校要从体制、机制、资源配置等各方面，全面、切实为广大教师包括思政课教师、辅导员立德树人提供充分的支持和保障。

一、 在高校党委层面建立高质量的育人引领机制

习近平总书记明确指出："时代新人"的基本内涵是具备"当代中国精神"，核心内涵是"担当民族复兴大任"，并强调"中国梦是历史的、现实的，也是未来的；是我们这一代的，更是青年一代的"。正确认识时代责任和历史使命，是教育发展和人才培养的思想前提和理论基础，这就要求我们迅速把对"培养什么人"的思想和认识统一到党中央和习近平总书记的战略部署上来，为各项工作找准方向、立好标杆。党建和思想政治工作是高水平人才培养体系的灵魂，要以党的政治建设为统领，为立德树人提供坚强的政治保证。最根本的是坚定政治信仰，强化理论武装，将习近平新时代中国特色社会主义思想和习近平总书记关于教育的重要论述转化为办学治校、铸魂育人的核心内容。

把习近平新时代中国特色社会主义思想落实到具体行动上，开创立德树人工作新局面。一是把思想政治工作贯穿育人始终。构筑"十大"育人体系，推进"三全育人"，发挥思想政治工作在人才培养中的统领、凝聚、推动作用，遵循做好思想政治工作"有虚有实、有棱有角、有情有义、有滋有味"四个维度，进一步强化价值引领，打造全员、全过程、全方位育人队伍，把解决思想问题和教学科研、学习就业等实际问题结合起来，推进理念思路、内容形式、方法手段创新，增强工作时代感和实效性。二是确立人才培养的中心地位。牢固树立为党育人、为国育才的指导思想，遵循教育规律，始终以质量提升为核心，走内涵式发展道路。紧密对接国家和地区战略发展需求，及时调整学科专业、类型、层次和区域布局结构，提高人才培养与经济社会发展的契合度。创新人才培养模式，落实拔尖型、创新型、复合型、专业型"四型"人才培养目标，在培养体系、课程设置、教学方式、教育管理等方面进行创新，实现学生知识、能力、素质的协调发展。三是深入推进实践育人工作。"纸上得来终觉浅，觉知此事要躬行。"习近平总书记高度重视实践在成长成才中的重要作用，指出"许多学生正是在社会实践和社会活动中树立了对人民的感情、对社会的责任、对国家的忠诚"。因此，要继续抓好实践育人这个重要环节，构建政府、社会、高校等多方合作、交叉培养的协同育人机制，引导学生在主题教育实践中坚定理想信念、在创新创业实践中增长知识才干、在劳动实践中磨炼意志品质、在社会实践中强化使命担当，真正成长为又红又专、德才兼备、全面发

展、可以担当民族复兴大任的时代新人。

二、 在高校院系层面建立高质量的育人落实机制

应制定基层党组织党建工作考核办法，推进二级党组织党建述职评议考核工作，并将党建考核结果、组织育人成效作为评先评优、干部选用的重要依据。坚持"自查—督导—提升"工作机制，推动二级党组织切实担负起管党治党、办学治校、育人育才的主体责任。二级学院要加强对教师、学生党支部工作的指导，分类制定师生党支部工作考核评价办法，建立责任清单，加强督促检查。

实施"对标争先"建设计划。将"两学一做"学习教育常态化制度化与"三会一课"、主题党日活动相结合，提升基层党组织凝聚力、战斗力。采用项目制管理模式，以 2 年为一个周期，设重点创建二级党组织、特色创建二级党组织、重点创建党支部、特色创建党支部 4 个类别，选树一批校院两级先进基层党组织、优秀共产党员、优秀党务工作者，发挥共产党员在基层党组织在育人中的先锋模范作用和战斗堡垒作用。

三、 建立校内校外多组织协同育人机制

推动组织育人高质量发展，离不开整合校内校外资源，形成多组织协同育人机制。一方面，要抓牢抓实校内多种组织的协同配合，畅通"内循环"。基层党组织、共青团组织、工会组织、关工委组织、学生社团组织、妇联组织等，要立足职能、各司其职、创新发展，守好自身育人"一段渠"。高校党委组织部门要发挥好牵头抓总作用，把组织育人工作作为党的建设重要内容，将育人成效纳入对党委职能部门和二级党组织年度考核中，谋划设计组织育人活动清单，定期召开组织育人推进会与党建其他业务工作，同布置、同检查、同推进。基层党组织要树立"大育人"理念，建立起党委抓组织育人工作的协同机制，充分发挥各种类型组织的育人功能，提升组织育人整体成效。譬如：党支部侧重于培养和吸收优秀青年大学生加入中国共产党，在学生日常教育管理中发挥支部的战斗堡垒作用，为党育人，为国育才；共青团组织侧重于引领青年、服务青年、凝聚青年，开展创新创业教育，引导青年成人成才；关工委组织侧重于发挥老党员、老专家、老教师、老战士、老模范的榜样作用，加强对

青年一代的爱国主义教育和"四史"教育，教育青年一代跟党走。

另一方面，要创新校外育人组织遴选引入机制，丰富育人组织类别，畅通"外循环"。组织育人是一个开放的系统，要立足时代要求和青年成长成才需求，把校外优质的育人组织纳入育人组织建设的视野之中，为"育人"所用。譬如：在开展党史学习教育活动中，把红色遗址、遗迹作为校外思想政治教育基地，充分发挥红色资源的作用；在开展创新创业教育的过程中，积极遴选引入行业龙头企业、公益团体、孵化机构，帮扶大学生拓宽创新创业道路；在开展美育活动过程中，把博物馆、名人故居、"非遗"大师工作室吸纳进来，将其打造成为学生接受审美教育的"行走的课堂"，培养学生发现美、创造美、传播美的能力，为中国梦的实现注入"文化力量"。